2012—2019年阿富汗主流媒体普什图语涉华报道中的中国国家形象建构

何杰 著

世界知识出版社

图书在版编目（CIP）数据

2012—2019年阿富汗主流媒体普什图语涉华报道中的中国国家形象建构 / 何杰著. -- 北京：世界知识出版社，2025. 1. -- ISBN 978-7-5012-6862-7

I. D6

中国国家版本馆CIP数据核字第2024US9885号

书　　名	2012—2019年阿富汗主流媒体普什图语涉华报道中的中国国家形象建构
	2012—2019 Nian Afuhan Zhuliu Meiti Pushitu Yu Shehua Baodao Zhongde Zhongguo Guojia Xingxiang Jiangou
作　　者	何　杰
责任编辑	蒋少荣
责任出版	赵　玥
责任校对	张　琨
出版发行	世界知识出版社
地址邮编	北京市东城区干面胡同51号（100010）
网　　址	www.ishizhi.cn
电　　话	010-65233645（市场部）
经　　销	新华书店
印　　刷	北京虎彩文化传播有限公司
开本印张	710mm×1000mm　1/16　15¾印张
字　　数	256千字
版次印次	2025年1月第一版　2025年1月第一次印刷
标准书号	ISBN 978-7-5012-6862-7
定　　价	78.00元

版权所有　侵权必究

目 录

导 论 1

第一章 国家形象的媒体话语建构 21
- 第一节 国家形象的内涵和属性 21
- 第二节 建构主义的国家形象观 25
- 第三节 话语幻象理论 38

第二章 阿富汗主流媒体涉华报道的语言-符号行为分析 58
- 第一节 谁在说：涉华报道的言语主体分析 59
- 第二节 说什么：涉华报道的言语内容分析 73
- 第三节 如何说：涉华报道的言语形式分析 90

第三章 阿富汗主流媒体涉华报道的社会影响分析 102
- 第一节 又爱又忧的邻国 102
- 第二节 正在崛起的负责任大国 130
- 第三节 作为"他者"的中国 146

第四章 阿富汗主流媒体建构中国形象的语境分析 154
- 第一节 国际力量格局的影响 154
- 第二节 中国与阿富汗交往互动的影响 160
- 第三节 国家利益的影响 176
- 第四节 历史文化背景的影响 187

第五章　进一步提升中国在阿富汗的国家形象的策略 192
　　第一节　优化中国与阿富汗的直接交往活动模式 192
　　第二节　加强中国对阿富汗国际传播话语体系构建 209

参考文献 231

后　记 245

导 论

一、研究缘起

改革开放以来，中国的国家实力迅速增强，但相比于硬实力的快速提升，自身的软实力水平仍然不高。因此，如何增强国家的软实力，日益引起中国政府和学界的关注。随着近年来全球化的深入发展以及全球传播时代的来临，作为国家软实力重要标志的国家形象在国际竞争中扮演了重要角色，与诸如国家间关系的发展、国家对外政策以及国家行为的有效性等越来越多的问题密切联系在一起。塑造良好的国家形象成为谋求和维护国家利益的重要手段。国家形象对于当代中国来说是非常重要的问题，假如把这个问题解决好了，那么许多其他困惑和难题都可以迎刃而解。[1]但是，国家形象隐含的自我认知与他者认知相互交织的两重性、主观现实与客观现实并存的复杂性、国家实力和国家意图的两重研究维度都要求我们在开展国家形象研究的时候不仅要立足本国，更要放眼世界，考察其他国家所建构的本国形象。[2]

（一）为何要研究阿富汗媒体的中国形象

2013年，中国国家主席习近平出访哈萨克斯坦时首次提出了共建"丝绸之路经济带"的倡议。该倡议的目标是通过加强基础设施建设和区域经济合作，最终将欧洲经济圈和东亚经济圈以及欧亚大陆发展潜力巨大的中间腹地联结起来。中国呼吁"丝绸之路经济带"合作国家共同参与投资和建设，从而分享互联互通带来的红利。阿富汗是连接中亚和南亚地区的重要国家，是古丝绸之路上的重要枢纽，也是"丝绸之路经济带"合作国家之一。

---

[1] 乔舒亚·库珀·雷默等：《中国形象：外国学者眼里的中国》，沈晓雷等译，社会科学文献出版社，2008，第12页。

[2] 余劲草：《国家形象的研究新视角——批判性话语分析》，《电子科技大学学报（社科版）》2016年第5期，第65页。

但是,"一带一路"的互惠互通不能只依靠援助经济发展、投资建设基础设施,还需要获得阿富汗对"一带一路"倡议以及中国政策的认可和共鸣。"良好的国家形象可以将巨大摩擦产生的成本降低到很小,而负面的国家形象则可能使小冲突的成本放大好几倍。"[①]塑造良好的国家形象是增强中阿关系以及提升阿富汗对"一带一路"倡议认同的重要手段。了解中国国家形象在阿富汗的传播与建构,有针对性地在阿富汗塑造良好的中国国家形象,对"一带一路"倡议在阿富汗实现平稳落地具有重要的战略意义。

国家形象的基础是国家的综合实力,但又不是一个国家客观实在的"镜式反映"。也就是说,国家形象在一定程度上是可以被塑造的。国家形象的塑造与建构一方面取决于该国政治、经济、社会、文化等方面的内在要素,另一方面取决于他国及其民众对这些内在要素的总体认知和评价。对于阿富汗普通民众来说,他们对中国主观上的"客观认知"主要依赖广播、电视、报纸、网络等新闻媒体。可以说,阿富汗新闻媒体有关中国的新闻报道在一定程度上会引导和强化阿富汗民众对中国国家形象的认知。那么,要想赢得阿富汗民众对中国各种政策的理解和支持,提升中国在阿富汗民众中的国家形象和影响力,就要分析和研究阿富汗媒体对中国国家形象的传播和建构。

(二)研究意义

本书选取阿富汗主流媒体中的中国国家形象作为研究对象,具有以下研究意义与价值。

第一,从建构主义角度论述国家形象的传播和建构过程,与关注用于建构形象的话语本身的话语幻象研究结合起来,既从宏观入手,又关注微观部分,以一种新的视角进一步挖掘国家媒介形象的本质,扩充了国家形象的理论内涵。

第二,通过把国际传播学的内容分析法与语言学中基于语料库的话语分析方法融为一体,立体、全面、综合考察阿富汗主流媒体的涉华报道,[②]可以进一步丰富国际关系语言研究的方法。

[①] 乔舒亚·库珀·雷默等:《中国形象:外国学者眼里的中国》,第23页。
[②] 此处的"阿富汗主流媒体的涉华报道"是指阿富汗主流媒体的普什图语涉华报道,文中有关"涉华报道""阿富汗主流媒体的涉华报道"等的论述,除单独指出外,一般情况下均是指阿富汗主流媒体的普什图语涉华报道,不再一一标注。

第三，除对阿富汗本身的意识形态、文化传统等历史文化背景进行考察分析外，把话语背后的国际力量格局变化、中阿国家间互动以及国家利益诉求的影响纳入研究范围，考察物质力量在国家形象话语建构中的作用，丰富了话语权力秩序的分析维度。

第四，对阿富汗主流媒体普什图语涉华报道的翻译与分析可进一步深化对阿富汗媒体普什图语新闻报道语言特点的认识，为对比语言学、对阿富汗国际传播、汉语普什图语互译提供有益的理论依据。

第五，对阿富汗主流媒体的中国形象的研究有助于我们了解阿富汗对中国的认知、态度和利益诉求，为我国制定相关政策从而协调中阿两国在利益诉求方面的矛盾，进而提升中国在阿富汗的国家形象提供参考。

第六，有助于我们了解阿富汗主流媒体对华认知的现状以及阿富汗媒体所处的社会意识形态、话语权力秩序，为我国建构对阿富汗国际传播话语体系、实施更加有效的国际传播策略提供相应的依据，对于实现中阿两国的民心相通具有重要意义。

二、媒体的中国国家形象研究现状

（一）国家形象的研究现状

国家形象并不是一个新兴的话题。国外学者很早便开始展开对国家形象的应用研究。目前来看，国内外学者对国家形象的研究成果较多，但是在理论构建方面还稍显不足。

1. 国外研究现状

国外对国家形象的研究早在冷战时期便已兴起。美国学者肯尼斯·博尔丁（Kenneth Boulding）最早提出国家形象一词，他在1959年发表的文章《国家形象和国际体系》（National Images and International Systems）中将国家形象界定为"一个国家对自己的认知和国际体系中其他行为体对它的认知的结合，是一系列信息输入和输出产生的结果"。[①] 他强调价值体系在国家形象形成中的重要性，提出了国家形象是外交政策中的重要变量等观点。冷战结束后，美国学者关于国家形象的研究从心理学转向传播学（大众媒体）

[①] 刘朋：《国家形象的概念：构成、分歧与区隔》，中国传媒大学出版社，2009，第124页。

角度。埃弗雷特·丹尼斯（Everette E. Dennis）、乔治·格布纳（George Gerbner）、亚辛·扎苏斯基（Yassen N. Zassoursky）等人出版的《冷战之后：苏美媒体形象》（*Beyond the Cold War: Soviet and American Media Images*）一书关注苏联"敌人形象"的转型、产生原因以及普遍传播的情况。李·素曼（Lee Suman）认为，"国家形象是一个国家的人民对其他国家的人民和政府的态度或看法"。[①] 其他一些具有代表性的成果有约翰·加尔通（Johan Galtung）、玛丽·霍姆博·鲁格（Mari Holmboe Ruge）的《国外新闻的结构》（*The Structure of Foreign News*），乔治·格布纳的《大众传播的制度压力》（*Institutional Pressures upon Mass Communications*），盖伊·图奇曼（Gaye Tuchman）的《做新闻：对现实建构的一项研究》（*Making News: A Study in the Construction of Reality*）等。尤金·贾菲（Eugene D. Jaffe）和以色列·尼本扎（Israel D. Nebenzah）在《国家形象与竞争优势》（*National Image and Competitive Advantage: The Theory and Practice of Country-of-Origin Effect*）一书中尝试对国家形象进行具象化的研究，把公司形象、产品形象等视作国家形象的重要组成部分，认为良好的国家形象有助于提高企业在国际市场上的竞争力。一些国际关系学者从现实主义理论出发，提出了与形象近似的"声望""荣誉""威望"等词语。早在古希腊时代，修昔底德就在《伯罗奔尼撒战争史》中讨论了雅典城邦国家对"荣誉"和"威望"的追求。美前资深外交官傅立民（Chas Freeman）提出，"国际威望（international prestige），又称'国际声望（名望）'或'国家声誉（名誉）'，是指一个国家通过把国内道德、知识、科学、艺术、经济或军事等成果向他国投射而获得一种理想的国际形象"。[②] 美国学者汉斯·摩根索关注传统的权力说，把"追求威望的政策，即显示权力"视为国家外交政策的重要组成部分，认为"威望政策的目的，是使别国对自己国家实际拥有的权力，或它自认为拥有

---

① Lee Suman, "A Theoretical Model of National Image Processing and International Public Relations" (PhD diss., Syracuse University, 2004), p. 1.

② Chas Freeman, *Arts of Power: Statecraft and Diplomacy* (Washington D.C.: United States Institute of Peace Press, 1997), p. 41.

的，或想使别国相信它拥有的权力产生深刻的印象"。①美国学者罗伯特·杰维斯在《国际政治中的知觉与错误知觉》中提出了国家声誉问题，从决策者心理认知的视角对国家形象形成的根源进行了探讨，认为如果不考虑到决策者对世界的看法以及别人在他们心目中的形象，那常常是无法来解释至关重要的决定和决策的。②国外学者对国家形象问题的研究尽管起步较早，研究数量可观，研究的视角既有微观的认知心理、传播过程，也有宏观的国际关系等，但是在理论建构方面还缺乏系统性。

2. 国内研究现状

与国外的研究相比，中国学者对国家形象的研究起步较晚，是随着中国国家实力的增强以及对外开放力度不断加大而逐步发展起来的。目前，我国学术界关于国家形象问题的研究主要围绕国家形象概念认知和国家形象传播与建构途径两个问题展开。

（1）国家形象概念认知的研究现状

从目前的研究成果来看，国内学者对国家形象概念的认识和理解存在以下三种偏向。

第一，国家形象概念的"主观定位偏向"。国内学者管文虎认为，国家形象是国家的外部公众和内部公众对国家本身、国家行为、国家的各项活动及其成果等给予的总的评价和认定……是一个国家的整体实力的体现。③孙有中认为，"国家形象是一国内部公众和外部公众对该国政治、经济、社会、文化与地理等方面状况的认识与评价"。④余红、王琨通过对国家形象概念的辨析，认为"国家形象是国内外受众对一个国家的物质要素、精神要素、制度要素以及行为要素的总体认识"。⑤这些对国家形象概念的阐释把国家形象视

---

① 汉斯·摩根索:《国家间政治：权力斗争与和平》，徐昕、郝望、李保平译，北京大学出版社，2012，第116页。
② Robert Jevis, *Perception and Misperception in International Politics* (Princeton: Princeton University Press, 1970), p. 28.
③ 管文虎:《国家形象论》，电子科技大学出版社，2000，第23页。
④ 孙有中:《国家形象的内涵及其功能》，《国际论坛》2002年第3期，第16页。
⑤ 余红、王琨:《国家形象概念辨析》，《中州学刊》2014年第1期，第172页。

为"对于国家实体存在状态的'认知'和'评价',是公众的主观意识形态"。[①] 这是一种本质主义的国家形象观,其不足之处在于突出强调了客观物质条件对国家形象生成的作用,忽视了情感、观念、符号等非物质性因素的作用,造成"对国家形象现实的再现力和解释力严重不足"的问题。[②] 比如,其无法解释为什么英国和朝鲜都拥有核武器,且朝鲜的核武器数量比英国少,但是美国实际感受到来自朝鲜的核武器"威胁"更大。

第二,国家形象概念的"新闻偏向"。由于人们通常认为新闻报道具有"客观性"的基本属性,而且新闻报道是公众获取某国印象的便捷渠道,因此,很多学者都把大众媒体的新闻报道作为建构国家形象的主要认知来源。比如,徐小鸽认为"国家形象是一个国家在国际新闻流动中所形成的形象,或者说是一国在他国新闻媒介的新闻言论报道中所呈现的形象",[③] 突出国家形象的媒介属性。张昆、徐琼在《国家形象刍议》一文中讨论了国家形象的基本要素、特点以及形成机制,认为国家形象"主要来自国际新闻流动,来源于国际新闻媒介的新闻和言论报道中所呈现出的虚拟影像"。[④] 不过,这种认识也存在一定的疏漏:首先,"客观性"只是新闻实践中的一种报道手法,它只能确保消息来源的多样化,却无法避免新闻报道的倾向性。这意味着新闻报道的叙事逻辑是客观的,但不一定就真实反映了一国的全部面貌和状况。其次,新闻报道作为国家形象主要认知来源与新闻报道真实性的关系不一定成正比。也就是说,并非新闻报道是客观真实的,受众就会更多地接触、采信和使用,因为新闻信息的接触、使用还受到其他很多因素的影响。最后,在新媒体时代,不同传播渠道、传播形式和传播方式的信息流共同构成国家形象的认知来源,新闻作为权威知识源以及国家形象主要认知来源的地位正在被削弱。

第三,国家形象概念的"外部偏向"。刘继南认为,"国家形象是其他国

---

① 刘丹凌:《论国家形象的三重内涵——基于三种偏向的分析》,《南京社会科学》2014年第5期,第107—109页。
② 李智:《中国国家形象:全球传播时代建构主义的解读》,新华出版社,2011,第18页。
③ 徐小鸽:《国际新闻传播中的国家形象问题》,载刘继南主编《国际传播——现代传播论文集》,北京广播学院出版社,2000,第27页。
④ 张昆、徐琼:《国家形象刍议》,《国际新闻界》2007年第3期,第11页。

家对该国的综合评价和总体印象"。[1] 张毓强把国家形象定义为"一个'主权国家系统'运动过程中发出的信息被国际公众映像后在特定条件下通过特定媒介（Medium）的输出"。[2] 这一定位只把外部公众的认知和评价囊括进来，而将内部公众排除在外，把国家形象视为单维的国际关系问题。实际上，主观认识层面的国家形象应该包含一国内部公众和外部公众双重向度的对国家实体存在的认知和评价。作为国家"软实力"的重要组成部分，国家形象在外交与对外交流合作中的确发挥了重要作用，但如果忽视了国家形象的内部向度或者遮蔽国家的自我存在和自我认识，"可能使国家形象神话丧失凝聚民众，获得认同和支持的能力，损害其政治及文化有效性"。[3]

有的学者试图突破主客体之间反映与被反映关系。董青岭认为，国家形象是一国"基于某种文化意义系统使用语言、文字、符号等对另一国家的客观概貌所进行的话语描述和话语建构，这一话语描述和话语建构形成于国家间的交往互动实践过程，渗透了评价主体对于评价客体的道德情感和价值判断，反映了国家自我与他者之间相互的身份认同关系"。[4] 李智也认为，国家形象实质是国家身份，是在国际体系中通过交往互动"社会建构"或者"社会呈现"出来的。[5] 王健从国际政治语言学的角度提出，"国家形象是在秩序的维度下他国对一国的政治行为产生的威胁度所进行的话语描述"。[6]

（2）国家形象传播与建构途径的研究现状

基于对国家形象概念的不同解读，国内学者从不同学科和视角分析了相关要素对国家形象的影响与作用机制，提出了国家形象传播与建构的不同策略。比如，张昆的专著《国家形象传播》从新闻传播学、国际关系学、历史学等角度，深入研究了外宣传播在国际关系领域中的影响与作用模式，提出

---

[1] 刘继南：《大众传播与国际关系》，北京广播学院出版社，1999，第25页。
[2] 张毓强：《论国家形象传播的基本模式》，载苏志武、丁俊杰主编《亚洲传媒研究2008》，中国传媒大学出版社，2009，第163页。
[3] 刘丹凌：《论国家形象的三重内涵——基于三种偏向的分析》，《南京社会科学》2014年第5期，第110页。
[4] 董青岭：《国家形象与国际交往刍议》，《国际政治研究》2006年第3期，第56页。
[5] 李智：《中国国家形象：全球传播时代建构主义的解读》，新华出版社，2011，第25—27页。
[6] 王健：《国际政治语言学视域下对于国家形象概念的探讨》，《东北亚外语研究》2017年第2期，第8页。

了"新闻传媒建构国家形象的策略"。何辉、刘朋等的著作《新传媒环境中国家形象的构建与传播》分析了互联网、手机等新媒体环境对国家形象建构与传播的影响。李正国的著作《国家形象构建》分析了关于国家形象的普遍规律，系统提出了以国家利益为中心进行国家形象建构的战略和策略。丁磊在《国家形象及其对国家间行为的影响》一书中则分析了在国际体系中国家间行为与国家形象的内在联系。胡晓明的《国家形象》从软实力、框架理论、跨文化传播、危机传播、全球性媒介事件、舆情把握与调控等领域入手，探索国家形象塑造的特点和规律。谢晓娟的《软权力中的国家形象及其塑造》强调了新闻传播理念、科技水平在国家形象塑造中的关键作用。赵启正在《国家形象的形成和公共外交》一文中认为，除了国家的实际情况、媒体的传播、各国受众的判断和认可外，公共外交是影响国家形象形成的第四要素。梁晓波则认为，作为思维构建的重要手段，概念隐喻是新闻报道中国家形象建构的重要手段。[①]

国家形象具有丰富的内涵与外延，涉及传播学、国际政治学、公共关系学、经济学、心理学、文学、语言学等众多学科领域，涵盖政治、经济、军事、外交、文化、教育、环境等社会生活的方方面面，是一个复杂的综合性问题。因此，需要对国家形象的认识更加综合、全面。这就需要我们对相关学科进行交叉融合，通过一个综合的理论框架和研究方法对国家形象进行全面的跨学科的分析和考察。当然，这也是进行国家形象研究的一个难点和重要的突破点。

（二）中国国家形象的研究现状

国外学者对中国国家形象的研究较早。而出于维护和拓展国家利益的需要，中国理论界从不同视角、运用不同研究方法对中国国家形象在世界各地区或国家的传播与建构进行了大量的研究，大有后来者居上之势。

1. 国外研究现状

美国学者对中国国家形象的研究在学术界有着重要影响，其中，费正清（John King Fairbank）和哈罗德·伊罗生（Harold R. Isaacs）是近代以来对

---

① 梁晓波：《国家形象的概念隐喻塑造研究》，《湖北大学学报（哲学社会科学版）》2013年第2期，第113—117页。

中国公众形象研究最为著名的学者。美国中国问题专家费正清自20世纪40年代开始研究中国公众形象和中美关系，撰写了多篇论文，如《1946：我们在中国的机会》《认识中国：中美关系中的形象与政策》《美国与中国》等，突破了中美关系研究的旧框架。麻省理工学院教授哈罗德·伊罗生在20世纪50年代对美国人心目中的中国形象进行了调查、研究和分析，著有《美国的中国形象》，书中既有正面也有负面的结论。20世纪70年代起，多位美国学者从不同角度对中国国家形象的形成、发展、变化进行了广泛深刻的考察并撰写了多部著作，如罗伯特·麦克莱伦（Robert McClellan）的《野蛮的中国人：美国人对中国的态度1890—1905》、托马斯·博克（Thomas Bork）和丁伯成的《大洋彼岸的中国梦幻——美国"精英"的中国观》等。美国学者乔舒亚·库珀·雷默（Joshua Cooper Ramo）等著的《中国形象：外国学者眼里的中国》，以"第三只眼睛"的视角，揭示了作者眼中的中国形象以及中国在国家形象方面存在的问题。

韩国学者李秉钟（Lee Byung Jong）在《韩国报纸中的中国国家形象：对中国在韩国的媒体外交的评估》（China's National Image in Korea's Newspapers: Assessing China's Media Diplomacy in Korea）一文中，运用新闻框架分析对韩国报纸建构的中国国家形象进行了研究，发现中国在韩国的国家形象比较负面，有韩国的"对抗性竞争对手"、"腐败的"政治制度、"单边的"外交政策等，这与中国对韩国公众和媒体进行的国家形象传播完全不同。[①]

总之，由于历史文化差异和意识形态的不同，国外学者眼中的"中国形象"与我们自己心目中的"中国形象"会有许多差异。但国外学者对中国国家形象的研究，让我们可以更加完整地理解自己的"国家形象"。

2. 国内研究现状

从目前的国内研究成果来看，国内的中国国家形象研究主要集中在以下三个学科领域。

第一，国际政治的研究视角。在现实主义的研究路径方面，研究成果主

---

① Lee Byung Jong, "China's National Image in Korea's Newspapers: Assessing China's Media Diplomacy in Korea," *The Korean Journal of Area Studies* 32, no. 3 (2014): 191-219.

要集中在国家利益与中国国家形象的关系上。申家宁的博士论文《美国国家利益与美国的中国形象》从美国国家利益与中国在美国的形象这个角度分析了国家利益与国家形象的相互建构关系。刘艳房的专著《全球化背景下的中国国家形象战略：基于国家利益的研究视角》则对国家形象战略的概念、基本要素、作用进行了分析，总结了国家形象战略与国家利益之间的关系以及新中国成立以来的国家形象战略。在建构主义研究视角方面，国内学者突出国家间互动、国家身份认同在中国国家形象建构中的作用。何英在《美国媒体与中国形象》一书中，从建构主义结构互动的视角分析了美国媒体的中国形象，认为美国媒体建构的中国国家形象是涉华报道主体与中美关系结构中国家利益、意识形态、公众舆论等因素互动的结果。李智的著作《中国国家形象：全球传播时代建构主义的解读》详细分析了国家形象建构的模式——"传播（互动）→构建"，提出在全球传播语境下通过优化交往互动模式来塑造良好的中国国家形象。还有学者从国际政治心理学的角度研究其他国家对中国国家形象的认知，比如杜雁芸的《美国政府对中国国家形象的认知》，详细分析了小布什、奥巴马政府对中国国家形象的认知现状以及产生认知偏差的原因，提出了相应的对策，她认为"国家形象的认知是塑造中美关系的关键因素之一"。[①]

第二，语言学的研究视角。语言学界对中国国家形象的研究着重从批评话语分析、隐喻、系统功能语言学等理论视角对政治语篇、新闻语篇等不同类型的话语展开定量和定性分析，突出话语、意识形态、权力与中国国家形象的互动建构。康俊英的《基于及物系统的中国国家形象"他塑"批评性分析解读——以美国官方文件涉华话语为例》以美国发布的四份官方报告为语料库，从涉华话语的及物系统表征的视角对中国国家形象的话语建构进行了批评性分析解读。汪徽、辛斌的《美国媒体对中国形象的隐喻建构研究——以"美国退出TPP"相关报道为例》运用语料库研究法和批评隐喻分析法，分析了美国主流媒体在"美国退出TPP"事件的相关报道中使用的隐喻以及通过隐喻建构的中国国家形象。此外，徐丽雯的《中国城市形象的文化话语建构》从文化话语分析的视角，运用语料库语言学的研究方法，分析

---

① 杜雁芸：《美国政府对中国国家形象的认知》，时事出版社，2013，第1页。

了2007—2017年中美两国英文报纸(《环球时报》《中国日报》《华尔街日报》《纽约时报》)对杭州城市形象的建构。

第三，国际传播学的研究视角。与语言学注重话语分析不同，国际传播学的研究主要运用内容分析方法以及框架理论对不同国家媒体涉华报道建构的中国国家形象进行分析，突出国际传播、跨文化传播在中国国家形象建构中的作用。段鹏的著作《国家形象建构中的传播策略》对中国国家形象建构存在的问题进行了实证研究，提出了建构良好中国国家形象的传播策略。刘继南、何辉编著的《中国形象：中国国家形象的国际传播现状与对策》一书，综合运用内容分析、问卷调查、深入访谈等多种研究方法，描绘了中国国家形象的国际传播现状，探讨了中国国家形象的定位以及国际传播策略。倪建平的《国家形象塑造和中国对非洲政策——跨文化传播的视角》一文从跨文化传播的角度探讨了中国和谐文化及其在非洲传播对塑造和提升中国在非洲的国家形象的战略意义。

（三）媒体建构的中国国家形象的研究现状

目前，媒体建构的中国国家形象的研究成果主要集中在世界大国、西方国家眼中的中国形象，比如，杨苗苗的《〈华盛顿邮报〉上的中国形象研究》、王琳的《中国在美国主流新闻媒体中的最新形象解析》、王紫叶的《"一带一路"视域下德媒建构的中国形象》、杨帆的《法国右翼媒体中的中国形象研究》、房祖奎与房玉霞的《俄罗斯媒体上的中国形象塑造——基于〈真理报〉的调查》、刘林利的《日本大众媒体中的中国形象》、周宏刚的《印度英文主流报纸的中国形象研究》等。随着"一带一路"倡议的提出，"一带一路"共建国家、中国周边国家的主流媒体的中国国家形象也逐渐受到研究者们的关注，比如，叶青的《从框架理论看菲律宾主流媒体对中国形象的建构》、胡美春的《哈萨克斯坦主流媒体报纸上的中国形象研究》、马静的《塔吉克斯坦主流媒体报纸的中国形象研究》、范敏玲的《伊朗伊斯兰共和国通讯社报道对中国国家形象的建构研究（2017年8月至2018年8月）》等。同时，一些研究成果还聚焦对象国主流媒体对"一带一路"倡议报道的分析，提炼出媒体所建构的中国国家形象，比如，张冬梅与闫欣的《俄罗斯媒体对"一带一路"报道的话语分析与中国形象研究》、陈世伦与王一苇的《媒体报道框架与中国海外形象建构——以柬埔寨主流媒体对"一带一路"倡议报道为例》。不过，目前对于中国周边小国，尤其是阿富汗主流媒体中的中国国家形象建构的研究还比较欠缺。

从研究成果所运用的研究方法来看，大部分学者还是固守本学科传统的研究范式和研究方法，主要进行学科内的交叉融合研究。比如，刘红伟的《中国国家身份的话语建构——基于语料库的中国领导人"中国–东盟"峰会讲话的话语分析》利用语料库技术与费尔克拉夫（Fairclough）的"语篇实践观"和范代克（van Dijk）的"社会认知方法"的批评性话语分析相结合的研究方法，阐释并回答了1997—2012年中国国家领导人发表的与"中国–东盟"峰会相关的讲话"建构了什么样的国家身份"以及"国家身份是如何通过话语进行建构"等问题，以此揭示话语与国家身份建构之间的互动。虽有部分成果进行了学科交叉融合，尝试建立更具综合性的国家形象分析框架，但学科融合的深度和广度还不够。比如，李千晴的《新世纪以来日本媒体的中国形象构建》从建构主义与框架理论的视角入手，分析了日本《朝日新闻》2006—2010年的涉华报道，考察日本媒体建构的中国形象及其背后的影响因素。可以说，由于国家形象丰富的内涵与外延，仅仅依靠一两个学科的交叉融合并不能解决当前国家战略层面所面临的中国国家形象问题，解决中国国家形象问题需要充分吸收多个学科的理论以及研究方法，尤其是要加强国际关系、国际传播学、语言学等学科的实质性交叉融合，对国家形象进行全面、综合、跨学科的分析与考察。

三、创新需要正确的研究方法

（一）研究方法

第一，文献分析法。本书重点收集国内外国家形象研究的相关文献，主要包括具有代表性的著作、论文集、学位论文以及刊载于国内外权威期刊的论文，并对其进行细致的梳理、归纳与分析。

第二，内容分析法。内容分析法是一种对于传播内容进行客观、系统和定量的描述的研究方法，其实质是对传播内容所含信息量及其变化的分析，即由表征的、有意义的词句推断出准确意义的过程。通过运用该方法对阿富汗主流媒体涉华报道的言语主体和言语内容进行分析，可有效探寻阿富汗主流媒体涉华报道的路径依赖和中心叙事。

第三，语料库分析法。语料库的研究路径，既涵盖传统研究方法对话语的整体把握，又能展现话语的历时变迁过程，并可在解释语言特征的基础上，纵深揭示语篇的意识形态及背后的权力。[1] 本书通过自建阿富汗主流媒体普什图语涉华报道语料库，运用词频、索引行、搭配等语料库手段分析了阿富汗主流媒体涉华报道的言语内容、言语形式，探寻了阿富汗主流媒体建构中国国家形象的议题设置倾向、话语策略。这在一定程度上减少了在探索阿富汗主流媒体涉华报道话语表征过程中研究者的主观性影响，使得研究的过程以及结论显得更为客观。

第四，定量与定性相结合的方法。本书根据对自建阿富汗主流媒体普什图语涉华报道语料库进行实证分析的结果，对阿富汗主流媒体的语言-符号行为进行了定量研究，再基于定量研究的结果，试图对阿富汗主流媒体建构中国国家形象的社会影响以及语境作出定性研究的结论。

（二）创新之处

首先，紧密结合"一带一路"的新语境考察阿富汗主流媒体普什图语涉华报道对中国国家形象的传播和建构，具有一定的理论意义和实用价值。从既有的文献来看，大多数学者主要关注西方国家、周边大国中的中国国家形象，对于中国国家形象在阿富汗的传播与建构关注不多。本书以阿富汗主流媒体普什图语涉华报道为语料，将国家形象研究与媒体语言观察结合起来，研究后发现了阿富汗主流媒体涉华报道中正面和负面的中国形象，这些形象对于理解阿富汗作为他者对中国的形象塑造有一定的参考价值。

其次，综合运用建构主义、话语幻象、国际传播学的理论与方法，建构动态的国家形象话语建构分析框架。该框架强调国家形象分析的动态性特征，认为历史和现实中国家间的互动实践不断生成共有观念，进而建构和重构国家形象。在这一过程中，认知主体身处的语境影响语言-符号行为的使用，使后者产生相应的社会影响，推动国家形象形成。国家形象一旦形成，新的语境要素（文化知识结构）相应形成，从而影响包括语言-符号行为在内的国家间互动实践。同时，该框架不仅对话语的语言-符号行为、社会影响、语境进

---

[1] 曾润喜、杨喜喜：《国外媒体涉华政策传播的话语框架与语义策略》，《情报杂志》2017年第6期，第100页。

行跨学科的综合分析,还能关注话语的变化与发展,体现全面整体、辩证统一、动态发展的话语分析原则。

再次,拓展了当前国内阿富汗研究的领域。目前,国内已有三所高校设立了阿富汗研究中心,但由于语言、安全形势等因素的限制,既有的研究主要聚焦中阿关系、阿富汗国家重建、阿富汗安全形势以及阿富汗民族与宗教冲突等问题,对于阿富汗文化传统、价值观念、民族心理等方面缺乏探讨,相关的研究成果较为零散。因此,本书对于阿富汗国民心理方面的研究,具有一定的原创性。

最后,扩大了国内对于普什图语的研究范围。目前,国内对于普什图语的研究主要侧重语言的结构和形式,对于意义的研究,尤其是话语分析研究较少。本书尝试运用及物性过程分析、批评隐喻分析对普什图语新闻语篇进行分析,基于普什图语来研究阿富汗社会,为普什图语语篇的解读和普什图语的研究范围提供新的视角和思路。同时,国内既有对普什图语语言形式研究的语料主要取自20世纪50—70年代的相关文学作品,本书的语料直接取材于阿富汗互联网,更能反映普什图语真实、鲜活的语言面貌和特征。

四、语料来源

国家形象"必须首先运用语言这一载体进行传播",国家形象研究"离开对语言的深入分析,就可能忽略最为基础、最为本质的东西",[①] 而通过话语方能使国家形象的分析落到实处。具体到本书研究的话语,则是阿富汗主流媒体的普什图语涉华报道。

在语料的选取和处理过程中,本书主要考虑了新闻的权威性以及媒体背景方面的因素。

(一)主流媒体的选取

"主流媒体"这一概念最早由美国语言学家乔姆斯基在1997年发表的题为《主流媒体何以成为主流》(What Makes Mainstream Media Mainstream)的文章中提出。乔姆斯基指出,主流媒体又叫"精英媒体"(elite media)或"议

---

① 文秋芳:《拟人隐喻"人类命运共同体"的概念、人际和语篇功能——评析习近平第70届联合国大会一般性辩论中的演讲》,《外语学刊》2017年第3期,第1—2页。

程设定媒体"（agenda-setting media），其控制着最主要的信源，为其他媒体设置新闻框架，受众大多是社会上层人士。它们共同左右人们的思想。① 也就是说，主流媒体报道主流信息，拥有主流受众，体现社会主流意识形态。此外，议题设置和新闻框架本身也是意识形态的反映。

据此标准，目前阿富汗的主流媒体有：（1）以《阿尼斯报》（*Anis Daily*）、《祖国报》（*Hiwad Newspaper*）、《喀布尔时报》（*Kabul Times*）、阿富汗国家广播电视台（National Radio Television of Afghanistan）、巴赫塔尔通讯社（Bakhtar News Agency）等为代表的官方新闻媒体；（2）以《阿富汗日报》（*Daily Afghanistan*）、《每日瞭望报》（*Daily Outlook Afghanistan*）、《阿富汗时报》（*Afghanistan Times*）、《早八点报》（*Hasht-e-Subh Daily*）、"自由之声"电台（Azadi Radio）、黎明电视台（Tolo TV）、太阳电视台（Lemar TV）、黎明新闻频道（Tolo News）、哈玛通讯社（Khaama Press）、帕支瓦克阿富汗新闻社（Pajhwok Afghan News）等为代表的发行量较大或收听收视率较高，具有一定影响力的私营媒体；（3）上述媒体主办的网站、推特（Twitter）专页、脸书（Facebook）专页等。

"白纸黑字才能作数"，这一传统认识使得报纸相对于广播、电视等媒体在受众心中更有权威性。阿富汗报纸数量众多，但是包括主流报纸在内发行量都较小（详见表0-1），读者数量十分有限，影响力甚微。广播是阿富汗覆盖面最广的媒体形式，电视在阿富汗城市中成为人们使用最多的媒介工具。英国广播公司（BBC）在阿富汗进行的受众调查显示，听广播和观看电视的受访者分别占到88%和47%，仅有13%的受访者阅读报刊。② 但是，广播、电视等媒体在语料获取方面难度较大，因此不予考虑。而作为无国界、全球通的迅捷媒体，网络已成为传播和塑造国家形象的最有效渠道之一。随着阿富汗信息化建设的有效推进，阿富汗互联网用户从2002年的100人增长到2019

---

① Noam Chomsky, "What Makes Mainstream Media Mainstream," Z Magazine, October, 1997, accessed September 15, 2019, https://chomsky.info/199710.

② D-3 Systems, Inc. & Ascor-Surveys, "Afghan Media Survey: Report Prepared for the BBC Trust," January, 2008, accessed September 15, 2019, http://www.bbc.co.uk/bbctrust/assets/files/pdf/review_report_research/ar2007_08/afghanistan_research.pdf.

年的731万，①占阿富汗总人口的22.7%。②由于宽带互联网接入成本较高，阿富汗互联网用户大部分是移动互联网用户。截至2020年6月，阿富汗手机用户数量为3463.9万（按激活SIM卡数量计算），有效移动用户（使用超过90天）约为2150.6万，第三代移动通信技术（3G）用户为627.1万，第四代移动通信技术（4G）用户约为89万，3G和4G用户占总人口的22.2%。③阿富汗大部分互联网用户都生活在城市，受过良好的教育，属于具有一定舆论影响的公众。因此，本书把阿富汗主流媒体主办的网站作为获取语料的唯一途径。

表0-1 阿富汗主要报纸信息

报纸名称	创办年份	发行地区	日发行量/份	雇员数量	语言
《阿尼斯报》	1927	喀布尔以及大多数省	2200—2500	34	达里语
《祖国报》	1949	国内外发行	—	22	普什图语
《喀布尔时报》	1962	喀布尔	7000	32	英语
《阿富汗日报》	2006	—	4800	—	普什图语和达里语双语
《每日瞭望报》	2004	全国发行	10000	—	英语
《早八点报》	2007	喀布尔、加兹尼、巴米扬、楠格哈尔、赫拉特、巴尔赫、昆都士、塔哈尔、巴格兰、巴达赫尚、朱兹詹	15000—18000	58	达里语
《阿富汗时报》	2006	喀布尔、马扎里沙里夫、坎大哈、贾拉拉巴德	5700	30	英语

资料来源：作者根据Afghanistan Media Directory 2017整理而来。

---

① "Afghanistan Statistical Yearbook 2019," National Statistics and Information Authority of Afghanistan, accessed August 15, 2020, https://www.nsia.gov.af:8080/wp-content/uploads/2020/05/Afghanistan-Statistical-Yearbook-2019-1st-Version.pdf.

② 根据阿富汗中央统计局发布的《2019年统计年鉴》（Afghanistan Statistical Yearbook 2019），截至2019—2020年度，阿富汗总人口约为3220万，详见"Afghanistan Statistical Yearbook 2019," National Statistics and Information Authority of Afghanistan, accessed August 15, 2020, https://www.nsia.gov.af:8080/wp-content/uploads/2020/05/Afghanistan-Statistical-Yearbook-2019-1st-Version.pdf。

③ 数据来源：阿富汗电信管理局网站，http://atra.gov.af/en/page/telecom-statistics-2014。

Alexa网站①"Top Site"栏目2018年5月24日的数据显示，阿富汗排名前100位的网站中，上述主流媒体主办的网站（网站访问量相关数据详见表0-2）有第13位的"自由之声"电台网站（www.azadiradio.com）、第16位的黎明新闻网（www.tolonews.com）、第38位的帕支瓦克新闻网（www.pajhwok.com）、第55位的哈玛通讯社网站（www.khaama.com）、第56位的《早八点报》网站（www.8am.af）。"自由之声"电台网站是"自由之声"电台的官方网站。该电台成立于2002年1月，是美国国会出资建立的自由欧洲电台的下属机构，是阿富汗收听率最高的电台之一，在喀布尔、贾拉拉巴德、马扎里沙里夫、坎大哈、赫拉特设有分台，同时使用普什图语和达里语进行播音，内容以时政类为主，兼具国际视野和本土风格，在阿富汗具有很强的舆论引导力。黎明新闻网是黎明新闻频道的官方网站，主要栏目有阿富汗新闻、世界新闻、商业新闻、体育新闻、博客和观点、文化艺术、节目介绍等，网站针对部分热门话题会进行民意调查。黎明新闻频道隶属于莫比传媒集团（Moby Media Group），主要播出新闻、时事热点、民生、访谈类节目，栏目有六点新闻、热点访谈、人民之声、问与寻等。莫比传媒集团成立于2003年，总部位于迪拜，是横跨南亚、中亚、中东和非洲地区的领先综合媒体和通讯集团之一。此外，阿富汗第一家民营电视台、阿富汗收视率最高的电视台黎明电视台，阿富汗最受欢迎的普什图语频道太阳电视台以及理想电台（Arman FM）、阿拉库兹亚电台（Arakozia FM）等广播电台也隶属于莫比传媒集团。帕支瓦克新闻网是阿富汗最大的独立新闻机构——帕支瓦克阿富汗新闻社（也称"帕支瓦克通讯社"）的官方网站。帕支瓦克阿富汗新闻社总部设在喀布尔，该社在阿富汗国内设有八个分社，由阿富汗人全资拥有和经营，没有任何政治背景，其被视为来自阿富汗人视角的有关阿富汗新闻的最值得信赖的渠道。哈玛通讯社网站是哈玛通讯社的官方网站。哈玛通讯社是阿富汗最大的新闻和信息来源之一，其网站使用普什图语、达里语、英语三种语言发布各类信息，月均访问量达150多万人次。

---

① Alexa是美国亚马逊公司的一家子公司，是专门发布网站世界排名的网站。Alexa排名是常用来评价某一网站访问量的一个重要指标。

表0-2 阿富汗和世界主要网站访问量数据表

网站	国内排名	世界排名	跳出率/%	单一用户日访问量	用户在网站的停留时间	阿富汗访问者占比	推特关注者数量/万	脸书关注者数量/万
自由之声电台	13	22646	38.4	4.52	7分11秒	64.2%	—	—
黎明新闻网	16	24591	46.3	2.84	4分22秒	51.2%	44.6	271.9
帕支瓦克新闻网	38	35990	51.6	2.36	3分45秒	51.3%	28.7	137.4
哈玛通讯社网站	55	46698	55.5	2.0	3分37秒	40.3%	20.4	142.6
《早八点报》网站	56	62105	58.4	2.6	5分6秒	68.9%	5.05	174.7
谷歌	1	1	35.9	7.27	7分19秒	—	—	—
优兔（Youtube）	2	2	57.2	4.72	8分30秒	—	—	—
百度	1	4	28	5.66	7分14秒	—	—	—
美国有线电视新闻网（CNN）	25	107	54.6	2.12	4分7秒	—	—	—
新华网	23	114	37.6	4.74	2分51秒	—	—	—
《纽约时报》网站	30	115	63.2	2.16	4分2秒	—	—	—

资料来源：作者根据Alexa网站相关数据整理而来。

由于"自由之声"电台网站隶属于美国，对华具有明显的偏见，而且其也不属于阿富汗本土媒体。哈玛通讯社网站的新闻检索只提供前50条新闻供浏览，语料获取较为困难。因此，本书确定黎明新闻网和帕支瓦克新闻网作为获取涉华报道的阿富汗主流媒体。其中，黎明新闻网由于其母公司莫比传媒集团长期接受西方资助，具有一定的西方背景，而帕支瓦克新闻网则可作为阿富汗独立新闻媒体的代表，这两家媒体的涉华报道基本上能代表阿富汗主流媒体对中国的看法。

（二）语料语言以及研究时段的选取

黎明新闻网和帕支瓦克新闻网均有普什图语、达里语和英语三个版本。普什图语是阿富汗第一大民族普什图人的母语。历史上，普什图语曾是阿富汗的国语，目前普什图语与达里语同为阿富汗的官方语言。因此，阿富汗主流媒体的普什图语涉华报道基本上能代表阿富汗主要人群对中国的看法。

2001年12月阿富汗临时政府成立后，中国重新恢复了两国的政治关系。

2006年6月，中阿建立全面合作伙伴关系。2012年6月，中阿建立战略合作伙伴关系。本书原本计划选取2006年1月1日至2019年12月31日两家主流媒体的普什图语涉华报道，对不同时期阿富汗主流媒体建构的中国国家形象进行对比研究，但是由于阿富汗大部分媒体的网站建于2010年之后，因此，本书选取黎明新闻网、帕支瓦克新闻网2012年1月1日至2019年12月31日的普什图语涉华新闻报道作为研究对象，主要研究中阿战略合作伙伴关系时期阿富汗主流媒体建构的中国国家形象。

（三）语料的抽取与处理

语料初筛阶段，在黎明新闻网、帕支瓦克新闻网首页检索框中输入关键词"چین"（中国）、"چینی"（中国的），检索时间范围为2012年1月1日至2019年12月31日。通过检索，共获取样本报道1682篇，其中黎明新闻网733篇，帕支瓦克新闻网949篇。通过人工筛选，剔除与中国无关或者关联度低的无效报道，得到符合要求的有效涉华报道601篇，共计276 451个词。[①] 其中，黎明新闻网301篇，帕支瓦克新闻网300篇。

按照内容分析研究中类目建构要求的排异性和无限性，本书根据研究需要以及涉华报道的特性设置了9个类目。类目1为报道标题；类目2为报道发表日期；类目3为稿源引用，主要涉及该涉华报道是否有明确的来源以及来源于哪些具体的新闻机构或者个人；类目4为稿源地，是指涉华报道发稿的所在地；类目5为信源，即涉华报道的消息来源；类目6为信源的倾向性，即信源对中国的态度倾向，主要分为正面积极、客观中立、负面消极；类目7为报道题材，根据两家主流媒体涉华报道所包含的事实材料，将题材细分为政治、经贸、军事安全、文体、社会、科技、卫生七类；[②] 类目8为报道议题，根据报道的主题或者话题，把议题细分为中阿政治关系、"一带一路"与中阿经贸合作、阿富汗安全形势与中阿安全合作、阿富汗和平进程与中国参与全球治理、中阿人文交流、阿巴关系、中国国情、中美关系、中日关系、中巴关系、中朝关系、中俄关系、其他；类目9为报道倾向性，即涉华报道对中国的态度

---

① 部分报道中只是提到了"中国"，但并无实际描述或者报道。同时，两家媒体网站的关键词检索功能会自动将包含"چین"的单词作为关键词，比如اچین（阿钦地区）、سرچینی（来源）等。

② 文体类报道题材包括文化、教育、体育、媒体、青年交流等领域。

倾向，分为正面积极、客观中立、负面消极。通过建构上述类目，对阿富汗主流媒体涉华报道的路径依赖和中心叙事的分析将更加真实、客观。

信度是工具的可靠度，即一致性、稳定性。[①] 本书主要对内容分析的横向信度进行检验，即检验不同独立编码者对样本编码结果是否具有主观一致性，检验内容分析是否科学、相对客观。本次信度检验采用了简单一致率，即不同编码者之间的一致数量同编码总数的比率，计算公式如下：信度＝一致数目/编码总数。在研究过程中，笔者在对黎明新闻网、帕支瓦克新闻网601篇涉华报道编码之后，邀请了一位编码者对相关样本进行了二次编码。两次编码结果的信度指数如表0-3所示，各个维度一致性均高于0.9，可基本判定符合信度的基本要求。

表0-3 阿富汗主流媒体涉华报道及其信源对中国态度编码的信度指数验证

验证内容	黎明新闻网	帕支瓦克新闻网
信源对中国态度信度	0.91	0.92
涉华报道对中国态度信度	0.92	0.94

资料来源：作者自制。

---

① 彭增军：《媒介内容分析法》，中国人民大学出版社，2012，第89页。

第一章　国家形象的媒体话语建构

建构主义认为，一切社会事实都是通过互动而建构出来的。国家形象作为国际关系中的社会事实，自然也是通过互动（包括话语实践）而建构出来的。建构主义还从维特根斯坦和奥斯汀等语言学家那里汲取了大量的养分，涉及语言或话语在国家形象建构中的作用。不过，总体上，以温特等人为代表的主流建构主义学者更侧重于结构化理论和符号互动论，仅以建构主义理论研究国家形象，就会过分倾向于强调文化、价值观、意识形态等因素对国家形象的决定性作用，而淡化语言对于社会事实的建构作用。为此，本书还将引入话语幻象理论作为分析国家形象的理论视角。

第一节　国家形象的内涵和属性

国家形象是一个古老的话题，是随着国家间的交往实践活动而产生的。如同在政治哲学中对国家作何理解是一个长期存在争论的话题，要对国家形象的含义进行明确的界定也是很困难的。因此，有必要考察和了解国家形象的内涵和属性。

一、国家形象的三重内涵

国家形象既不是国家品牌或者国家政权的外显形式这样一个单维的事实性概念，也不是公众的主观想象这样一个观念性概念，而是一个具有现实、认知和反应等多重内涵的结构性概念，可分为"客体形象""媒介形象""认知形象"三个层面。其中，客体形象是国家形象的本源和基础，认知形象是认知主体的感知结果，联系客体形象和认知形象的主要媒介是作为渠道和参照的媒介形象。

（一）客体形象

国家的客体形象，是指一个国家政治、经济、文化、社会等物质和精神方面的客观存在，是国家形象的形而下部分，是媒体镜像中的客观存在，有学者将之称为"源像"。一方面，客体形象是国家形象最基本的层次，是媒介形象、认知形象的基础和本源；另一方面，客体形象与媒介形象、认知形象并不总是对位的，有时还会出现错位甚至极大的偏离。在国际社会中，不可否认的一种现象是：物质实力雄厚、国民素质高的国家，其国家形象不一定良好；相反，物质生活和精神生活水准相对低下的国家，其国家形象却又可能较好。[①] 比如，发达国家日本在许多东亚国家民众心目中的形象还不如小国不丹。还有，一个国家的客观物质状况或社会体制在某一时期没有发生改变，其国家形象却可能出现变化。[②] 比如，20世纪30年代晚期，许多美国人把苏联看成"魔鬼国家"；当1941年末美国与苏联联合抗击德国时，苏联则被描绘成支持民主的国家（Pro-Democracy）。[③] 原因在于，客体形象只是国家形象的机械式自然呈现，"本身不会自我呈现或表征为一个便于认知，并富含价值判断和精神内涵的国家形象"。[④]

（二）媒介形象

大多数受众由于缺乏与其他国家直接联系并获取一手资料的机会，很难通过实际感知、人际传播等途径获得国家客体形象的全部信息，难以建立对他国完整、清晰的认知和理解。也就是说，国家的客观实在不是公众认知的主要来源，其要演化为公众对于他国实体存在状态的理解和想象通常需要一定的中介。媒介形象则是一种非常重要的中介。

作为国家形象的形而中部分，国家媒介形象源于国家客体形象，但不是国家客体本身，"是借助文字、图像、声音等媒体语言来抽象化表达、展示的

[①] 李智：《中国国家形象：全球传播时代建构主义的解读》，新华出版社，2011，第19页。

[②] 李智：《中国国家形象：全球传播时代建构主义的解读》，第19页。

[③] 约翰·米尔斯海默：《大国政治的悲剧》，王义桅、唐小松译，上海人民出版社，2014，第21页。

[④] 刘丹凌：《论国家形象的三重内涵——基于三种偏向的分析》，《南京社会科学》2014年第5期，第111页。

国家形象"。[1] 国家媒介形象是一种"拟态"层面的国家形象，是对国家客体形象所形成的镜像与映射。不过这种"镜像"并非客体形象的"镜式反映"，可能是对国家客体形象的描摹节选，可能是对国家客体形象的美化，也可能是对国家客体形象的扭曲。媒介形象不仅是对社会事物的反映与表达，有时它甚至僭越和替代了被反映的事物本身，成为某种"仿真"的存在。由于大众媒体在当代社会已成为大多数受众的主要信息来源，它们在很大程度上影响着人们对社会事物的认知和评判。[2] 可以说，随着大众媒体的普及，其"已经成为影响一国人民对另一国人民和政府的态度或看法的重要因素"。[3]

（三）认知形象

国家的认知形象是指国内外公众综合直接经验、间接经验对国家主体所形成的主观性、总体性认识或评价，存在于国内外公众的主观印象中，是国家形象的形而上部分。因此，作为一种观念结构，国家的认知形象具有相对的稳定性。一个国家的正面认知形象很难在短期内建立，并且一旦一个国家被建构起负面的认知形象又极难改变。负面国家形象不但会影响公众对该国家主体的情感态度，甚至还会长期影响两国之间的关系。

如前所述，公众的直接经验往往是有限的，往往是媒介形象作用于公众的认知、情感和态度，从而帮助公众建构对该国形象的整体性认知。那么，国家认知形象建构的主要信息来源就是媒介形象。不过，如同客体形象与媒介形象的对应关系一样，认知形象与媒介形象也不是精确对应的关系，双方之间是一种复杂的影响与接受关系。国家的媒介形象并不会毫不走样地被受众接受，国家的媒介形象与认知形象之间可能存在差异，有时还可能出现受众抵触，导致二者之间出现矛盾。国家认知形象的形成最终取决于三个要素，一是国家媒介形象；二是国家媒介形象的传播；三是公众自身的认知基础、

---

[1] 刘丹凌：《论国家形象的三重内涵——基于三种偏向的分析》，《南京社会科学》2014年第5期，第111页。

[2] 刘丹凌：《论国家形象的三重内涵——基于三种偏向的分析》，《南京社会科学》2014年第5期，第111页。

[3] Lee Suman, "A Theoretical Model of National Image Processing and International Public Relations" (PhD diss., Syracuse University, 2004), p. 2.

认知习惯、文化和身份背景等情况。① 这在一定程度上揭示出，国家形象的建构不只是一个媒介形象塑造的问题，还关乎国家实体建设、形象的传播和接受，同时这一过程亦是形象竞合与意识形态博弈的过程。

二、国家形象的基本属性

事物的属性是事物内涵的根本表现，又直接归属于事物的内涵。同任何事物一样，国家形象的内涵规定着国家形象的基本属性，同时又体现为它的基本属性。总体来说，作为一个多维的结构性概念，国家形象具有多重属性，包括主体间性、差异性、持续性、变异性。

首先，国家形象具有主体间性。国家形象存在于自我与他者的关系之中，表现为"自我认知形象""他者认知形象""自我期待形象""他者期待形象"四个向度上的互动关系，是主体间相互承认、相互影响、共同接受的结果，具有主体间或者体系结构的性质。因此，在国际社会中，一国的国家形象不完全基于其内在、固有的属性，并不完全受控于主体国家的主观意愿以及自身的作为和努力，而是在本国与他国互动的过程中建构的。

其次，国家形象具有差异性。国家形象的差异性是指一国在不同国家及其公众心目中的形象可能存在差异，甚至可能是完全相反的。比如，中国在巴基斯坦民众眼中的国家形象就同在印度民众眼中的国家形象存在差异。从根本上说，国家形象之所以具有差异性，在于国家的客体形象、媒介形象、认知形象之间并非一一对应的"镜式反映"关系，或者说，在于该国与不同的对象国之间建构的不同认知形象。

再次，国家形象具有持续性。国家形象的持续性表现为国家形象的相对稳定性，它不会因时间或空间的改变而发生根本变易。② 这种相对稳定性取决于国家形象的客观物质实力，只要这个客观力量保持相对稳定，国家形象在一段时间里就不会发生大的改变。也就是说，一旦一国的国家形象确立，就会在公众心目中形成心理定式或刻板印象，使他们倾向于认同、接受原有的

---

① 刘丹凌：《论国家形象的三重内涵——基于三种偏向的分析》，《南京社会科学》2014年第5期，第112页。

② 李智：《中国国家形象：全球传播时代建构主义的解读》，第28—29页。

国家形象。这就使得国家形象很难在短时间内随着国家客观现实发展而发生改变。

最后，国家形象具有动态性。国家形象具有持续性并不意味着国家形象不会发生改变。作为一种观念性的东西，国家的认知形象是一个变量，处于不断演变的过程中。尤其是在当代国家间互动愈加频繁的趋势下，国家媒介现象的"繁殖"过程越来越快，国家认知形象的转换也会更加频繁。

第二节　建构主义的国家形象观

一般认为1989年，美国学者奥努夫（Nicholas Onuf）在《我们建构的世界：社会理论与国际关系中的规则与统治》（*World of Our Making: Rules and Rule in Social Theory and International Relations*）一书中首次把"建构主义"（constructivism）引入国际关系研究。亚历山大·温特（Alexander Wendt）的《国际政治的社会理论》对国家身份及其生成机制进行了建构主义的系统解读，正式奠定了建构主义的理论地位。建构主义之所以得名如此在于它的一个核心观点：事物乃是通过社会建构而存在。建构主义之中有不同的流派，但是各流派的观点基本上都包含了两条基本原则：(1) 人类关系的结构主要由共有观念（shared ideas）而不是物质力量决定的；(2) 有目的行为体的身份和利益是由这些共有观念建构而成的，而不是天然固有的。[①] 本节将从建构主义理论的角度来考察"国家形象是什么？"这一基本问题，进一步深入剖析国家形象的建构机制和影响其发生变化的因素。

一、社会建构主义与国家身份

温特的社会建构主义采用社会科学的认识论和方法论来看待国际关系，在本体论上主张理念主义，强调观念、文化、认同等因素的作用，认为国际体系结构的核心内容是观念的分配（distribution of ideas），而不是物质力量的分配（distribution of capabilities）；在方法论上主张整体主义，强调国际体系结构对国家的作用，认为国际体系结构不仅对国家行为产生影响，而且

---

① 亚历山大·温特：《国际政治的社会理论》，秦亚青译，上海人民出版社，2000，第1页。

对国家的身份和利益有建构作用。因此，社会建构主义"认为主体间互动建构社会意义，强调施动者和结构互动建构身份和认同，突出观念在塑造行为方面的作用"。①

（一）作为社会事实的国家身份

理解社会世界的意义是建构主义理论的核心内容之一。法国社会学家埃米尔·迪尔凯姆（Emile Durkheim，也译作"涂尔干"）认为，世界上存在着两种事实，一种是自然事实，如山川、河流等；另一种是社会事实，如婚姻、金钱等。一切行为方式，不论它是固定的还是不固定的，凡是能从外部给予个人以约束的，或者换句话说，普遍存在于该社会各处并固定存在的，不管它在个人身上表现如何，都叫作社会事实。② 社会事实的存在是基于人们集体统一而存在的。集体意向创造了意义，形成了主体间的共识，其特点类似于卡尔·波普尔（Karl Popper）所讲的"世界3"，③ 既有别于客观的物理世界，又区别于主观的精神世界。涂尔干的这种思想对温特等具有自然主义倾向的建构主义学者产生了重要的影响。④

身份是建构主义学派的核心概念之一。社会建构主义认为，一国的国家身份不是基于内在属性或者给定的，也不是一成不变的，而是依赖于"社会性共有知识"（socially shared knowledge），只能存在于和他者的关系之中，是凭借观念结构或结构化的观念而"社会地"建构起来的。很显然，建构主义将国家身份看作是由观念建构的，是一种社会事实，是在行为体互动中产生的，具有主体间特征。

（二）主体间结构和符号互动对身份的建构

从作为一种社会事实的角度来看，社会建构主义强调主体间观念性结构

---

① 秦亚青：《建构主义：思想渊源、理论流派与学术理念》，《国际政治研究》2006年第3期，第1页。
② E.迪尔凯姆：《社会学方法的准则》，狄玉明译，商务印书馆，1995，第34页。
③ 波普尔把世界分为三个部分：世界1指的是物理世界，包括物理对象和物理状态；世界2指的是精神世界，包括心理现象、意识状态和主观经验等；世界3指的是客观的观念世界，包括客观知识和客观艺术作品。参见舒炜光：《波普尔的科学哲学》，《吉林大学社会科学学报》1987年第3期，第46—47页。
④ 秦亚青：《建构主义：思想渊源、理论流派与学术理念》，《国际政治研究》2006年第3期，第3—4页。

对于身份的建构效果。之所以强调结构性因素，是因为社会建构主义在很大程度上借鉴了华尔兹的结构现实主义理论，但是认为国际结构并不仅仅存在着物质结构，还存在观念性结构。

温特对身份建构的研究借鉴了吉登斯（Anthony Giddens）的结构化理论（structuration theory），认为只有在社会结构当中身份才有意义。温特指出，社会结构与自然结构之间的不同体现在两个方面：社会结构不能脱离其所造就的社会行动而存在；社会结构不能脱离施动者关于它们在行动中正在做的事情的理解而存在。也就是说，社会结构具有一个独立的话语维度（discursive dimension），因为它不能独立于施动者带入行动当中的理性和自我理解。[1]但是，社会结构不能独立于施动者而存在这一事实并不意味着社会结构可以被化约为施动者所想象的东西，而是意味着社会结构的存在和运行依赖于人类的自我理解，只有通过实际的意识和行动，社会结构才能获得它的因果效果。在结构化理论看来，结构和施动者不是互为"外在"，而是在一定程度上相互影响，形成一种"共同决定"（co-determined）或者相互构成的关系，同时在本体论上又是不同的。结构既是施动者行为的中介，也是施动者行为的结果；既帮助促成了施动者行为的发生，同时也制约了其行为的可能性。[2]同时，施动者的行为又不断地产生新的结构。

温特还结合了米德（George Hebert Mead）、布鲁默（Herbert George Blumer）的符号互动论（symbolic interactionism），说明了自我（ego）的身份和利益是在与他者（alter）的符号互动过程中得以建构、造就意义并逐步发展起来的。所谓符号互动，就是有意识、有意图、有意义的互动。比如，一个人意识到别人向他挥拳，然后挥手抵挡他人的进攻，这样的挥手是"符号互动"，因为其中具有意图的内涵；而一个人下意识地挥手，是没有任何意图或者意义的，是"非符号"行动。根据符号互动论，自我和他者是社会互动的基本内容，施动者关于自我和利益的观念往往会反映（mirror）有意义的他者的实践，这种反映是随着时间的推移在互动中不断变化的，因而

---

[1] Alexander Wendt, "The Agent-Structure Problem in International Relations Theory," *International Organizations* 41, no. 3 (1987): 358-359.

[2] 哈里·古尔德：《行为体-结构论战的实质意义》，载温都尔卡·库芭科娃、尼古拉斯·奥鲁夫、保罗·科维特主编《建构世界中的国际关系》，肖锋译，北京大学出版社，2006，第105页。

施动者的观念也在不断地变化，而自我的身份和利益也就相应地在不断变化。符号互动论假定，两个施动者——自我和他者，在社会环境中互动。他们第一次接触的时候，彼此都不甚了解。在互动的开始，自我表现出一种姿态（gesture），比如，前进、撤退或者进攻。这种姿态展现了他将对他者作出的回应的基础。他者并不了解自我的基础，因此必须对自我的意图进行推断（inference）或者归因（attribution）。在国际无政府状态下，他者就必须评估自我的姿态是否是一种威胁。他者在进行推断时有两个考虑因素：一是自我和其姿态的物质手段（physical qualities），这在某种程度上是由自我设计的；二是他者本身作出同样姿态的意图。他者对自我的意图可能作出错误的归因，但也没有理由在自我作出姿态之前就假设自我是威胁。因为只有经过了信号传递（signaling）和解读（interpreting）的过程，才有可能产生错误的认识。因此，威胁是社会建构的，而不是自然形成的。[1]

符号互动的过程就是一个信号传递、解读和回应（responding）的过程，也是创造主体间意义的过程，温特称之为社会行为（social act）。[2] 最初的社会行为一般是试探性的，彼此对对方的解读也可能是错误的。基于这种试探性的认识（tentative knowledge），自我作出一个新的姿态，再次展现他将对他者作出回应的基础，他者也会继续进行解读并且作出回应。如此反复，彼此对于对方的认识不断地增强。如果互动重复足够长的时间，这种"相互归类"（reciprocal typification）就可以形成相对稳定的关于自我和他者的认识。[3] 也就是说，随着行为体间互动的持续和深入，关于对方身份的认知得到不断强化，从而产生一种相对稳定的关系文化系统。

结构化理论中的"结构"，指的是社会再生产过程里反复涉及的规则和资源；社会化系统的制度化特性具有结构性特征。[4] 建构主义指出，规则是行为

---

[1] Alexander Wendt, "Anarchy Is What State Make of It: The Social Construction of Power Politics," *International Organizations* 46, no. 2 (1992): 404-405.

[2] Alexander Wendt, "Anarchy Is What State Make of It: The Social Construction of Power Politics," *International Organizations* 46, no. 2 (1992): 405.

[3] Alexander Wendt, "Anarchy Is What State Make of It: The Social Construction of Power Politics," *International Organizations* 46, no. 2 (1992): 406.

[4] 安东尼·吉登斯：《社会的构成：结构化理论大纲》，李康、李猛译，生活·读书·新知三联书店，1998，第52页。

体之间的主体间理解，是一种社会事实，那么结构也就是一种主体间的理解。与结构相比，符号互动往往只涉及自我和他者之间彼此的行动和理解，因此是一种微观的社会互动过程。温特把社会结构与符号互动结合在一起，认为施动者的行动与社会结构是相互影响、相互建构的，在这一过程当中主体间的意义得以不断地产生和再造。这一过程被温特称为"相互归类"。

自我和他者之间通过"相互归类"在某一特定的问题上产生了相对稳定的关于自我与他者的认识。这种互动建构了我们用以定义身份和利益的相对持久的社会结构，实际上也就是身份和利益形成的过程。[1] 按照温特的设计，在"相互归类"的过程中施动者（国家）同结构之间的关系如图1-1所示。

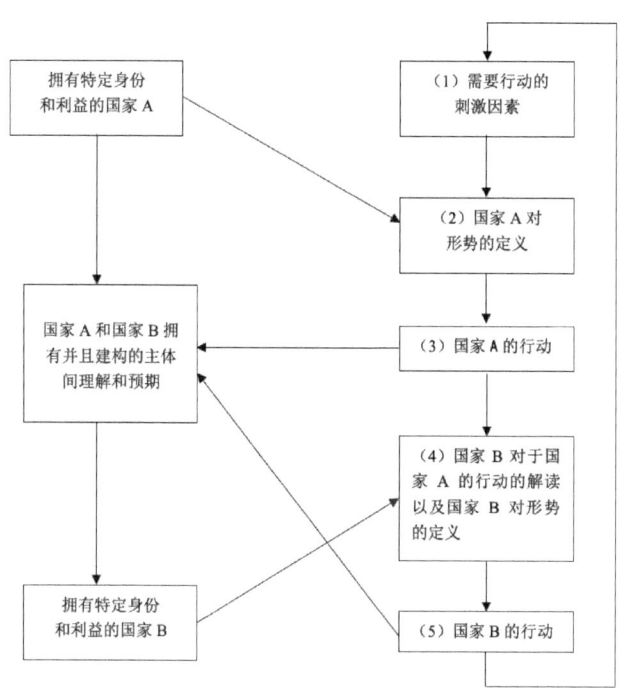

图1-1 施动者同结构的互动过程

资料来源：Alexander Wendt, "Anarchy Is What State Make of It: The Social Construction of Power Politics," *International Organizations* 46, no. 2 (1992): 406.

---

[1] Alexander Wendt, "Anarchy Is What State Make of It: The Social Construction of Power Politics," *International Organizations* 46, no. 2 (1992): 405.

二、后建构主义与国家身份

在国家形象的建构过程中,国家形象的形成和变化受到国家施动者、外部结构和实践行为三个变量的共同作用。以温特为代表的社会建构主义理论主要关注国际体系的观念结构对于国家身份的建构作用,强调外部环境因素对于身份的建构作用,认为国家形象受结构因素的支配。另一些建构主义学者认为,仅有外部的主体间观念还是不够的,不能忽视国家自身对于形象的建构作用,即国家的施动性因素。国家作为施动者具有主体性的一面,这体现在国家具有自主的认知能力,能够自主地进行实践活动上。认知是主体以已有的知识和经验为基础的主动建构;在建构的过程中,主体已有的认知结构发挥了特别重要的作用,而且仍然处于不断发展之中。① 也就是说,国家的实践活动既可以同主体间理解一起塑造新的身份,也可以改变外部原有的对一国身份的主体间理解。

可以说,以温特为代表的社会建构主义理论对身份进行了最为翔实的研究,但是却没有给予语言足够多的关注,忽视了语言对身份的建构作用,走了一条在一定程度上背离了早期的建构主义的道路。② 温特认为,在国家交往互动的过程中,国家之间不需要语言来进行交流。比如,他在设想人类与外星人的"第一次相遇"时,认为整个过程人类与外星人之间没有语言交流,只是通过自我的行动以及对对方行动的解读来进行相互调整,从而形成相对稳定的关于自我和他者的认识。③

一些学者认为,施动者是具有语言能力的,可以依靠话语实践来与他者进行互动。以美国学者珍妮丝·比埃利·马特恩(Janice Bially Mattern)为代表的后建构主义者在借鉴后现代建构主义和后结构主义关注语言的做

---

① 詹全旺:《话语分析的哲学基础——建构主义认识论》,《外语学刊》2006年第2期,第15页。

② "话语"通常就是指在具体语境中实际应用的语言,与索绪尔提出的"言语"近似,表现形式可以是口头语,也可以是书面语。国际关系建构主义理论兴起之初曾经从语言学中借鉴了大量的概念,如尼古拉斯·奥努夫洞察到各种社会规则实际是起源于人们在进行言语时所遵循的言语行为规则,而首次提出了国际关系建构主义理论。参见孙吉胜:《国际政治语言学:理论与实践》,世界知识出版社,2017,第3—4页。

③ Alexander Wendt, "Anarchy Is What State Make of It: The Social Construction of Power Politics," *International Organizations* 46, no. 2 (1992): 405.

法的基础上对社会建构主义进行了拓展和延伸,提出了通过语言的表象力(representational force)来分析身份的形成和变化的独特路径。

(一)语言与语言力

语言可以建构社会现实。根据布迪厄的社会理论,整个人类的社会活动和社会生活都是一种象征性的交换活动,是以语言为中介而进行的社会互动,社会就是一种"语言交换市场"。[①] 可以说,语言不只是对现实简单的反映,还是社会现实的组成部分,可以建构和重构社会现实。同时,言语行为是一项复杂并且有创造性的活动,而不只是对预先存在的语言系统和语言规则的执行。[②] 话语主体可以根据需要通过对语言的词汇、句法、修辞、文本结构等的选择来影响人们对世界的认识和理解,从而建构社会身份、社会关系,甚至"知识"。因为,"符号具有社会意义上的动机,对于特殊的能指和特殊的所指的连接来说,存在着社会理由"。[③] 按照维特根斯坦的观点,语言作为社会生活最基本的行为,不仅仅是对现实(reality)的映像,还把"现实"变为"实在"(existence)。[④] 就语言的作用而言,后结构主义强调语言的行事功能(performative),即语言本身的行事性会独立于行为体的意图,语言造就行动,并把语言作为理解社会现实的起点。[⑤]

受上述语言观中语言具有行事和建构功能的思想的影响,后建构主义提出,语言本身是一种权力,具有语言力(language power),行为体在一定的语境下根据自己的选择在通过语言表象的过程中体现出语言力,从而达到向对方施压的目的。表象力最强的语言最有可能成为稳定的、人们普遍接受的知识,即造就的"现实"。[⑥]

(二)语言的表象力与国家身份

后建构主义认为,语言是一种力量,而身份是社会语言建构的结果,需

[①] 高宣扬:《布迪厄的社会理论》,同济大学出版社,2004,第166页。
[②] 孙宁宁:《布尔迪厄的实践语言观》,《河海大学学报(哲学社会科学版)》2010年第4期,第79页。
[③] 诺曼·费尔克拉夫:《话语与社会变迁》,殷晓蓉译,华夏出版社,2003,第69页。
[④] Ludwig Wittgenstein, *Philosophical Investigations* (Oxford: Blackwell, 1958).
[⑤] 孙吉胜:《语言、意义与国际政治:伊拉克战争解析》,上海人民出版社,2009,第82页。
[⑥] 孙吉胜:《语言、意义与国际政治:伊拉克战争解析》,第80—101页。

要通过语言来维持和发展。[1]虽然马特恩也认为，国家身份"是国家间关于它们的相互关系状态的主体间理解"，[2]但与社会建构主义不同的是，马特恩认为身份的塑造和维持有赖于叙述，他认为"行为体通过自己的施动性，利用语言和叙述，使语言成为身份的真正源泉"。[3]马特恩把国家在危机时期将自身的叙述传递给其他国家的方式叫作"表象力"。表象力是最强有力的语言力，通过直接的、自我利益为中心的、没有任何商量余地的方式来再造维持现状的叙述，是行为体在形成表象过程中通过巧妙地设计语言结构而获得的力量。[4]事实上，马特恩明确区分了在稳定时期和在危机时期所使用的不同的语言形式，他认为在国家之间已经对它们相互的身份拥有共享理解的稳定时期，使用说服性、权威性或是操纵性语言力来使这种身份成为社会事实是最有效的，而在这种共享理解受到威胁或破坏的危机时期，只有使用表象力才能重建这种共享理解。[5]

"现实"建构的效果和成功与否并不仅仅取决于表象的内容，而是取决于如何来架构语言，取决于施动者（agent）采取何种方式通过表象来实现语言力。[6]从语言学的角度看，表象力更强调的是以言取效，不同于传统意义上的交往行为。马特恩认为，实现表象力的主要方式包括语言表达和链接。语言力主要通过链接来实现，链接的方式包括容忍型链接、恐怖型链接、放逐型链接。其中，恐怖型链接和放逐型链接在加固某种国际身份上更为有效，其通过造就、传播、固定某种关于我他关系的特殊叙述，使话语的对方别无选择而只能接受所叙述的"现实"。[7]

从行为逻辑上看，后建构主义是身份的权力政治（the power politics of

---

[1] 孙吉胜：《国际政治语言学：理论与实践》，世界知识出版社，2017，第14页。

[2] Janice Bially Mattern, *Ordering International Politics: Identity, Crisis, and Representational Force* (New York: Routledge, 2005), p. 4.

[3] 孙吉胜：《语言、意义与国际政治：伊拉克战争解析》，第99页。

[4] Janice Bially Mattern, *Ordering International Politics: Identity, Crisis, and Representational Force*, p. 10.

[5] Janice Bially Mattern, *Ordering International Politics: Identity, Crisis, and Representational Force*, pp. 73-74.

[6] 孙吉胜：《语言、意义与国际政治：伊拉克战争解析》，第31页。

[7] 孙吉胜：《语言、意义与国际政治：伊拉克战争解析》，第92页。

identity），强调通过表象力产生的强制性力量来威胁对方，迫使对方在身份的叙述上遵从自己。这类似于塞缪尔·巴尔金（J. Samuel Barkin）提出的"现实建构主义"（realist constructivism），既承认国际政治是社会建构的产物，又认为观念受到权力政治的影响。①

根据本书的研究设计，在这里并不将表象力作为话语实践的一种形式。这主要是因为：首先，本书将身份的建构看成一个持续的动态过程，贯穿于国家参与国际体系的实践活动的始终，而后建构主义主要解释危机时期身份的维护和再建构；其次，与后建构主义关注叙述对身份的话语建构作用不同，后建构主义的主要关注点是叙述被传递给其他国家的方式，而不是叙述本身，而叙述本身以及叙述传递的方式都是本书研究的内容；最后，实现表象力的恐怖型链接、放逐型链接是设计出来的语言陷阱，在现实的应用方面存在一定的困难和局限性。

三、国家形象的建构机制

建构主义理论认为，国家身份是一种关系性概念，即国家间的相互认同关系而非国家实力或其他物质性的东西。建构主义国际关系理论中的"国家身份"与对外传播研究中的核心"国家形象"是高度同构的，它们都在回答"是谁？""是什么样？"的问题。② 从这个角度来看，国家形象也是一种关系性概念，是一国同对象国或者目标国长期持续交往互动过程中"社会"地建构起来的产物，其并不取决于——至少不完全取决于——自身的军事、经济实力等客观物质性因素，而是取决于一国同他国之间所达成的共有观念或所谓的"共识"（共有认识）。也就是说，国家形象的实质是一种身份认同关系而非有待发现或指认的客观事实。由此可见，国家身份是国家形象的基础与内核，国家形象则是国家身份的体现和反映。③

国家形象建构机制与国家身份类似，是国家间政治、经济和文化层面的

---

① J. Samuel Barkin,"Realist Constructivism," *International Studies Review* 5, no. 3 (2003): 337.
② 冯若谷:《"身份互塑"与"关系文化"——建构主义国际关系理论视野下的对外传播观》,《现代传播（中国传媒大学学报）》2015年第5期, 第52页。
③ 李智:《中国国家形象：全球传播时代建构主义的解读》, 第26页。

相互塑造，存在于主体间的"双重文本"中，在不断的碰撞、渗透和协商过程中逐渐呈现出来。① 作为国家身份的反映，国家形象的建构遵循互动→建构的模式，可分为有内在逻辑的四个环节：国家间的交往互动→共有观念的生成→相互身份认同的确立→国家形象的形成。同时，国家间的交往互动又不断产生新的共有观念，相应地，国家形象也会发生变化，实现再造。可以说，国家形象的建构过程是一个循环的链条，如图1-2所示。

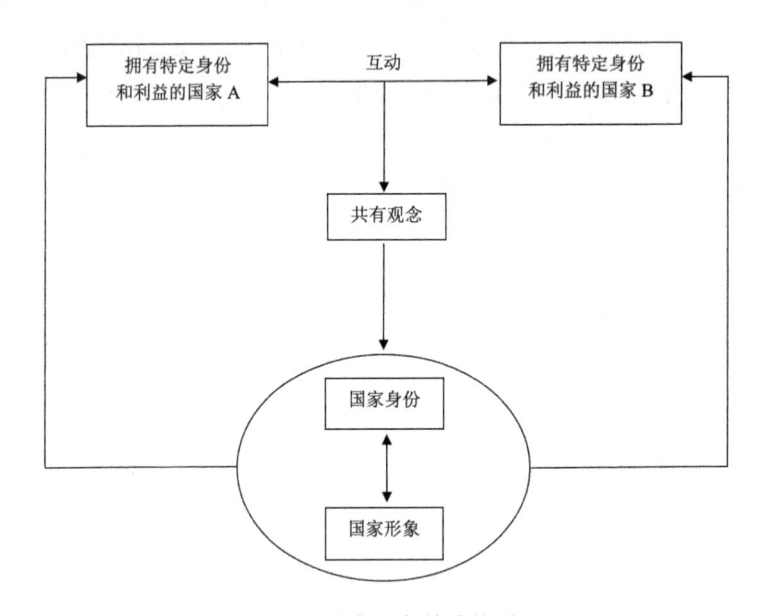

图1-2 国家形象的建构过程

资料来源：作者自制。

（一）国家间的交往互动

建构主义认为，国家身份具有主体间特征。一国的身份必须获得他国的认同，而要实现这个目标，就需要国家在与他国的互动中相互试探、商讨、妥协，从而产生共享的文化观念，进而建构主体间的身份。

"互动"是建构主义的一个基本概念，正是由于互动推动行为体间共有观

---

① 冯若谷：《"身份互塑"与"关系文化"——建构主义国际关系理论视野下的对外传播观》，《现代传播（中国传媒大学学报）》2015年第5期，第52页。

念的形成和发展,最终促成了国际体系结构的转变和身份的变化。国家是国际体系中有意义的部分,是有目的行为体,在作行动选择的时候把"其他国家行为体考虑进来",这就产生了行为体之间的互动。[1]

国家间的交往互动,既包括领导人互访、贸易投资、对外援助、旅游、文化教育交流等国家间直接交往活动,也包括通过新闻媒体等大众媒介的传播活动。国家间直接交往活动或者大众传播活动的目的都是通过信息交流,实现观念、信念或知识的共享,从而不断确立与他者之间的相互身份认同关系,最终把国家形象鲜明地建构起来。不同之处在于,国家间直接交往活动偏重于以一种自然而然的方式,通过作用于人们的知觉和情感进而作用于人们的评价,潜移默化地影响人们对一国形象的认知,因而在国家形象的形成过程中起着重要作用;大众传播活动偏重于以话语、图像等符号形式,通过主动的价值体系传递直接作用于人们的评价进而作用于人们的知觉和情感,比较鲜明地表达价值传递主体对一国形象的认知,因而在国家形象的建构过程中也发挥着巨大作用。[2]从这个角度来看,国家间直接交往活动和大众传播活动变得更加密集,新的共有观念就会不断产生,彼此的国家身份也会随之重构,国家形象也会相应地发生改变。就这样,在国际社会进程之中,国家间互动在不断地再造国家身份与形象。[3]

(二)共有观念的生成

建构主义的结构主要是观念的分配(distribution of ideas),它的构成是行为体的共有观念,因此其核心内容不具物质主义性质。[4]建构主义承认物质性因素的客观存在,也不否定物质性因素的作用,但是认为物质性因素只有通过行为体的共有观念才能够对行为体的行为产生有意义的影响。共有观念是指主体间的知识和文化,是行为体之间互动的产物,是确定国家身份和利益的根本因素。如温特所说,"权力和利益之所以具有它们实际上所具有的作

---

[1] 亚历山大·温特:《国际政治的社会理论》,第188页。
[2] 丁磊:《国家形象及其对国家间行为的影响》,知识产权出版社,2010,第114页。
[3] 李智:《中国国家形象:全球传播时代建构主义的解读》,第46页。
[4] 秦亚青:《国际政治的社会结构——温特及其建构主义国际政治理论》,载秦亚青:《权力·制度·文化:国际关系理论与方法研究文集》,北京大学出版社,2005,第131页。

用，是因为造就权力和利益的观念起了作用"。①

共有观念的产生有赖于主体间的互动和共有知识的形成。共有知识（shared knowledge）是指行为体在一个特定社会环境中所共同具有的理解和期望。② 行为体之间在从来没有社会行为的情况下是无法建立和形成共有知识的，因此也就没有共有观念。两个国家一经交往，最初的试探性的社会行为通过"相互归类"会使互动中的双方产生并加强一些观念，并开始共同拥有这些观念，于是便产生了共有观念。

建构主义的结构是动态的，可变的，但变化又是不易的。一方面，国际体系结构的形成和存在是施动者实践活动的结果，如果改变施动者的互动进程，国际体系的结构也就有了变化的可能。另一方面，建构主义的结构是一种相对稳定的关系文化系统。建构主义的结构变化是文化的变化，而文化本身具有自我实现、自我加强的能力，可使自己建构的对象不断通过行为体间的实践活动得以固化或被物化。

（三）相互身份认同的确立

建构主义认为，身份从根本上说是一种主体或单位层次的特征，根植于行为体的自我领悟，而这种自我领悟的内容常常依赖于其他行为体对这个行为体的再现与这个行为体自我领悟之间的一致，因此，身份是由内在结构（自我持有的观念）和外在结构（他者持有的观念）建构而成的。③ 社会生活中最重要的事情是行为体怎样再现自我和他者，这样的再现是互动的起点，是行为体定义他们的身份、他们的需求以及他们应该怎样行动的中介因素。④ 也就是说，国家的身份关系不是预先给定或者先天具有的，是在与别国交往和互动中由体系的内在和外在结构建构的。

从体系的内在结构来看，在确定身份方面真正起作用的是自我和他者之间相互依存的程度或"密切"程度，他者在互动中的身份取决于自我对他者的定位，而自我相对于他者的自身角色身份则取决于自我认为他者怎

---

① 亚历山大·温特：《国际政治的社会理论》，第167页。
② 秦亚青：《国际政治的社会结构——温特及其建构主义国际政治理论》，载秦亚青著《权力·制度·文化：国际关系理论与方法研究文集》，北京大学出版社，2005，第132页。
③ 亚历山大·温特：《国际政治的社会理论》，第282页。
④ 亚历山大·温特：《国际政治的社会理论》，第417—418页。

样看待自己。① 两个从未接触过的行为体不可能互为敌人,也不可能互为朋友,它们只有通过相互接触和互动,才可能确定对方是敌是友。② 不过,两个国家可能会带着之前与其他国家的社会互动中形成的关于自我身份的预设观念开始第一次社会行为。虽然这种预设观念是外生的,但由于角色之间是具有内在联系的,通过"自我角色确定"(roletaking)和"他者角色确定"(altercasting),两个国家具有了暂时的角色,并且这成为他们互动的起点,也产生了自我与他者在互动中需要追求的利益。两个国家最终都习得产生预期对方以某种方式作出回应的关于自我和他者的共有观念,并且在不断的社会性互动实践活动中以因果方式加强这些共有观念。在每一阶段的有意识的互动中,自我和他者共同界定了对方的身份,由此,国家间建构出相互身份认同关系。换句话说,身份不仅仅是在互动中习得的,也是由互动所支承的。③

(四)国家形象的形成

在国际社会中,抽象的国家身份需要由具体的国家形象来体现和反映。国家间相互身份认同关系确立之后,两个国家在对方国家心目中的形象也随之定型。需要注意的是,虽然国家形象是国家身份的反映,但这种反映是经过了自我价值观的洗刷而形成的,带有浓厚的价值偏好和情感色彩。这造成国家形象包含了较多的随意性、主观性、情感性、价值观性甚至意识形态性因素。因此,国家身份的总和是国家形象,但不能反过来说国家形象的总和就是国家身份。④

综上所述,社会事实是由社会实践建构而成的,在这一过程中,话语发挥了重要的作用。因此,作为社会事实的国家形象,可以说在一定程度上是由话语所建构出来的,或者说"国家形象的构建是一种语言的权力游戏"。⑤ 同时,国家形象的形成是一个动态的过程,受到结构、施动者和实践的共同

---

① 何英:《美国媒体与中国形象》,南方日报出版社,2005,第151页。
② 秦亚青:《国际体系的无政府性——读温特〈国际政治的社会理论〉》,《美国研究》2001年第2期,第139页。
③ 亚历山大·温特:《国际政治的社会理论》,第417页。
④ 谢剑南:《国家的身份属性与身份退化》,《东方论坛》2013年第2期,第32页。
⑤ 胡晓明:《国家形象》,人民出版社,2011,第106页。

影响，总是处于不断的形成和变化的过程当中。换句话说，国家形象的建构不是一朝一夕、一劳永逸的事情，国家形象会随着外部环境和国家对于自身的认知的变化而变化。从这个意义上讲，国家形象的建构过程也是国家形象不断发展和演变的过程。

第三节 话语幻象理论

建构主义认为，国际关系中的事实是社会建构起来的。作为国际关系中的一种社会事实，国家形象也具有社会建构的属性。后建构主义认为，语言在社会建构中具有核心的地位和作用，不同的语言实践会建构不同的社会现实（包括国家形象），媒体语言尤其具有突出的建构作用。基于大众媒体的广泛影响力，国家形象主要是在大众媒体的话语中建构出来的。因此，需要深入理解大众媒体传播中的话语，而话语幻象理论给我们提供了这样一种分析的视角和方法。

一、话语幻象

"话语幻象"（discursive illusions）概念是由阿蒂提·巴蒂亚（Aditi Bhatia）在《公共话语的话语幻象：理论与实践》（*Discursive Illusions in Public Discourse: Theory and Practice*）一书中对政治话语、媒体话语、公司话语等公共话语分析的基础上提出的，可有效分析和解释上述公共话语的复杂性和多面性。巴蒂亚认为，幻象话语（discourse of illusions）源于我们对现实的主观表征，但通常被视作客观的感知和信仰，而话语幻象则是"现实"主观概念化（a subjective conceptualisation）的产物。

（一）幻象的形成

社会现实貌似一个不证自明的范畴。然而，恰恰相反，从许多学者的分析来看，现实并非真实的，我们对现实存在主观感知和客观感知。

我们的思想积极参与对现实的建构。思考或者想象是一种行为，通过思考，我们可以建构身边的世界，建构社会，理解我们的经验。不过，我们的思维过程不仅仅是处理感官知识（sensory data），还利用这些感官知识，对外部世界进行连贯、系统而又主观的重构。换句话说，我们可以看到的主观现实不仅包括我们的感官知识，还包括以往的经验、感觉、文化意识和理解。就这一点而言，我们对世界的认识和我们对现实的概念化（conceptualisation）都是历史的产物，是过去知识和经验的结果，随着知识储备（repository）的增加，我们对现实的概念化也随之进化。也就是说，我们所知道的一切，了解的所有对象，都必须存在于经验之中，布迪厄把这种现象称为惯习（Habitus）。[①] 我们的性情、习惯和信仰都是惯习的一部分，通过惯习，我们建构现实意义。我们的性情和信仰系统可以被看作结构化和系统化的，因为它们是在我们的文化意识形态背景下建构出来的。惯习成为我们思维定式的一部分，融入我们的意识，成为常识性的，因此在日常活动中很难辨别。布迪厄认为，这就是产生主观现实、建构社会、决定行为的方式。

当然，惯习因个体不同而有所不同，因为不同的文化和社会政治背景所形成的习惯和信仰不同。因此，惯习能够允许个人在分类、规律、同质和统一方面拥有各种可能性，同时又通过它的主观和意识形态基础来约束个人。要想超越传统的界限，重新定义界限，唯一的方法就是在界限之内设定和操作。布迪厄认为，惯习"使所有思想、感知和行为的自由产生成为可能，但这些思想、感知和行为又都是在特定条件下产生的——而且只能是这些"。[②]

斯拉沃热·齐泽克认为，幻象是使主体获得现实感的框架，而意识形态就是用来结构主体的社会现实的幻象。[③] 我们的思维和概念化是由我们的意识形态所推动和支配的，也就是我们对社会和整个世界的信仰和预设，都植根于我们的惯习。意识形态本质上是多方面的，很难用任何确切的方式来定义和论述。意识形态在某种意义上是物质存在的，具有物质的继承性，体现在不同个体和组织的社会实践中，也通过概念和命题的关系存在于观念中。可以说，意识形态既是一种个人现象，也是一种公共实践，是"社会共享的广义的代表，因此成为整个群体和文化的特征"。[④] 正因为如此，我们的世界才被解释为主观的，受到我们意识形态的影响，而意识形态"既是结构的属性，

[①] Pierre Bourdieu, *The Logic of Practice* (Cambridge: Polity Press, 1990), p. 54.

[②] Pierre Bourdieu, *The Logic of Practice*, p. 55.

[③] 刘英杰、关恒：《齐泽克精神分析视域下的"幻象"》，《学习与探索》2020年第1期，第32页。

[④] Teun A. van Dijk, "Principles in Critical Discourse Analysis," *Discourse & Society* 4, no. 2 (1993): 258.

也是事件的属性"。① 因此，个人是生活在双重现实（dual realities）之中的：一个是客观现实，换句话说，就是事物的本来面目；另一个是我们的意识形态思维建构的主观现实。康德使用本体和现象的概念来区分双重现实，认为存在本体对象和现象对象之间的区别。本体是"从感性中抽象地表现出来的"对象，现象则是"看起来是"的东西，源于经验观察，是后验的。这意味着，不依赖我们的意识形态和经验，我们永远不可能知道事物的本来面目。可以说，现实建构的过程是由意识形态思维和隐喻概念化的经验系统所控制的。

根据《现代汉语词典》的解释，"幻象"是指幻想出来的或由幻觉产生的形象。从这个意义上说，幻象是一种主观现实。幻象与现实之间的相互作用非常微妙，"信仰支撑着幻象，而幻象调节着社会现实"。幻象是现实的基础，是有效的、精神上必要的现实产生的条件。幻象不仅有助于创造和维持独立的现实，而且本身也是一种"现实"。但是，我们的主观现实，或者说我们对现实的主观表征，本身并不是一种幻象，因为它是我们所理解和生活的唯一现实。也就是说，我们唯一能了解的现实是我们主观的现实。然而，当我们把这种主观现实"误认为"是实际客观的、真实的现实，或者把非事实当成事实，而没有考虑到另一种更客观的现实时，幻象就产生了。因为当我们把对现实的主观概念误解为客观时，我们就倾向于按照它们行动，作出决定，为未来的行动奠定基础，在它们的基础上对社会进行分类和建构，最终这些客观性的概念被归化到社会意识。从本质上来说，幻象实际是主观现实，是客观投射的映象与主观意识形态构成的有机体。

需要注意的是，幻象不同于谎言。撒谎需要知道真相，从而在一段时间内传达完全相反的信息，具有暴露的风险，而幻象会随着时间的推移在更宏观的层面上以集体意识的形式浮现并自然化、常识化。同时，幻象也不同于虚构（fiction）。虚构是一种虚假的想法，与经验或其自身相矛盾，当我们的逻辑能力增强或当我们需要改变时，虚构就会消失。与之相反，幻象有其必要性，其重要性来自人们追求事实的共同愿望以及人对世界的主观理解。②

---

① Norman Fairclough, *Critical Discourse Analysis* (Singapore: Longman, 1995), p. 71.
② Saul Smilansky, *Free Will and Illusion* (Oxford: Oxford University Press, 2000), p. 147.

（二）话语幻象的产生

巴蒂亚认为，"源自主观现实的幻象成为我们日常互动和信念系统的基础，我们通过话语幻象来传达我们的意识形态"。[①]基于这样的构想，我们的行为会受到怀疑（doubt）、绝望（despair）、怠惰（laziness）、偏见（prejudice）和恐惧（fear）等"根错误"（root errors）的刺激和影响。怀疑会鼓励幻象，因为幻象能为深不可测的问题提供直接的答案和解决方案；无论是思考未知的情况还是处理不公平的事件，通过贴上"受害者"和"罪犯"的标签，幻象让我们更容易为持续的悲伤作出合理的解释，并让我们对正在经历的情况感到安心；理性、逻辑和科学在社会的不同领域发现许多漏洞、矛盾和悖论，这可能令人不安和难以承受，而幻象使这种差异更容易接受；有时，客观的立场会迫使我们看到残酷的现实，而源于偏见的幻象有助于维持现状，维护和巩固社会中的权力结构；由于事实可能会令人失望，在面对恐惧时，幻象更难克服，同时，恐惧有助于产生幻象，从而维持权力的不对称，并形成危险的分类。[②]巴蒂亚把这些"根错误"称为"核心弱点"（core weakness），因为弱点意味着缺乏对权力的认识，而不是错误的行为。这些核心弱点并不是显而易见的，因为它们是我们概念、信仰系统的一部分，与我们的情感有着内在的联系，而且在我们的日常生活中很难辨别出来。这些核心弱点不仅削弱了我们对幻象的抵抗力，也激发了我们对幻象的创造。

根据来源，幻象可以分为个人幻象（individual illusions）和集体幻象（collective illusions）。个人幻象包括感知幻象和心理幻象。相对而言，个人的幻象更容易克服，因为不存在要求个人去顺应这种幻象的压力。从某种意义上说，个人的幻象更短暂，也更容易消除，通常是个人精神或身体缺陷的结果。因此，个人幻象不是本书所关注的，集体幻象才是本书感兴趣的。

对于集体幻象，我们要从认知现实转向社会现实。在这一点上，惯习似乎唤起了我们在形成主观现实联系时的认知、社会和语言因素。当世界出现在我们的脑海中时，感知世界的智力和意识形态活动在很大程度上是一种个

[①] Aditi Bhatia, *Discursive Illusions in Public Discourse: Theory and Practice* (London and New York: Routledge, 2015), p. 11.

[②] Aditi Bhatia, *Discursive Illusions in Public Discourse: Theory and Practice*, pp. 11-12.

人现象。然而，作为社会的一员，我们需要客观化我们的主观表征，以便它们被认为是合法的。那么，所谓合法的，就是社会大多数人同意的。社会验证原则（principle of social validation）认为，我们用来确定"什么是正确的"的途径就是去发现别人认为"什么是正确的"。① 当我们的感知被客观化时，它们就会变得更加真实。这本身是一种"改头换面"的主观性，即认知对社会行为的影响。如果被许多人认同，主观的现实就可以成为合法的"客观实在"。因此，无论出于何种原因，接受和实践这样一种信念，即我们对世界的主观和意识形态的理解是唯一的结论，将导致幻象的产生。同时，由于集体幻象得到了社会多数人的认可，相对来说很难克服和消除，因为其代表了规范性。正如阿尔伯特·爱因斯坦所说，"现实不过是幻象，尽管这幻象挥之不去"。通常，当很多人都在做一件事的时候，你倾向于认为这件事是合适的或者是正确的做法。一般说来，因为与社会明见性（social evidence）一致所犯的错误要比因为违背社会明见性所犯的错误少得多。② 这就能解释为什么越多人在做的事情我们也就越有可能去做。正如社会影响与从众理论所指出的，一个多数群体，或者仅仅是一个拥有权力的群体所拥有的权力、力量和规模能够有效地影响少数群体的思想和行动。③ 集体幻象可以产生强大的分类，最终塑造我们的经验、与他人的关系以及社会。

从这个意义上说，主导意识形态的言者（proponent）在目标受众接受集体幻象或者某一特定表征方面起着重要的作用。在任何特定的社会领域中，权威声音都是有意义和说服力的。只有当这样的声音发声时，意义才能在话语中获得，并被视为理性和客观的。因为"对于大多数人来说，遵从权威的意愿是很有意义的，事实上，更有意思的是，人们经常在毫无意义的情况下

---

① Robert Bob Cialdini, "Interpersonal Influence," in *Persuasion: Psychological Insights and Perspectives,* eds. Sharon Shavitt and Timothy C. Brock (Boston: Allyn & Bacon, 1994), p. 199.

② Robert Bob Cialdini, "Interpersonal Influence," in *Persuasion: Psychological Insights and Perspectives,* eds. Sharon Shavitt and Timothy C. Brock (Boston: Allyn & Bacon, 1994), p. 200.

③ Sarah Tanford and Steven Penrod, "Social Influence Model: A Formal Integration of Research on Majority and Minority Influence Processes," *Psychological Bulletin* 95, no. 2 (1984): 189-225.

这样做"。① 此外，来自社会精英群体、领袖的权威声音暗含了一定程度的信任。在这种情况下，尽管目标受众可以自由选择接受或者拒绝权威的声音，但他们在决策时会显得比较被动，因为依赖简单决策规则不需要太多的思考。比如，人们通常认为，"专家是值得相信的"，"男人在政治问题上通常是正确的"，"很多有争论的信息总是正确的"。② 当然，如果这些具有社会地位的言者符合目标受众的需要，或者呈现给目标受众的"事实"与目标受众本身的信仰体系相同，那么权威的声音也会更容易被目标受众所接受。

集体幻象实际上是占主导地位的主观表征，已经归化到社会意识中。当然，这些幻象不会永久归化，它们是在意识形态的基础上形成的，因此容易发生变化。在客观化过程中，具有影响力或势力的实体提出的一些主观现实，可以通过社会霸权（social hegemony）成为优先表象，权威、权力斗争、霸权和服从在特定现实表象的物化过程中起着重要的作用。③ 通常，这些幻象的创造者可以利用相关的传播媒介（例如大众媒体）来传达他们的主观表征，而控制信息传递形式所使用的物质方法（比如语言的选择）有助于达成集体协议。在这里，劝说（Persuasion）是幻象的重要组成部分。因为在付诸行动之前，幻象仍然只是现实的主观表征，而这些表征不能诱导行动，除非它们是有说服力的。查特里斯–布莱克（Charteris-Black）认为，劝说是一种"互动的交际过程"，目的是影响目标受众的信念和行为。④ 巴蒂亚把劝说视为"在目标受众有一定自由尺度的情况下，通过交流有意识地成功影响目标受众的心理状态"。⑤ 可以说，主导性现实主观表征具有说服力，是因为它们激发了社会的恐惧、偏见、怀疑，或者因为它们被呈现为常识性现实，即便如此，人们也有选择拒绝接受的自由。

对于目标受众来说，他们更有可能接受他们认为不是强加给他们的事

---

① Robert Bob Cialdini, "Interpersonal Influence," in *Persuasion: Psychological Insights and Perspectives,* eds. Sharon Shavitt and Timothy C. Brock (Boston: Allyn & Bacon, 1994), p. 212.

② Richard M. Perlof, *The Dynamics of Persuasion: Communication and Attitudes in the 21st Century* (New Jersey: Lawrence Erlbaum, 1993), p. 119.

③ Aditi Bhatia, *Discursive Illusions in Public Discourse: Theory and Practice*, p. 9.

④ Jonathan Charteris-Black, *Politicians and Rhetoric: The Persuasive Power of Metaphor* (New York: Palgrave Macmillan, 2005), p. 9.

⑤ Aditi Bhatia, *Discursive Illusions in Public Discourse: Theory and Practice*, p. 13.

实。不过，他们选择接受的事实，其实是被认同的主导意识形态或者现实表征，只不过自己完全没有意识到这一点。其中，共谋势力（collusive power）的明见性起着重要作用，葛兰西将之称作霸权。霸权是一种基于同意（consent）而非胁迫（coercion）的支配关系，通过劝说（对主导意识形态形成认同），把实践和其社会关系以及各种实践之间的关系自然化为"常识"。因此，霸权强调在取得和维持支配关系的过程中意识形态的重要性。就意识形态本身而言，其并不完全属于人的个体存在，而应属于人内在的社会性和群居性。随着时间的推移，意识形态及其实践可能会与形成它们的特定社会基础和利益或多或少有一定分离。换句话说，意识形态及其实践会有一定程度的归化（naturalized），从而被视为常识或者社会意识，而不是代表某个阶层或者团体的利益……这种归化的意识形态及其实践就成为知识库（knowledge base）的一部分。[1] 不过，即使意识形态会归化为社会意识，但不一定会与其本源——特定社会基础相分离，更多是进行改头换面。为了某些人的利益而牺牲另一些人的利益的支配关系，可能会以各种方式被掩盖、否认或阻止，从而把自己呈现为不同于它们本来面目的东西。也就是说，意识形态在以支配关系为特征的阶级社会中产生，支配关系可以通过被表述为合法而得以维持。

作为一个涵盖性术语，幻象话语包括各种形式的公共话语，特别是与政治和宗教有关的公共话语。幻象话语可以看作言者为获得受众对其主观表征的集体认同并使主观表征客观化，而诱使受众暂停他们的判断、解释和个人经验的一种努力。正如前面所指出的，人们生活在客观、真实存在的物质现实以及通过生活经验和意识形态思维所理解和建构的主观现实之中。虽然我们的概念系统确实能再现客观现实，但我们无法直接接触或者真正接近这个客观现实，因为我们无法把自己的意识形态区分开来。同时，这些主观重建行为（各种语言和符号手段）可以导致话语幻象的产生。换句话说，当权力集团通过各种模态的话语（如新闻发布会、采访、演讲、新闻报道等）重复传播所建构的主观事实，直至受众将原本主观的观点视为客观现实或真相时，话语幻象就产生了。在这里，话语本身成了一种影响的手段，一种试图改变

---

[1] Norman Fairclough, *Critical Discourse Analysis* (Singapore: Longman, 1995), p. 35.

受众对世界认知的方法。这是因为语言与社会、主观世界以及客观世界具有特殊关系，可以通过独特的方式概念化世界。语言选择是构建对抗性声音的一种本体论功能，可以通过各种语言和符号手段建构或者重构特定的现实，并且得到认可，而不需要胁迫的手段。因为，语言在"具体化和稳定"个人对现实的主观表征中具有重要作用。语言有能力"实现"整个世界，"完全能够超越日常生活的现实……（与不同意义领域相关的经验）可以跨越现实的离散领域"。[①]

巴蒂亚借鉴了福柯和费尔克劳夫对话语的定义，把话语视作一种规范以及统一特定文本和陈述的共同力量，在很大程度上是精神世界的表征，由语义–语用（semantico-pragmatic）、词汇–语法规则（lexico-grammatical）和文体所控制。在他们看来，幻象话语就是通过带有某种意图的改变世界的观点来影响他人的感知，即言者对现实的主观表征。而话语幻象则是幻象话语客观化、合法化的产物，"是权力话语主体为实现特定言者意图，运用语言–符号行为在公共话语中建构的、旨在影响受众的，关于国家和政府形象、社会运动和政治事件性质等的主观事实"。[②]

同时，幻象话语还频繁使用双命题语言（bi-propositional language），即往往表述和文本客观上可能是虚假的，但仍然被作为事实进行陈述。因为，幻象"既有内容的虚假性，又被认为是真实的，还添加了一个非常重要的元素——意图"。[③] 由于话语幻象被从文本引到更大的语境和社会现实领域，话语幻象通常会产生与预期相反的效果：不是为我们提供真相并消除误解，而是让我们与客观现实进一步产生距离，让我们纠结在持续变化的幻象中。这些主观表征虽然被认为是正确的，但在客观上是错误的。当然，制造这种混乱的言者将他们对现实的主观表征作为客观事实提出，通常是因为他们不知道其他的现实。

[①] Peter L. Berger and Thomas Luckmann, *The Social Construction of Reality* (London: Penguin Books, 1996), p. 54.

[②] 王雪玉：《中菲南海争端中的话语幻象建构——基于〈马尼拉时报〉》，《解放军外国语学院学报》2017年第4期，第11页。

[③] Saul Smilansky, *Free Will and Illusion* (Oxford: Oxford University Press, 2000), p. 146.

二、话语幻象的分析路径

巴蒂亚认为，任何社会现实都是话语主体基于意识形态和私人意图（private intentions）通过话语建构的主观现实。幻象话语是现实主观概念化（a subjective conceptualisation）的产物，从体现各种语言−符号行为（linguistic and semiotic actions）的历史经验中出现，往往导致预期的社会政治后果。[1] 幻象话语可以被看作复杂的、多方面的现象，需要一个适当综合的方法来分析其产生过程，包括话语主体的意图、社会领域的权力斗争以及影响个人经验的社会、政治和历史背景。为此，巴蒂亚借鉴结构即时性（Structed Immdiacy）、批评隐喻分析、社会成员分类分析（Membership Categorisation Analysis）的方法，提出了一个融合历史、语言−符号行为以及社会影响等维度的话语幻象分析框架，如图1−3所示。

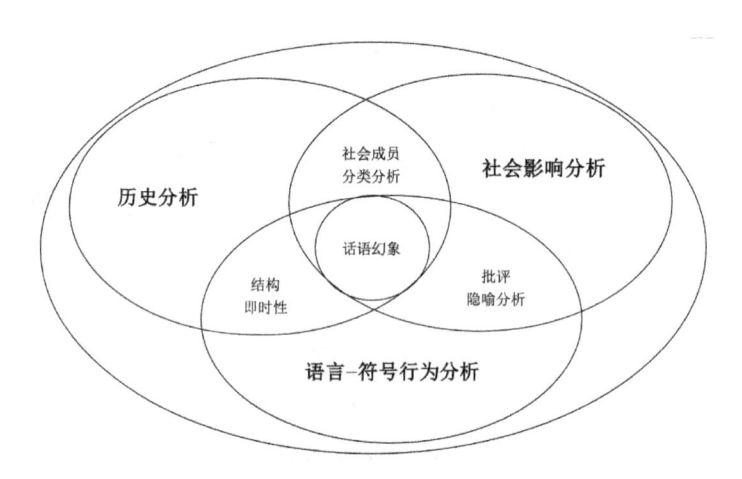

图1−3 话语幻象的构建

资料来源：Aditi Bhatia, *Discursive Illusions in Public Discourse: Theory and Practice* (London and New York: Routledge, 2015), p. 46.

（一）历史性分析

历史性（historicity）是幻象话语一个非常重要的组成部分。历史是意识

---

[1] Aditi Bhatia, *Discursive Illusions in Public Discourse: Theory and Practice* (London and New York: Routledge, 2015), p. 1.

形态、文化、政治背景、惯习的代表,构成了我们对世界的感知,同时又反过来赋予我们经验以意义,帮助建构我们周围的世界。时空元素是幻象话语的关键。如前所述,幻象话语源于我们对世界的主观概念化,是社会权力集团在时间和空间上协商的意识形态的产物。因为我们的感知会随着时间而不断积累和发生变化,使用的叙事结构的意义也会随着社会环境的变化而发生改变。话语的历史性也反映了现实的主观表征归化到社会意识并成为社会常识。随着时间的推移,这些概念的使用与个体(受众)的思维过程相关,因为这些概念已经成为他们惯习的一部分。正是在这些以往经验的基础上,我们定义和建构了新的或者更加复杂的概念和经验。也就是说,话语主体将过去的场景作用于当前行为,在当前话语行为中把以往的知识和经历"再语境化"(recontextualisation)。

福柯也强调历史对于话语的重要性。他认为,话语是"由有限的陈述(statement)构成的,我们能够为这些陈述确定存在条件的整体……它自始至终都是历史的,是历史的一个片段,体现历史本身的统一性和间断性"。[1] 不过,对于个人来说,我们不能领悟陈述与话语的历史性,因为"我们不能详尽透彻地描述某一个社会、某一种文化或者某一种文明的档案……我们也不可能描述我们自己的档案,因为我们是在它的规则的内部进行讨论"。[2] 然而,无论我们是否能识别出自己话语中的连贯性,我们所作的陈述以及我们所建构的话语背后的历史性都不应该被看作惯习的乍现。

因此,话语不仅阐明了主观的观点,而且提供了理解这些观点起源的某个背景。幻象话语是以关于世界是什么以及应该是什么样子的信仰和想法这一社会文化背景为依据的。它说明了一个特定的群体或个人如何根据其历史和文化背景来看待世界,以及该群体或个人采取了什么行动来改变世界使之符合其认知。历史性分析不仅有助于揭示特定视角的原因,如果深入挖掘,还能揭示这些原因本身的根源。历史性承认过去经验和未来行动的因果关系,即惯习对当前现实概念化的影响。[3]

---

[1] Michel Foucault, *The Archaeology of Knowledge* (London: Routledge, 1989), p. 146.
[2] Michel Foucault, *The Archaeology of Knowledge*, p. 146.
[3] Aditi Bhatia, *Discursive Illusions in Public Discourse: Theory and Practice*, p. 48.

为了挖掘现实的某些表征的起源，巴蒂亚借鉴了勒达尔（Leudar）、内克瓦皮尔（Nekvapil）提出的结构即时性这一历史分析工具来分析话语所处的社会文化背景、互动参与者所处的社会政治文化从属关系、支配交际事件的某些规范以及目标受众。出于对"人们在活动中和通过活动如何创造历史，以及这些活动涉及的历史"的兴趣，勒达尔、内克瓦皮尔重新分析了乔治·布什和托尼·布莱尔关于反恐战争的演讲，研究了历史在冲突的产生和维持中所扮演的角色。[①] 勒达尔、内克瓦皮尔认为，历史化是一种两面式的方法：一个是将当前事件与选定的历史事件关联起来；另一个是限制可供定位未来事件的历史细节。因此，结构即时性可有效分析历史是如何重新协商的，以便定位并证明历史同当前和未来的事件的关系。

虽然结构即时性是叙事创作分析的一个有用工具，但是勒达尔和内克瓦皮尔并没有给出一个令人满意的定义。巴蒂亚把即时性定义为"当下非常具体的实例或事件"，认为结构即时性就是"对试图定位和呈现当前现实的具体实例（通常与未来有关）的历史事件的无意识或有意识的再概念化"。[②] 为了社会政治目的，话语主体可以有意识或者无意识地利用历史这个工具来联系或者分离当下。

国内学者施旭提倡整体全面、辩证统一的话语观，他把话语定义为"在特定的社会、文化、历史环境下，人们运用语言进行交际的事件或这样一类现象，是与语境或'语言使用环境'相关联的语言活动，是一种'实际生活中的语言活动'"。[③] 而巴蒂亚的历史性分析存在割断历史的问题，只聚焦话语中提及的特定历史先例或者历史事件，缺少对话语所处社会、历史、文化等宏观语境的综观考察，即上述要素和范畴有什么样的历时变化。考虑到本书研究的对象是国家形象，那么考察国家行为体所处的国际体系、国家间互动这一宏观的历史背景及其历时变化以及引起国家行为变化的国家利益因素就显得很有必要。

[①] Ivan Leudar and Jiri Nekvapil, "Practical Historians and Adversaries: 9/11 Revisited," *Discourse & Society* 22, no. 1 (2011): 69.

[②] Aditi Bhatia, *Discursive Illusions in Public Discourse: Theory and Practice*, p. 52.

[③] 施旭：《文化话语研究：探索中国的理论、方法和问题》，北京大学出版社，2010，第3页。

（二）语言-符号行为分析

我们对世界的表征，即我们根据惯习在主观现实中建构经验的方式，架构了我们的语言-符号行为，并提供了一种激发语言-符号行为和语言及其意义的手段，这是幻象话语的第二个重要组成部分。我们的语言-符号行为与我们的社会文化分层相关联，因为"人们按照其群组成员关系行动"。[①] 因此，我们的语言-符号行为可以被认为源于我们的意识形态。社会中的权力话语集团往往决定什么是规范行为，什么是正确的说话方式，说什么是正确的。他们每天都能接触到社会刻板印象的产生和扩散，因此，他们能敏锐地意识到这些刻板印象所提供的各种社会功能。[②] 成为权力话语集团的一部分可以确保一定程度的集体安全，即一种认同感和归属感，而对其他人的排斥则进一步加强了权力话语集团的内部团结。

幻象话语本质上是建构一种集体幻象，一种对某些问题、事件和个人的集体信仰。一种幻象只有获得集体同意才能令人信服，更重要的是，必须被视为客观事实。因此，幻象话语是一种试图客观化某一特定个体或群体对世界的主观表征的实践。幻象话语的主观表征一旦被归化到日常思维或者常识中，其可能会为未来的行为，比如分类、刻板印象等奠定基础。因为，神话的社会功能是建立一种社会共识，而意识形态的社会功能是隔离和服务社会中的特殊利益。[③]

可以说，幻象话语中的陈述和文本包含了私人意图和意识形态，尽管这是大多数话语的真实情况。正是这种意识形态导致了对现实的争论，从而导致了建构的叙事意义的动态变化。我们的意识形态要灌输到语言中，就需要经常使用隐喻的语言来创造和维持幻象。隐喻之所以成为幻象表达的有效工具，"成为话语这种社会活动中一种比较隐蔽的表征和强化现存社会结构的认

[①] David de Cremer, "Relations of Self-Esteem Concerns, Group Identification, and Self-Stereotyping to In-Group Favouritism," *Journal of Social Psychology* 141, no. 3 (2001): 389.

[②] Henri Tajfel, *Human Groups and Social Categories: Studies in Social Psychology* (Cambridge: Cambridge University Press, 1981), p. 259.

[③] Peter Moss, "Rhetoric of Defence in the United States: Language, Myth and Ideology," in *Language and the Nuclear Arms Debate: Nukespeak Today*, ed. Paul Chilton (London: Frances Pinter, 1985), p. 45.

知和语言手段",是因为其"作为社会成员共享的社会背景知识,隐喻会潜移默化为一种常识,对它的使用和理解往往是无意识的,其背后隐藏的意识形态不易被人觉察"。① 因此,要分析社会个体和组织用于产生现实主观表征的语言–符号行为,就需要一种聚焦话语隐喻策略以及批判性话语分析的方法。巴蒂亚借鉴了查特里斯–布莱克提出的批评隐喻分析来分析权力话语集团如何将自己的意识形态思维过程转化为语言–符号行为。

查特里斯–布莱克在《批评隐喻分析之语料库研究方法》(*Corpus Approaches to Critical Metaphor Analysis*)中提出一种新的隐喻研究范式——批评隐喻分析,旨在综合运用语料库、批评话语、语用学和认知语言学的研究方法来分析隐喻,从而揭示话语群体的意识形态、态度和信仰。查特里斯–布莱克认为,只有从隐喻的语义、语用和认知等维度的相互依存关系考虑,才能解释隐喻。他提出了批评隐喻分析的三个步骤:(1)隐喻识别(metaphor identification)。隐喻识别涉及概念意义,即识别文本中是否存在隐喻,确定字面的源域(source domain)和隐喻性的目的域(target domain)之间是否有张力。隐喻的语料库分析的主要问题之一是对隐喻的可靠识别。查特里斯–布莱克认为:任何一个词都可以充当隐喻,只要语境合适而且讲话者又有此意图。② 查特里斯–布莱克把隐喻的识别分为两个阶段:第一阶段是细读文本样本,从语言、语用、认知等层面识别候选隐喻(candidate metaphor),把常带隐喻性意义的词语归入隐喻关键词(metaphor keywords),对这些关键词在语料库中的使用情况进行统计;第二阶段是进一步分析隐喻关键词在语料库中的语境以确定其意义是隐喻性的还是字面的。由于常规隐喻(conventional metaphors)可能含有更多隐秘的价值评判,因此,批评隐喻分析对常规隐喻尤其关注。③ 确定潜在的隐喻关键词之后,查特里斯–布莱克利用源域共鸣值(resonance of source domain)来确定在特定语料库中某类隐喻的话语中词的隐喻性的使用频率和所占比例。源域共鸣值等于"关键词总数"(sum of types)与"关键词出现总次数"(sum of tokens)

---

① 张蕾:《隐喻研究的批评话语分析视角》,《山东外语教学》2011年第5期,第30页。
② Jonathan Charteris-Black, *Corpus Approaches to Critical Metaphor Analysis* (New York: Palgrave Macmillan, 2004), p. 35.
③ Jonathan Charteris-Black, *Corpus Approaches to Critical Metaphor Analysis*, pp.35-36.

的乘积。[①] 然而，由于关键词只是倾向于被用作常规隐喻而不是总是被用作隐喻，所以只能被看作候选隐喻或假定隐喻（hypothetical metaphor），其隐喻身份只有靠详细的语料库分析才能证实。[②]（2）隐喻描述（metaphor interpretation）。隐喻描述涉及人际意义，确定由隐喻建构起来的社会关系类型，即确定隐喻与其背后的认知、语用因素之间的关系，包括识别概念隐喻和概念键（conceptual key）。概念隐喻和概念键是特定隐喻所提供的语言材料得出的抽象推论，算不算运作模式（working model），还有待确认，也可能被推翻。从隐喻中推导出概念隐喻的目的是要识别隐喻之间的相互关系模式，从而解释隐喻的意义。同样，通过概念键的识别把概念隐喻关联起来，有助于解释特定语篇的连贯性。概念层的识别和描述可以增强对这些概念层在意识形态中的作用的理解。[③]（3）隐喻阐释（metaphor explanation）。隐喻阐释涉及语篇意义，即导致隐喻产生的社会因素以及隐喻在劝导中的作用。概念隐喻和概念键的形成过程以及隐喻的典型价值的阐释，有助于解释隐喻的劝说功能。从某种意义上说，正是通过对隐喻的语篇功能的识别，我们才能确立隐喻的意识形态和修辞方面的动机。判断动机的依据则来自语料库而不是分析者的直觉。[④]

总之，作为一种揭示隐含的信仰、态度和感情的研究方法，批评隐喻分析用语料库方法识别隐喻，解决了过度依赖直觉来对隐喻进行分析的缺陷，是深入研究语言、思维和社会背景之间复杂关系的重要手段。

不过，从整体全面、辩证统一的话语观来看，巴蒂亚的语言-符号行为分析只关注静态的言语形式，忽视了对言语主体、言语内容的考察。施旭认为，话语"是由言说主体、言行意旨、媒介渠道、目的效果、历史关系、文化关系等多元要素交织而成的社交实践现象"。[⑤] 因此，在研究方法上，要从社会事件作为言语交际活动的理念出发，不仅关注话语对社会实践的建构作用，

---

① Jonathan Charteris-Black, *Corpus Approaches to Critical Metaphor Analysis*, p. 89.
② Jonathan Charteris-Black, *Corpus Approaches to Critical Metaphor Analysis*, p. 37.
③ Jonathan Charteris-Black, *Corpus Approaches to Critical Metaphor Analysis*, p. 244.
④ Jonathan Charteris-Black, *Corpus Approaches to Critical Metaphor Analysis*, p. 38.
⑤ 施旭、谢秀婷：《探索中国国家安全话语体系》，《浙江传媒学院学报》2018年第3期，第20页。

还要整体关注言语主体、言语内容、言语形式等各个话语要素与范畴之间的能动性和复杂、多元的联系。

为此，本书将从阿富汗主流媒体普什图语涉华报道的言语主体、言语内容以及言语形式三个方面考察阿富汗主流媒体的语言-符号行为，探寻阿富汗主流媒体涉华报道如何形塑中国，即谁通过说什么以及如何说来形塑中国的，这有助于进一步厘清阿富汗主流媒体建构中国国家形象的内在机制。言语主体，即主导意识形态的言者，在劝说目标受众接受其所塑造的国家形象这一集体幻象或者说客观化其主观认知的国家形象的过程中起着重要的作用。本书将通过引入国际传播学的内容分析法，考察涉华报道的稿件来源、信源及其态度特征，挖掘出"谁在形塑中国"。在言语内容的分析方面，本书将通过内容分析法的议题分析来探究涉华报道（不）说什么、（不）关注的领域，同时从系统功能语言学及物性系统的视角分析，运用词频、索引行、搭配等语料库手段，考察涉华报道中的高频词和主题词，进一步挖掘出阿富汗关注中国的哪些动作、行为、事件等相关议题。而在言语形式方面，本书将运用批评隐喻分析的方法来探寻阿富汗主流媒体有关中国的叙述传递给受众的方式。

（三）社会影响分析

幻象话语第三个重要组成部分就是社会影响。语言-符号行为是我们对现实的主观表征的结果，不仅具有社会意义，而且具有社会影响。很难评价我们社会行为的全部影响，但有一个方面可以更详细地研究，那就是类别的划分、刻板印象的产生、规范行为标准的制定等。分类不仅成为语言-符号行为的影响，而且成为我们习惯性地、很大程度上无意识地对事件和经验进行观察和划分类别的标准。

幻象话语在归纳时把某一话语集团的判断或标准视为客观的、自然的和真实的。其对不同个体的描述对应的不是那些人真正像什么，而是他们在我们的思维中像什么。因为"分类本质上是一种人类经验和想象力——一方面是感知、肌动活动和文化，另一方面是暗喻、转喻和心理意象"。[①] 因此，首先，把某一个体的经验描述为主观的；其次，劝说其认同实际上是幻象话语

---

① George Lakoff, *Women, Fire, and Dangerous Things: What Categories Reveal about the Mind* (Chicago: University of Chicago Press, 1987), p. 8.

中描述的那类人；最后，在这种分类的基础上的行为导致幻象的产生。这可以被看作福柯意识形态的一种形式，即统治社会的思想不是由统治阶级产生的，而是源自更复杂的知识和权力的网状结构。

"我们"与"他们"的分类是幻象话语的一个显著特征。分类是多功能的，为未来的行为奠定基础，为评估提供依据，有助于获得道德优越感和保持相对于他人的合法权力。正如贾尤斯（Lena Jayyusi）所指出的，"我们通过使用道德成员标准划定了理性成员的边界。人们可以根据特定的类别认同来组织他们的道德立场和义务。这就为他们划定了实际成员资格的边界"。[1] 公共道德秩序就是相对于异常或者威胁的他者而建立起来的。与此同时，这也为识别和消除威胁提供了理由。当讨论到各种语言工具的使用时，这样的"不对称的类别集"（asymmetric category sets）可以被看作使用幻象的话语。因为存在强大的一方，权力和知识的分配就会出现不平衡，"一面之词"也会是有效的。为了分析语言-符号行为的影响，即分类和刻板印象的产生，巴蒂亚借鉴了社会成员分类分析的方法。

社会成员分类分析认为，分类是有目的、有意识的，是源自人们所拥有的常识。社会成员分类分析被视为一种"人们用来理解他人及其活动的过程分析，可以界定自己的道德、社会和宗教特征以及对方相应的特征"。[2] 幻象话语产生了许多意识形态和描述性的标签，使得一个话语集团的权力凌驾于另一话语集团之上。比如，对反恐战争的论述，使得强权国家可以合法化它们自己的社会控制模式，同时妖魔化敌对国家，并且给对手的行为贴上恐怖主义的标签。这种分类还进一步催生出积极的"我们"和消极的"他们"的话语幻象。

社会成员分类的使用表明了惯习对我们接受和感知世界的方式的影响。幻象话语意味着我们在现实的主观和意识形态框架内建构我们的经验以及与他人的关系。我们并不总是根据客观真实的东西来分类，而是根据我们认为是真实的东西，即我们对现实的表征。话语幻象的本质是通过分类从而制造

---

[1] Lena Jayyusi, *Categorization and the Moral Order* (Boston: Routledge & Kegan Paul, 1984), pp.183-201.

[2] Ivan Leudar, Victoria Marsland and Jiri Nekvapil, "On Membership Categorization: 'Us', 'Them' and 'Doing Violence' in Political Discourse," *Discourse & Society* 15, no. 2-3 (2004): 244.

出意识形态的张力，而这种分类往往是现实主观表征的残余。幻象话语所产生的内在界限迎合了权力群体，增强了权力群体的内部团结，还使权力群体的政策合法化。社会成员分类分析将分析权力集团利用话语创建了什么样的分类，揭示这种分类背后的意图和功能，即权力关系和意识形态冲突。

与社会成员分类相关的概念是"排斥"（outcasting），即"基于二分法和相互对立的外群体（'他们'）和内群体（'我们'），个人和（或）群体被标记为被排斥者，并被排斥在外群体之外"。[①] 一些学者从社会心理学的角度研究过内群体、外群体和被排斥者的概念，认为由此产生的分类从来不是随机的，往往是意识形态的集中体现，而且大多是在历史上演变的。奥克塔尔（Lutfiye Oktar）认为，对内部群体的刻板印象往往是积极的，而对外部群体的刻板印象往往是消极的，这有助于为社会群体中存在的消极态度找理由，在这种社会条件下，一个群体比另一个群体受到更优厚的待遇。[②] 这种刻板印象渗透到不同群体的语言和社会文化意识形态中，反映他们共同的信仰和社会定位。范戴克（van Dijk）在谈论种族主义的话语时就写道，在日益斑驳的社会和文化世界中，为了保护内群体的权力、地位和社会形象，内群体积极的自我表征和外群体消极的其他呈现是必要的。[③] 当大量受众相信一个由更多精英组成的内部群体的客观性时，这种"排斥"就有可能出现。

实现"排斥"有五个主要的策略：一是诽谤（vilification）。这是一种基于善与恶的精神二分法，美国前总统乔治·布什的"邪恶轴心"就是采用这样的分类策略。二是定义道德秩序（defining moral order）。这是一种基于道德优越性的二分法。政治、宗教领袖以及大众媒体决定了公众对现实的理解，但为了使它们的观点合法，它们需要唤起公众对自己的信任。而道德是一种让公众信任他们的领导是"好"的、值得信赖的手段。对他们的评判通常是根据违背了道德秩序还是符合设定的道德秩序来进行。比如，对对方的

[①] Annita Lazar and Michelle M. Lazar, "The Discourse of the New World Order: 'Out-Casting' the Double Face of Threat," *Discourse & Society* 15, no. 2-3 (2004): 227.

[②] Lutfiye Oktar, "The Ideological Organization of Representational Processes in the Presentation of Us and Them," *Discourse & Society* 12, no. 3 (2001): 318.

[③] Teun A. van Dijk, "Discourse and the Denial of Racism," in *The Discourse Reader*, eds. Adam Jaworski and Nikolas Coupland (London: Routledge, 1999), p. 557.

妖魔化意味着道德优越感。三是建构"敌人"（enemy construction）。建构"敌人"是定义、建立和维持道德秩序的关键，因为"敌人"是违背"我们的"价值观的人。① 在幻象话语中，相对的一方或者说那些不支持"善"一方社会政治议程的人，是"敌人"。"他们"看起来是可怕的、不理性的，不可理解地憎恨"我们"认为毫无疑问是"善"的东西。这样的话语划定了所谓的好与坏的界线，也往往导致带有偏见的刻板印象和分类的产生。四是刑事定罪（criminalisation）。把"敌人"的行为定为犯罪，就赋予了道德一方合法权力，暗示他们是站在法律的一边，给予"敌人"的任何惩罚措施也是"他们"应得的。五是东方化（orientalisation）。东方化就是维持统一的西方道德秩序的"核心"地位，将"他者"排斥到"边缘"（periphery）。这就造成了一种社会分化，"一部分是'文明的'，另一部分是来自'野蛮的'和不发达的东方国家的人，他们是非理性的，拥有'未开化的'传统、服装和文化习俗"。②

这五种"排斥"策略通过语言意识潜能、分类以及社会群体的划分来促进个体社会政治目标的实现。这些策略聚焦幻象话语建构所产生的积极的"我们"（内群体）和消极的"他们"（外群体）之区分。因此，将"排斥"策略与社会成员分类分析结合起来，可以更全面地分析幻象话语所建构的叙事现象。

本章通过对国家形象的内涵属性、建构主义的国家形象观、话语幻象理论的探讨，得出以下结论。

国家形象是一个多维结构性概念，具有客体形象、媒介形象、认知形象三重内涵，因而具有主体间性、差异性、持续性、变异性等多重属性。本书认为，国家形象是指具有一定客观物质实力的国家在国际社会的交往互动实践中，依据共有观念被赋予的一种身份认同、表达、折射，是由话语建构的主观现实，是一种话语幻象。媒体国家形象同样是一种主观现实，是一个政

---

① Annita Lazar and Michelle M. Lazar, "The Discourse of the New World Order: 'Out-Casting' the Double Face of Threat," *Discourse & Society* 15, no. 2-3 (2004): 227.

② Marina A. Llorente, "Civilization vs. Barbarism," in *Collateral Language: A User's Guide to America's New War*, eds. John Collins and Ross Glover (New York: New York University Press, 2002), pp. 40-41.

治和意识形态构体，是权力话语集团基于自身利益和意识形态立场，为实现私人意图，利用媒体资源，通过话语建构传播并扩散的话语幻象。因此，从国家客体形象到国家媒介形象，再到国家认知形象，既不是一一对应的镜式反映或机械的现实复制过程，也绝不是简单的生成性过程。这一过程是形象竞合的过程，亦是不同文化传统、意识形态、价值取向相互争斗的过程。

本书将通过对国家形象建构机制、话语幻象的分析路径的考察，尝试把上述理论、方法与国际传播学的内容分析法融于一体，建构适切的国家形象话语建构的分析框架，如图1-4所示。该框架强调国家形象分析的动态性特征：国家间互动生成共有观念，共有观念建构国家形象，这种共有观念的"积淀则源于历史上和现实中国家间的互动实践过程"。[①] 在这一过程中，认知主体置身其中的语境或曰文化知识结构（比如国际力量格局、国家间互动、国家利益、历史文化背景等）影响语言-符号行为的使用，使后者产生相应的社会影响。国家形象一旦生成，形成新的语境要素（文化知识结构），将影响包括语言-符号行为在内的国家间互动实践。这种动态性特征要求在研究中采取全面整体、辩证统一、动态发展的话语分析原则，对话语主体、话语内容、话语形式进行全面考察，对话语、语境和社会影响进行辩证分析，同时还关注话语的变化与发展。为此，本书将把对言语主体、言语内容的分析融入对涉华报道的语言-符号行为分析中，探寻阿富汗主流媒体涉华报道"如何形塑中国"，即"谁通过说什么以及如何说来形塑中国的"，以进一步厘清阿富汗主流媒体建构中国国家形象的内在机制。同时，由于话语幻象的历史性分析可能存在"割断历史"的问题，本书只聚焦话语中提及的特定历史先例或者历史事件。本书将对话语所处社会、历史、文化等宏观语境进行综观考察，尤其是将国家行为体所处的国际体系、国家间互动以及引起国家行为变化的国家利益因素等要素和范畴及其历时变化纳入宏观语境的分析中。

---

① 董青岭：《国家形象与国际交往刍议》，《国际政治研究》2006年第3期，第56页。

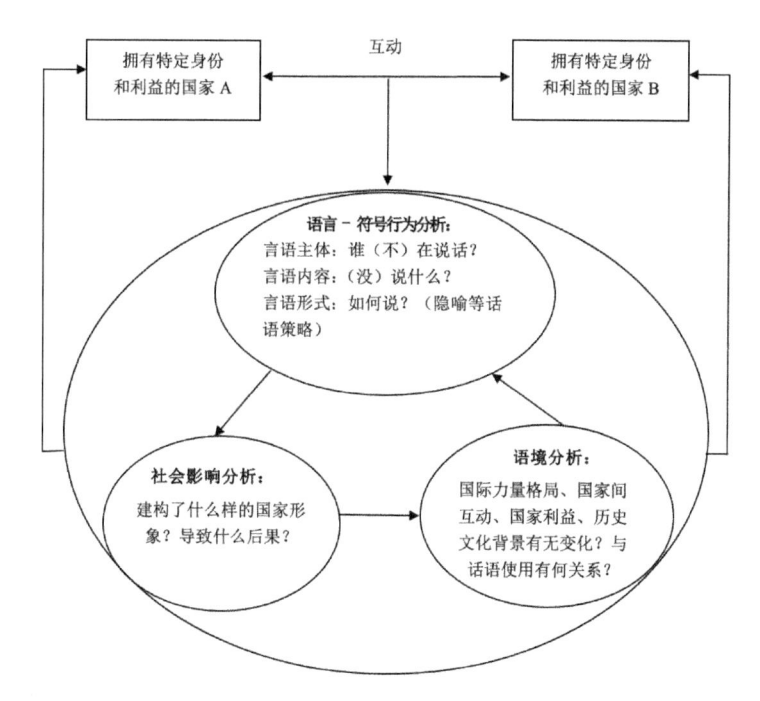

图 1-4　国家形象话语建构过程

资料来源：作者自制。

第二章 阿富汗主流媒体涉华报道的语言-符号行为分析

不同的语言实践会建构不同的社会现实（包括国家形象），"理解社会行为（包括国家行为）必须先理解语言"。[1]要分析阿富汗主流媒体对中国国家形象的建构，首先要对阿富汗主流媒体涉华报道的话语进行考察和分析。媒体报道的过程是新闻文本的编码者和解码者之间通过语言符号进行意义交换的过程。[2]从语篇的叙述内容来看，语篇所涉及的内容会框定出一种意义体系，使其形成一种话语。语篇的叙述内容也决定了所涉及的话语主体是如何联系在一个宏观的语言结构中。言语者把叙述重点放在何处、从哪个角度进行叙述等将会对人们如何理解该事件产生重要影响。[3]

因此，我们将对阿富汗主流媒体的601篇普什图语涉华报道进行分析，从涉华报道的言语主体、言语内容以及言语形式三个方面考察阿富汗主流媒体的中国国家形象话语，探寻阿富汗主流媒体普什图语涉华报道如何形塑中国，即谁通过说什么以及如何说来形塑中国，以进一步厘清阿富汗主流媒体建构中国国家形象的内在机制。

---

[1] Petr Kratochwil and Petra Cibulkova and Vit Benes, "Foreign Policy, Rhetorical Action and the Idea of Otherness: The Czech Republic and Russia," *Communist and Post-Communist Studies* 39, no. 4 (2006): 497.

[2] Helen Davis, *Understanding Stuart Hall* (London & New Delhi: Sage publications, 2004), p. 63.

[3] 孙吉胜等：《"中国崛起"话语对比研究》，世界知识出版社，2015，第14页。

第一节 谁在说：涉华报道的言语主体分析

本节将从阿富汗主流媒体涉华报道的稿件来源和信源两个方面，深入探究阿富汗主流媒体涉华报道的言语主体，也就是主导中国国家形象塑造话语权和意识形态的言者，从而挖掘出"谁在形塑中国？"，即阿富汗主流媒体涉华报道建构中国国家形象的话语权力指向。

一、阿富汗主流媒体涉华报道的稿件来源分析

（一）阿富汗主流媒体涉华报道的稿件来源

新闻稿件的来源，包括新闻稿件开头提及的报社名称、通讯社名称或者个人作者姓名。媒体能够聚集不同来源的新闻，其新闻来源具有多样化的特点，转载是其中最常见的来源之一。但是，规模较大的主流新闻媒体由于拥有自己独立的通讯社或者新闻机构，以及派往世界各地的驻地记者，其新闻原创率一般较高。此外，报道来源是否可靠，很大程度上也体现了一家媒体的专业度与可靠度。

如表2-1所示，2012—2019年，黎明新闻是黎明新闻网涉华报道最大的稿件来源，有209篇，占比69.4%；个人记者或者专家的稿件共72篇，占比23.9%；路透社8篇，占比2.7%；综合各通讯社新闻的稿件10篇，占比3.3%；美联社和法新社各1篇，分别占比0.3%。黎明新闻网所有涉华报道均未标明稿件的来源地。

表2-1　2012—2019年黎明新闻网涉华报道稿件来源情况

年份	黎明新闻	美联社	法新社	路透社	综合各通讯社	个人	总计
2012	28	—	—	—	—	—	28
2013	20	—	—	—	—	—	20
2014	25	—	—	—	—	—	25
2015	45	—	—	—	—	—	45
2016	38	—	1	—	—	1	40
2017	18	—	—	1	1	31	51
2018	12	1	—	6	5	20	44

续表

年份	黎明新闻	美联社	法新社	路透社	综合各通讯社	个人	总计
2019	23	—	—	1	4	20	48
总计	209	1	1	8	10	72	301

资料来源：作者自制。

如表2-2所示，帕支瓦克新闻网涉华报道的稿件来源比较单一。帕支瓦克通讯社是主要的稿件来源，有289篇，占比96.3%；个人记者或者专家的稿件共9篇，占比3%；另有2篇阿富汗的官方公告，占比0.7%。

表2-2 2012—2019年帕支瓦克新闻网涉华报道稿件来源情况

年份	帕支瓦克通讯社	阿富汗官方公告	个人	总计
2012	29	—	—	29
2013	23	—	—	23
2014	33	—	—	33
2015	42	—	1	43
2016	32	2	1	35
2017	45	—	3	48
2018	39	—	4	43
2019	46	—	—	46
总计	289	2	9	300

资料来源：作者自制。

根据表2-3，帕支瓦克新闻网涉华报道的稿源地分布在5个国家，主要集中在阿富汗，具体为：阿富汗265篇，占比88%；中国17篇，占比5.6%；美国5篇，占比1.7%；巴基斯坦2篇，占比0.7%；印度1篇，占比0.3%；未标明稿源地的11篇，占比3.7%。

表2-3 2012—2019年帕支瓦克新闻网涉华报道稿源地情况[①]

年份	阿富汗	巴基斯坦	中国	印度	美国	无来源地	总计
2012	28	1	—	—	—	—	29
2013	16	1	5	1	—	—	23
2014	31	—	—	—	2	—	33
2015	40	—	—	—	3	1	44
2016	27	—	5	—	—	3	35
2017	38	—	7	—	—	3	48
2018	39	—	—	—	—	4	43
2019	46	—	—	—	—	—	46
总计	265	2	17	1	5	11	301

资料来源：作者自制。

根据表2-4所示，稿源地为阿富汗的265篇涉华报道中，稿源出处最高的省或城市依次为：喀布尔市239篇，占比90.2%，坎大哈市4篇，占比1.5%；费萨巴德市4篇，占比1.5%；马扎里沙里夫市3篇，占比1.1%；贾拉拉巴德市3篇，占比1.1%。此外还有萨尔普勒省、霍斯特省、赫拉特市、加兹尼市、扎兰季市、希比尔甘市、塔林科特市、法拉省、普勒阿拉姆市等地区。其中，喀布尔市是阿富汗的首都，也是阿富汗的政治、经济、文化中心。同时，喀布尔市的传媒业也较为发达，包括帕支瓦克通讯社在内的阿富汗大部分传媒机构的总部都位于喀布尔市。

表2-4 2012—2019年帕支瓦克新闻网涉华报道稿源地在阿富汗的分布情况

年份	喀布尔市	坎大哈市	马扎里沙里夫市	赫拉特市	贾拉拉巴德市	加兹尼市	费萨巴德市	扎兰季市	阿萨达巴德市	希比尔甘市	普勒阿拉姆市	法拉省	霍斯特省	萨尔普勒省	塔林科特市	总计
2012	27	—	—	—	—	—	—	—	—	—	—	—	—	1	—	28
2013	10	—	1	—	1	3	—	—	1	—	—	—	—	—	—	16
2014	30	1	—	—	—	—	—	—	—	—	—	—	—	—	—	31
2015	36	3	—	—	—	—	—	—	—	—	1	—	—	—	—	40

---

① 2015年有一篇报道的来源地为纽约市和喀布尔市，分别计入美国和阿富汗。

续表

年份	喀布尔市	坎大哈市	马扎里沙里夫市	赫拉特市	贾拉拉巴德市	加兹尼市	费萨巴德市	扎兰季市	阿萨达巴德市	希比尔甘市	普勒阿拉姆市	法拉省	霍斯特省	萨尔普勒省	塔林科特市	总计
2016	26	—	—	—	—	—	—	—	—	—	—	—	—	1	—	27
2017	34	—	1	1	—	—	1	1	—	—	—	—	—	—	—	38
2018	35	—	—	—	1	—	2	—	—	—	—	—	1	—	—	39
2019	41	—	1	2	—	—	—	—	—	—	—	—	1	—	1	46
总计	239	4	3	1	3	1	4	1	1	1	1	1	2	2	1	265

资料来源：作者自制。

（二）阿富汗主流媒体涉华报道稿件来源的特点

第一，帕支瓦克新闻网涉华报道的来源较为可靠，黎明新闻网次之。帕支瓦克新闻网所有稿件都标明了出处，96.3%的稿件标明了来源地，体现了帕支瓦克新闻网较强的专业性和可靠性。

第二，阿富汗两家主流媒体涉华报道的原创率高，在大量有关中国的议题上具有较强的话语建构能力。从新闻的原始发稿源来看，由黎明新闻网和帕支瓦克新闻网原创完成的稿件占到整个601篇涉华报道的82.9%，其中黎明新闻网的原创率为69.4%，帕支瓦克新闻网的原创率为96.3%，见表2-5。新闻稿原创率可以反映媒体的话语建构能力，[①] 主流媒体的原创性越高，其话语建构能力越强。阿富汗两家主流媒体较高的新闻报道原创率体现了其具有较强的信息自我生产能力，能够表达其独特的视角，在有关中国的议题上具有一定的话语权和话语建构能力。

第三，阿富汗主流媒体的涉华报道几乎都未采用中国稿源，中国稿源地的占比也偏低。在阿富汗主流媒体的601篇涉华报道中，仅有1篇采用中国稿源，是2019年6月5日时任中国驻阿富汗大使刘劲松在黎明新闻网发表的署名文章《全球价值链需要维护不容破坏》。阿富汗两家主流媒体在报道中国的相关议题时，均没有采用中国新闻机构的稿源。帕支瓦克新闻网5.6%的涉华报道的稿源地为中国，但都来自跟随阿富汗高层访问中国并进行随团采访的帕

---

① 孙吉胜等：《"中国崛起"话语对比研究》，第232页。

支瓦克通讯社记者,并非直接来自中国的新闻机构。黎明新闻网3.3%的稿件采用了路透社、法新社、美联社等西方三大通讯社的报道。事实上,阿富汗是私有媒体和西方媒体十分发达的地区,也是中国媒体在整个南亚地区布局中相对投入不多的地区。中国媒体的缺席使主要的话语权落入阿富汗本土媒体和西方媒体手中,而研究对象所关涉的中国,在中国国家形象话语生产体系中处于边缘地位。

表2-5 阿富汗主流媒体涉华报道稿件来源特点情况表

稿源情况	黎明新闻网	帕支瓦克新闻网
稿件来源标明比例	100%	100%
稿件原创率	69.4%	96.3%
对中国新闻机构稿源的引用	0	0
稿源地标明比例	0	96.3%
最高稿源地	—	阿富汗
中国稿源地占比		5.6%

资料来源:作者自制。

二、阿富汗主流媒体涉华报道的信源分析

新闻报道在有限的篇幅中要更好地将作者及其所代表的机构对新闻事件的立场表达出来,离不开信源的帮助。[①]虽然新闻媒体要保持客观中立,但信源却往往是有个人或组织立场的,信源的立场和态度会高度影响新闻报道的立场和态度。根据美国传播学家麦克姆斯(Maxwell McCombs)提出的"信源选择理论",[②]通过新闻记者对不同信源的选择可判断其是否对那些不具有代表性的新闻信息进行了有倾向性的选择或对某一新闻信源有特定的偏好。这是判断阿富汗主流媒体涉华报道言语主体的依据,也是确定阿富汗主流媒体是否误读中国的一个重要因素。

---

① 目前,新闻学界对于消息来源的定义众说纷纭,还没有形成统一意见。"消息来源"与"新闻来源"、"信源"等混合使用的现象屡见不鲜,本书亦如此。

② "信源选择理论"是麦克姆斯和肖(Donald L Shaw)所提出的"议程设置理论"中的一个重要分支。

（一）阿富汗主流媒体涉华报道的信源及其特征

1. 阿富汗主流媒体涉华报道的消息来源

消息来源是新闻真实有效的证明，对象涵盖政府、政党、团体、企业等，也可以是在某一方面有着深厚学识的学者，当然事件的亲历者和见证者也是可以的。[①] 本书将新闻报道中出现的以直接或间接的方式提供与报道事件相关的事实或观点的人或者有关部门和机构都视为独立的信源，并将信源划分为政府官方、军方、商界、社会组织、媒体、学界、民众、模糊消息源等八类，[②] 将信源所属的国家或地区划分为阿富汗、中国、美国、巴基斯坦、印度、俄罗斯、法国、日本、其他、未明确等十类。统计过程中同一信源个体在同一篇报道中出现两次以上，则合并计为一个信源。

从表2-6中信源所属的国家或地区分布来看，阿富汗信源的报道最多，达到953个，占比54.3%；其次是中国信源的报道，占比18.4%；美国信源的报道占比为6.2%；巴基斯坦信源的报道占比为3.6%。信源的数量分布可以很好地揭示媒体在建构话语过程中的偏好，也能说明各个社会阶层所占有的话语权。

从信源的类别来看，阿富汗主流媒体涉华报道主要依赖政府官方（占比65.1%）的消息源，社会组织（6.7%）和学界（6.2%）大致相当。这说明不论是政府官员还是各国政府发布的文件、声明、会议决议等，都是阿富汗主流媒体建构中国国家形象话语时获取消息的主要途径。阿富汗主流媒体偏好政府官方部门消息源主要是因为政府被长期赋予权威、可信的社会地位。政府消息源被赋予权威、可信地位本质上是媒体与政府等权力机构互相建构对方的产物。二者通过互相建构以达到维持和强化现状的目的。[③]

---

① 甘惜分：《中国新闻学大辞典》，河南人民出版社，1993，第5页。
② 政府官方信源包括各国各级政府及其官员以及政府机构发布的文件、声明、会议决议等文本。商界信源包括各国企业、商业组织及其代表人。社会组织信源包括各类国际组织以及各国民间组织、社会团体等及其代表人。
③ 尹连根：《挑战"精英"？——对个人微博作为传统媒体报道消息源的实证研究》，《新闻记者》2013年第12期，第51页。

表2-6 阿富汗主流媒体涉华报道的信源统计

信源	阿富汗	中国	美国	巴基斯坦	印度	俄罗斯	法国	日本	其他	未明确	合计
政府官方	688	252	73	41	15	20	2	2	46	3	1142
军方	16	9	15	3	—	1	—	1	7	—	52
商界	27	8	4	1	—	—	—	1	5	—	46
社会组织	74	—	1	3	—	2	—	—	37	—	117
媒体	20	34	8	12	1	2	5	—	10	1	93
学界	84	14	5	1	—	1	—	—	2	2	109
民众	33	5	1	1	—	—	—	—	12	—	53
模糊消息源	11	1	1	1	—	—	—	—	—	128	142
合计	953	323	108	63	16	27	7	4	119	134	1754

资料来源：作者自制。

从信源所属的国家和类别来看，阿富汗主流媒体建构中国国家形象高度依赖"阿富汗政府官方"（占比39.2%）的信源。阿富汗政府等权威机构消息源对于中国国家形象的优先解读，限制甚至排除了他者的解释。阿富汗主流媒体将"阿富汗政府官方"对于涉华相关事件或话题的主观叙述与看法作为客观现实传递给公众，通过这种方式，阿富汗主流媒体在赋予自身正当性的同时，赋予现存社会权力结构正当性。可以说，"阿富汗政府官方"或者说阿富汗的政治精英是阿富汗主流媒体涉华报道建构中国国家形象的话语主体，为涉华相关议题的后续报道和讨论设定了主导框架。

2. 阿富汗主流媒体涉华报道信源的特征

第一，从信源的国籍来看，黎明新闻网的信源分布较为广泛，帕支瓦克新闻网相对单一。黎明新闻网的信源来自阿富汗、中国、美国、巴基斯坦、印度、俄罗斯、法国、日本、英国、伊朗、塔吉克斯坦、乌兹别克斯坦、韩国、朝鲜、伊拉克、泰国、尼泊尔、新加坡、澳大利亚、叙利亚、厄瓜多尔、印度尼西亚、委内瑞拉等20多个国家以及联合国、北约、上合组织、世界银行、国际货币基金组织、"大赦国际"（Amnesty International）、"记者无国界"（Reporters Without Borders）、国际红十字会、"全球见证"（Witness

Global)、"自由之家"(Freedom House)、亚足联等11个国际组织。其中，来自阿富汗的信源占比40.8%（见表2-7）。黎明新闻网所属的莫比传媒集团的业务遍布南亚、中亚、中东和非洲等地区，为超过3亿人提供服务。因此，莫比传媒集团可提供世界多地的信源供黎明新闻网选择。帕支瓦克新闻网的信源来自阿富汗、中国、美国、巴基斯坦、俄罗斯、印度、哈萨克斯坦、塔吉克斯坦、乌兹别克斯坦、伊朗等10个国家以及联合国、北约、"记者无国界"、"透明国际"、"大赦国际"等5个国际组织。帕支瓦克新闻网来自阿富汗的信源占比约为67%（见表2-8），这符合帕支瓦克新闻网作为阿富汗最大的独立媒体、立足阿富汗的属性。但是，从新闻平衡性的原则来说，帕支瓦克新闻网涉华报道中阿富汗和中国以外的第三方群体发言的比例明显偏小，仅有17.8%，应该给予相关各方公平发言的机会。

表2-7 黎明新闻网涉华报道的信源统计

信源	阿富汗	中国	美国	巴基斯坦	印度	俄罗斯	其他	未明确	合计
政府官方	252	139	55	24	9	17	38	2	536
军方	2	7	15	2	—	1	4	—	31
商界	6	3	4	—	—	—	6	—	19
社会组织	26	—	—	1	—	2	30	—	59
媒体	3	23	7	3	1	—	11	—	48
学界	45	8	4	1	—	1	2	2	63
民众	7	5	1	—	—	1	12	—	26
模糊消息源	4	—	—	—	—	—	—	60	64
合计	345	185	86	31	10	22	103	64	846

资料来源：作者自制。

第二，阿富汗主流媒体的信源均以政府官方为主。媒体获取国际政治信息的渠道本身存在局限，不只是国际受众，即使是西方媒体记者获得信息的渠道也主要来自政府官员、资深顾问、舆论导向专家和权威人士等。[①] 帕支瓦克新闻网的政府官方信源占比66.7%，来自阿富汗政府官方的信源占比48%

---

① 刘肖、董子铭：《媒体的权利和权力的媒体：西方媒体在国际政治中的角色与作用》，中国社会科学出版社，2017，第69页。

（见表2-8），这显示了阿富汗政府官方对帕支瓦克新闻网的巨大影响，同时这也是该媒体信息权威性和政治性的体现。黎明新闻网来自政府官方的信源占比约63.4%，但与帕支瓦克新闻网倾向于选择阿富汗官方信源不同的是，黎明新闻网的阿富汗政府官方信源占比仅29.8%，而来自美国、巴基斯坦等第三方国家政府的信源占比约17.1%。这说明黎明新闻网更加愿意援引第三方国家政府官方的信源，从而达到平衡各方观点的作用。权威信源往往具象为观点引领者，所谓观点引领者，即提供信源或观点的权威人物。[①] 黎明新闻网和帕支瓦克新闻网来自中国政府官方的信源分别占比16.4%和12.4%，表明中国政府官方这一权威信源在阿富汗主流媒体涉华报道的议题设置、观点引导等方面发挥了积极作用。

表2-8 帕支瓦克新闻网涉华报道的信源统计

信源	阿富汗	中国	美国	巴基斯坦	印度	俄罗斯	其他	未明确	合计
政府官方	436	113	18	17	6	3	12	1	606
军方	14	2	—	1	—	—	4	—	21
商界	21	5	—	1	—	—	—	—	27
社会组织	48	—	1	2	—	—	7	—	58
媒体	17	11	1	9	—	2	4	1	45
学界	39	6	1	—	—	—	—	—	46
民众	26	—	—	1	—	—	—	—	27
模糊消息源	7	1	1	1	—	—	—	68	78
合计	608	138	22	32	6	5	27	70	908

资料来源：作者自制。

第三，阿富汗主流媒体的消息来源兼顾了学界、媒体、社会组织等信源，来自民众、商界、军方等信源的信息相对较少。在学界信源方面，阿富汗主流媒体来自阿富汗的信源远远多于来自中国以及第三方国家学者的声音，无形中屏蔽了包括中国在内的其他国家专家学者的声音。在媒体信源方面，黎明新闻网主要通过中国媒体以及法新社（信源数量为5）、路透社（2）、《纽约

---

① 李洪峰、赵启琛:《新冠肺炎疫情时期非洲法语主流媒体涉华报道研究——以塞内加尔为例》，《对外传播》2020年第8期，第76页。

时报》（2）等西方国家媒体来获取有关中国的权威信息。帕支瓦克新闻网的信源主要为阿富汗、中国、巴基斯坦三国的媒体，主要传达有关中国的事实性消息。在社会组织信源方面，阿富汗主流媒体倾向于援引阿富汗的社会组织以及非政府间国际组织的观点，中国相关社会组织不能有效发声。一些有关中国的报道，阿富汗主流媒体即使将各方观点同时呈现，但评论性的信源选择仍有明显的西方倾向。此外，商界、民众都是中阿关系建设，尤其是经贸和人文交流的重要参与者，但来自中国的信源缺失，这说明中国民间参与中阿关系发展积极性有待提高，渠道有待疏通。

（二）阿富汗主流媒体涉华报道信源的态度分析

从上面的分析可以看出，阿富汗主流媒体涉华报道在信源选择上有着明显的路径依赖。为了了解信源对阿富汗主流媒体涉华报道的态度是否存在潜在影响，有必要对涉华报道中相关信源在提到中国时所表现出的感情偏向与涉华报道的评价态度之间的相关性进行分析。

1. 阿富汗主流媒体涉华报道及其信源的态度

本书将涉华报道中对于中国的态度参照3级量表进行手动赋值：对中国的表述积极、友好的新闻报道和信源赋值为3；没有明显偏好的则视为客观中立的报道，赋值为2；对中国态度消极或者不友好的，赋值为1。

据统计，黎明新闻网301篇涉华报道中有正面报道63篇，占比20.9%；持中立态度的报道184篇，占比61.1%；负面报道54篇，占比17.9%。黎明新闻网涉华报道对中国的评价态度基本呈现出中立偏积极的整体态势，但是偏离幅度并不是很大。这说明黎明新闻网在整体上建构了一个比较平衡的对中国国家形象报道的图景。在帕支瓦克新闻网300篇涉华报道中，有89篇表示出对中国的正面态度，占比29.7%，32篇为负面态度，占比10.7%，客观中立的为179篇，占比59.7%。帕支瓦克新闻网涉华报道对中国的评价态度整体上呈中立偏友好的态势，建构的是一个对中国国家形象偏积极友好的报道图景。

利用SPSS 19.0.0软件分别对黎明新闻网、帕支瓦克新闻网的523组、599组有效数据（涉华报道态度以及信源态度均可编码赋值）进行的Pearson相关性分析显示，在P=0.01的水平上，黎明新闻网、帕支瓦克新闻网涉华报道及其所引用的信源在态度倾向上均存在极其显著的关联关系，相关系数分别为

0.757、0.763，见表2-9。这说明，信源对阿富汗主流媒体涉华报道的态度有明显的潜在影响。从表2-9、表2-10来看，无论是信源的态度还是报道的态度，阿富汗主流媒体涉华报道对中国的态度都偏于中立。黎明新闻涉华报道及其所引用的信源的总体态度均值分别为2.01、2.14，均略高于中立值（总体态度均值1=消极，2=中立，3=积极）；帕支瓦克涉华报道及其所引用的信源的总体态度均值分别为2.23、2.24。

表2-9 黎明新闻网涉华报道及其信源态度相关性分析结果

描述性统计量			
—	均值	标准差	N
信源态度	2.14	0.643	523
稿件态度	2.01	0.689	523
相关性			
—		信源态度	稿件态度
信源态度	Pearson相关性	1	0.757**
	显著性（双侧）	—	0.000
	N	523	523
稿件态度	Pearson相关性	0.757**	1
	显著性（双侧）	0.000	—
	N	523	523
**. 在0.01水平（双侧）上显著相关。			

资料来源：作者自制。

表2-10 帕支瓦克新闻网涉华报道及其信源态度相关性分析结果

描述性统计量			
—	均值	标准差	N
信源态度	2.24	0.608	599
稿件态度	2.23	0.630	599
相关性			
—		信源态度	稿件态度
信源态度	Pearson相关性	1	0.763**
	显著性（双侧）	—	0.000
	N	599	599

续表

	Pearson相关性	0.763**	1
稿件态度	显著性（双侧）	0.000	—
	N	599	599
**.在0.01水平（双侧）上显著相关。			

资料来源：作者自制。

有一个现象值得关注：黎明新闻涉华报道所引用的信源的态度比其报道的态度更正面一些；而帕支瓦克涉华报道的态度与其信源的态度基本一致。这可能在一定程度上反映了阿富汗主流媒体在对中国"有着强烈的刻板印象的情况下，引述信源的话而不是由媒体直接表态某种意义上有助于使报道看起来更为理性、客观，因而也更为可信"，[①] 体现了阿富汗主流媒体在表达各自立场时仍然试图追求新闻专业主义层面的"客观"。

2. 信源的特性对阿富汗主流媒体涉华报道态度的影响

在阿富汗主流媒体的涉华报道及其信源的总体态度倾向一致的情况下，不同国家的信源在对华态度上存在一定的差异（具体如表2-11所示）。在帕支瓦克的涉华报道中，除了美国（对华总体态度均值为2）信源外，大部分国家的信源对华态度基本一致，呈现出偏积极或者中立的情况，比如俄罗斯（3）、中国（2.56）、印度（2.33）、阿富汗（2.17）、巴基斯坦（2.07）等。与之相比，黎明新闻呈现出更为细致的态度差异，这似乎更容易给人"客观公正"的印象，比如，来自俄罗斯（1.88）、美国（1.62）的信源明显偏消极，来自中国（2.33）、阿富汗（2.3）、巴基斯坦（2.21）、印度（2.17）等国家的信源则偏积极或者中立。

---

① 周勇、胡玮、陈慧茹：《谁在控制西藏问题的话语：涉藏报道的路径依赖与效果生成》，《国际新闻界》2014年第4期，第73页。

表2-11 阿富汗主流媒体涉华报道主要信源对华态度分析

信源	黎明新闻网 信源数量	占比/%	可赋值信源数量	对华态度	帕支瓦克新闻网 信源数量	占比/%	可赋值信源数量	对华态度
阿富汗政府官方	252	29.8	132	2.36	436	48.3	296	2.26
阿富汗军方	2	0.2	2	1	14	1.5	3	1
阿富汗商界	6	0.7	4	2.75	21	2.3	13	2.08
阿富汗社会组织	26	3.1	9	2.33	48	5.3	25	2.08
阿富汗媒体	3	0.4	1	2	17	1.9	10	2.3
阿富汗学界	45	5.3	30	1.97	39	4.3	29	1.72
阿富汗民众	7	0.8	1	3	26	2.9	12	1.42
中国政府官方	139	16.4	138	2.36	113	12.4	107	2.58
中国军方	7	0.8	6	2	2	0.2	2	3
中国商界	3	0.4	3	3	5	0.6	3	3
中国媒体	23	2.7	23	2.09	11	1.2	10	2.2
中国学界	8	0.9	8	2.75	6	0.7	6	2.5
中国民众	5	0.6	5	2	—	—	—	—
美国政府官方	55	6.5	25	1.6	18	2	10	2.1
美国军方	15	1.8	3	1.67	—	—	—	—
美国商界	4	0.5	4	2	—	—	—	—
美国社会组织	—	—	—	—	1	0.1	1	1
美国媒体	7	0.8	4	1.25	1	0.1	0	未提及
美国学界	4	0.5	3	1.67	1	0.1	0	未提及
美国民众	1	0.1	0	未提及	—	—	—	—
巴基斯坦政府官方	24	2.8	14	2.21	17	1.9	10	2.2
巴基斯坦军方	2	0.2	2	2	1	0.1	0	未提及
巴基斯坦商界	—	—	—	—	1	0.1	0	未提及
巴基斯坦社会组织	1	0.1	1	3	2	0.2	2	1.5
巴基斯坦媒体	3	0.4	1	2	9	1	2	2
巴基斯坦学界	1	0.1	1	2	—	—	—	—
巴基斯坦民众	—	—	—	—	1	0.1	0	未提及
印度政府官方	9	1.1	5	2	6	0.7	3	2.33
印度媒体	1	0.1	1	3	—	—	—	—
俄罗斯政府官方	17	2	7	1.86	3	0.3	0	未提及

续表

信源	黎明新闻网				帕支瓦克新闻网			
	信源数量	占比/%	可赋值信源数量	对华态度	信源数量	占比/%	可赋值信源数量	对华态度
俄罗斯社会组织	2	0.2	0	未提及	—	—	—	—
俄罗斯媒体	—	—	—	—	2	0.2	1	3
俄罗斯学界	1	0.1	1	2	—	—	—	—
俄罗斯民众	1	0.1	0	未提及	—	—	—	—
国际组织	28	3.3	13	1.46	10	1.1	6	1.33
模糊消息源	64	7.6	42	1.67	78	8.6	44	2.11

资料来源：作者自制。

不同类型的信源在对华态度上也存在明显的差异。阿富汗作为阿富汗主流媒体在报道中国议题时首选的信源，其整体对华的态度是积极的。但具体分析信源的类型，则可以看出其中的微妙差别。综合两家媒体来自阿富汗的信源来看，阿富汗政府官方、阿富汗社会组织、阿富汗媒体都偏积极。尤其是包括阿富汗政党、宗教协会在内的阿富汗社会组织以及阿富汗媒体，对改善阿富汗信源的总体态度起到了积极作用，这部分群体是未来中国对阿富汗国际传播可以借助的力量。阿富汗的其他信源中，除商界稍显中立外，军方、学界、民众都偏消极。其中，帕支瓦克新闻网的阿富汗民众（1.42）信源最为消极。原因在于阿富汗当地民众对中国在阿富汗投资的艾娜克铜矿和阿姆河油气项目未能给当地带来实际效益不满。这部分群体应是未来中国对阿富汗国际传播的重点关注对象。

黎明新闻网和帕支瓦克新闻网分别给予了第三方信源37.4%、17.8%的言论空间，这些信源对华态度以消极为主，尤其是来自国际组织的信源对华态度最为消极。人权问题、宗教问题（尤其是伊斯兰教）、民族问题、腐败问题等议题一直是阿富汗民众关注的焦点。"记者无国界""透明国际""大赦国际"等国际组织是比较受西方社会信赖的群体，其发言被认为具有可信度。对于阿富汗主流媒体来说，要报道他们感兴趣的上述议题，以这些国际组织作为信源，可以提高报道在阿富汗的说服力。不过，这些国际组织貌似具有中立客观的形象，但其实际上对中国存在偏见，长期无视中国在上述议题上所作出的努力，态度消极。根据新闻报道的平衡性、接近性原则，阿富汗主流媒体的信源构成是不太合理的，因为上述议题中最靠近新闻现场的是中国民众。因此，为了提升中国在阿富汗的国家形象，不仅要使这些议题成为未来中国对阿国际传播的主要议程，还要创造中国民众在上述议题上发声的机会。

此外，经过选择的信源看上去客观且可信度较高，其实这是媒体借信源之口传递其立场的一种常用的手段。其中，最明显的莫过于占信源总数7.6%的模糊消息源。黎明新闻网多使用"据称""据报道"，帕支瓦克新闻网多使用"消息人士""据报道"等词汇，这类模糊信源共计91处，占模糊消息源总数的67.9%。这些模糊消息源使得读者无法查证信息来源，其真正目的是保护信源还是为相关利益方的观点背书，事实真相不得而知，但其倾向性显而易见。

第二节 说什么：涉华报道的言语内容分析

除了对言语主体的分析外，对涉华报道的内容分析也是极为重要的。语篇叙述会起到框定意义体系的作用，它决定了把什么样的信息内容呈现给言语对象，起到了过滤世界的作用。[1] 从某种意义上来说，从语篇、词汇、语法的视角，通过对涉华报道的议题、及物性系统的分析，可以发现阿富汗主流媒体对报道对象关注和不关注的领域，也就是阿富汗主流媒体建构中国国家形象的话语有何中心叙事。

一、阿富汗主流媒体涉华报道的议题分析

建构一定意义的最简单方式是对符号的重复，即出现频率越高，其相关意义的强化意图越强，相关的出现频率高的内容联系在一起会形成一种相对稳定的话语意义体系，并逐渐被人们作为一种客观现实而接受，甚至被固化为一种背景知识。[2] 吉特林认为，媒体刻意地选择、强调和呈现某些事情，使

---

[1] 孙吉胜等：《"中国崛起"话语对比研究》，第14页。
[2] 孙吉胜等：《"中国崛起"话语对比研究》，第14页。

得公众倾向于某一特定的视角看待这些事情，从而影响公众对政治活动的认知。① 也就是说，选择对哪些议题进行报道，就是选择了建构国家形象的角度，新闻报道的议题偏重会对国家形象的建构产生一定的影响。因此，有必要考察阿富汗主流媒体在涉华报道中对各个议题的关注是否均衡，是否会选择特定的议题来勾画中国国家形象，以此影响和建构公众的对华认知。

（一）阿富汗主流媒体涉华报道的议题

报道内容的题材可以反映话语建构过程中媒体对该报道对象关注的领域。② 如表2-12所示，阿富汗主流媒体涉华报道的题材分布呈现明显的倾向性：主要关注政治和经贸领域，报道数量分别占比63.9%和16.3%。这与中阿交往互动以政治和经贸领域的合作为主，军事安全与人文交流领域的合作相对欠缺的现状相符，也说明阿富汗主流媒体的媒介议程主要关注中国与阿富汗在政治、经贸领域密切相关的内容，以此表达自身的政治、经济诉求。

表2-12 阿富汗主流媒体涉华报道题材分析表

题材	黎明新闻网 报道数量	占比/%	帕支瓦克新闻网 报道数量	占比/%	总计 报道数量	占比/%
政治	200	66.4	184	61.3	384	63.9
经贸	36	12.0	62	20.7	98	16.3
军事安全	26	8.6	26	8.7	52	8.7
文体	15	5.0	14	4.7	29	4.8
社会	14	4.7	6	2.0	20	3.3
科技	8	2.7	4	1.3	12	2.0
卫生	2	0.7	4	1.3	6	1.0

资料来源：作者自制。

按照涉华报道对中国探讨的话题背景，本书发现了十个主要的议题，占阿富汗主流媒体涉华报道的96.3%，分别是阿富汗和平进程与中国参与全球治理、中阿政治关系、"一带一路"与中阿经贸合作、中国国情、阿富汗安全形势与中阿安全合作、中阿人文交流、中美关系、中巴关系、中印关系、阿

---

① 托德·吉特林：《新左派运动的媒介镜像》，张锐译，华夏出版社，2007，第13—14页。
② 孙吉胜等：《"中国崛起"话语对比研究》，第235页。

巴关系。其中,阿富汗和平进程与中国参与全球治理、中阿政治关系、"一带一路"与中阿经贸合作、阿富汗安全形势与中阿安全合作、中阿人文交流等议题占阿富汗主流媒体涉华报道的78.5%。这非常符合新闻的贴近性原则,即与阿富汗受众相关度越高的新闻,其新闻性越强。在阿富汗主流媒体的涉华报道中,阿富汗和平进程与中国参与全球治理议题占比32.3%(如表2-13所示),主要涉及中国主办亚信峰会与G20杭州峰会、中国及其推动的多个阿富汗问题"小多边机制"在阿富汗和平进程中的作用以及中国在推动解决全球气候变化、伊朗核问题、朝鲜半岛问题、叙利亚问题上所发挥的作用等主题。阿富汗和平进程是阿富汗政府以及民众最为关注的问题,阿富汗一直希望中国在其中发挥积极的建设性作用。因此,阿富汗主流媒体对中国参与全球和区域治理方面的理念与实践进行详细的解析,可为阿富汗受众提供有关中国国际行为模式的背景知识,有助于阿富汗民众进一步了解中国在推动阿富汗政治和解进程中所能发挥的作用。中国国情议题占比10.6%,这主要因为阿富汗受众感知中国的渠道有限,媒体应为阿富汗民众更多地提供有关中国的背景知识。中美关系议题虽然只占3.3%,但在多个议题中均有涉及。这说明,美国因素是影响阿富汗认知和建构中国国家形象无法绕过的一个话题。巴基斯坦作为阿富汗的邻国,是影响阿富汗和平进程的重要力量。因此,中巴关系、阿巴关系更多是作为阿富汗和平进程与中国参与全球治理这一议题的新闻背景而出现的。

表2-13 阿富汗主流媒体涉华报道主要议题分析表

议题	黎明新闻网 报道数量	占比/%	帕支瓦克新闻网 报道数量	占比/%	总计 报道数量	占比/%
阿富汗和平进程与中国参与全球治理	113	37.5	81	27.0	194	32.3
中阿政治关系	33	11.0	77	25.7	110	18.3
"一带一路"与中阿经贸合作	38	12.6	69	23.0	107	17.8
中国国情	48	15.9	16	5.3	64	10.6
阿富汗安全形势与中阿安全合作	16	5.3	23	7.7	39	6.5
中阿人文交流	6	2.0	16	5.3	22	3.7
中美关系	14	4.7	6	2.0	20	3.3

续表

议题	黎明新闻网 报道数量	黎明新闻网 占比/%	帕支瓦克新闻网 报道数量	帕支瓦克新闻网 占比/%	总计 报道数量	总计 占比/%
中巴关系	6	2.0	2	0.7	8	1.3
中印关系	4	1.3	4	1.3	8	1.3
阿巴关系	6	2.0	1	0.3	7	1.2

资料来源：作者自制。

（二）阿富汗主流媒体涉华报道议题的报道倾向分析

如表2-14所示，阿富汗主流媒体在不同议题上对华态度呈现一定的差异。中阿人文交流最为积极，中阿政治关系、中印关系次之。中美关系、阿巴关系、"一带一路"与中阿经贸合作、阿富汗和平进程与中国参与全球治理、阿富汗安全形势与中阿安全合作等议题整体上中立。中巴关系、中国国情两个议题稍显消极。

表2-14 阿富汗主流媒体涉华报道主要议题态度分析表

议题	黎明新闻网 正面报道数量	黎明新闻网 中立报道数量	黎明新闻网 负面报道数量	黎明新闻网 对华态度均值	帕支瓦克新闻网 正面报道数量	帕支瓦克新闻网 中立报道数量	帕支瓦克新闻网 负面报道数量	帕支瓦克新闻网 对华态度均值	总计 正面报道数量	总计 中立报道数量	总计 负面报道数量	总计 对华态度均值
阿富汗和平进程与中国参与全球治理	17	84	12	2.04	17	59	5	2.15	34	143	17	2.09
中阿政治关系	13	19	1	2.36	31	44	2	2.38	44	63	3	2.37
"一带一路"与中阿经贸合作	14	16	8	2.16	18	38	13	2.07	32	54	21	2.10
中国国情	6	20	22	1.67	1	9	6	1.69	7	29	28	1.67
阿富汗安全形势与中阿安全合作	3	10	3	2	6	14	3	2.13	9	24	6	2.08
中阿人文交流	3	3	0	2.5	10	5	1	2.56	13	8	1	2.55
中美关系	2	10	2	2	4	1	1	2.5	6	11	3	2.15
中巴关系	0	6	0	2	0	1	1	1.5	0	7	1	1.88
中印关系	1	3	0	2.25	1	3	0	2.25	2	6	0	2.25

续表

议题	黎明新闻网				帕支瓦克新闻网				总计			
	正面报道数量	中立报道数量	负面报道数量	对华态度均值	正面报道数量	中立报道数量	负面报道数量	对华态度均值	正面报道数量	中立报道数量	负面报道数量	对华态度均值
阿巴关系	2	3	1	2.17	0	1	0	2	2	4	1	2.14

资料来源：作者自制。

中阿人文交流议题主要涉及中阿文化交流、卫生合作、学术交流、教育援助等内容，报道数量不多，共22篇，态度均值为2.55，偏积极。这在一定程度上反映了目前中阿人文交流的规模小，涉及的领域还不够丰富，但阿富汗对目前两国开展的人文交流满意度较高，尤其是中国的教育卫生援助项目让阿富汗部分民众真正受益。中阿政治关系议题态度偏积极，说明发展同中国的良好政治关系符合阿富汗的国家利益，同时也体现了阿富汗主流媒体追求"政治正确"。

阿富汗主流媒体对中印关系议题整体态度中立偏积极。2017年，中印之间发生了洞朗对峙事件。不过，阿富汗主流媒体没有进行专门的报道，通过议程设置刻意回避了中印之间的冲突。黎明新闻网在2018年11月28日的报道《中国：对中国驻巴领事馆的袭击不会破坏中巴两国的关系》中，提到了对峙事件；帕支瓦克新闻网则是在2017年12月26日发表了一篇持中立态度的评论文章《中印1962年的冲突》。[1] 这说明，在阿中印三角关系中，阿富汗不愿站队，而是希望利用中印合作来为自己的发展谋求广阔空间。自2001年以来，印度已在阿富汗的基建领域投资约20亿美元，还在公开竞标中赢得了哈吉加克（HajiGak）3个大型铁矿开采权，计划投资133亿美元。[2] 同时，印度目前是阿富汗最大的地区捐助国，是国际社会前五个捐助国之一。[3] 因此，中印两国关系健康稳定发展，尤其是"中印就阿富汗问题协调立场、达成合作意向"

---

[1] 因篇幅原因，本书所有普什图语涉华报道标题和内容均以中文翻译呈现。

[2] 娄伟：《中国与印度在阿富汗问题上的合作：动因与模式》，《新疆师范大学学报（哲学社会科学版）》2014年第6期，第53页。

[3] 李吉军：《印度对阿富汗援助的政策考量、主要内容及制约因素》，《南亚研究季刊》2018年第2期，第30页。

更有利于阿富汗的国家重建。①中美关系议题既有中美之间的竞争与对抗，也有合作，媒体报道整体态度中立，说明阿富汗避免在中美之间选边站队，也表达了阿富汗希望中美在阿富汗问题上共同合作的美好愿望。

关于阿富汗和平进程与中国参与全球治理议题，媒体报道态度基本中立。其中，正面报道主要集中于阿富汗和平进程（23篇）、中阿巴（巴基斯坦）三国外长会议（5篇）两个话题；负面报道主要来自黎明新闻网，涉及叙利亚问题、朝鲜半岛问题。值得注意的是，这些负面报道的信源多来自美国、英国等西方国家。在"一带一路"与中阿经贸合作议题中，有关"一带一路"的新闻报道整体态度积极，而对于中国在阿富汗两个最大的投资项目——艾娜克铜矿项目和阿姆河盆地油田项目的报道显得比较消极。阿富汗主流媒体对这两个项目的报道共29篇，负面报道14篇（黎明新闻网6篇，帕支瓦克新闻网8篇），整体态度均值为1.59。

中巴关系议题在阿富汗主流媒体的涉华报道中态度稍显消极。这说明，阿富汗主流媒体认为，中巴之间的特殊关系并未对阿富汗的发展带来好处，反而有损阿富汗的国家利益。中国国情议题主要关注中国社会、科技、军事安全等领域，态度均值为1.67，在所有议题中最为消极。从主题选材上看，主要是有关洪涝、地震、踩踏事件等突发事件的社会报道，尽管从题材上来说属于负面报道，但阿富汗主流媒体多援引来自中国的官方新闻，报道比较客观。

二、阿富汗主流媒体涉华报道的及物性分析

系统功能语言学所说的经验功能，是指"语言可以用来谈论人们对世界的经验，包括对外部世界的事件、事物、事态等以及对心理世界的思想、信念、情感等的经验"。②及物性是一个语义系统，作用是将大脑中的经验片段通过语言的词汇语法系统进行范畴化、概念化，并指明与各种过程有关的"参与者"和"环境成分"，以小句的形式表现语言的概念功能。同时，及物

---

① 娄伟：《中国与印度在阿富汗问题上的合作：动因与模式》，《新疆师范大学学报（哲学社会科学版）》2014年第6期，第52页。

② 转引自康俊英：《基于及物系统的中国国家形象"他塑"批评性分析解读——以美国官方文件涉华话语为例》，《山西师大学报（社会科学版）》2019年第5期，第46页。

性系统中的小句构型选择（即小句中参与者、过程和环境的不同构型，如物质过程小句动作者这样做而不那样做，心理过程小句感知者这样感知而不那样感知，等等）不仅建构概念意义，也体现作者对小句参与者的不同态度和评价。①

人们使用语言时，总是从词汇语法系统中选择适当的形式来命名和描述一个事物。但由于语言使用者受到自身的认知水平、思维模式以及个人情感意识的限制，对同一事物会有不同的分类，即同一事物会以不同图形出现在不同人的头脑中。这使得他们会选择不同的词句来描述同一事物。而对于大众传媒来说，由于掌握了语言使用技巧，它们可以有意作出不同的选择，从而在新闻报道中制造偏见和歧视。

因此，运用词频、索引行、搭配等语料库手段，从及物性系统视角对阿富汗主流媒体涉华报道的及物物质过程和关系过程小句进行分析，通过"对词汇型式和语法结构的观察来探索话语的内在意义"，②有助于了解阿富汗关注中国的哪些动作、行为、事件等相关议题。

（一）阿富汗主流媒体涉华报道的及物性系统表征分布

1. 阿富汗主流媒体涉华报道的高频词分析

通过使用语料库检索最基本的统计方法——词频统计，可以实现从最基本的词汇层面对新闻报道文本的分析，直观地获得文本在语言上的显著特征。高频词的使用基本能够反映作者的态度倾向和意识观念。③

基于语料库分析软件 WordSmith 6.0.0.252，对601篇涉华报道文本进行词频分析，文本总词例（word type）共计12330，总词型（word tokens）共计276985。去除虚词以及系动词，进行高频词排序后，得出前20位的高频词汇，结果如表2–15所示。

---

① 廖益清：《时尚话语中的隐性社会性别身份：以小句过程类型分析为例》，《中国外语》2019年第3期，第47—52页。

② 邵斌、回志明：《西方媒体视野里的"中国梦"——一项基于语料库的批评话语分析》，《外语研究》2014年第6期，第28页。

③ 刘宁：《基于语料库的中美媒体关于中国雾霾报道的对比研究——以批评话语分析为视角》，《北京第二外国语学院学报》2018年第5期，第41页。

表2-15　阿富汗主流媒体涉华报道使用的高频词

排名	词频	高频词	排名	词频	高频词
1	4034	中国	11	641	塔利班
2	3889	阿富汗	12	591	部门
3	1352	和平	13	576	会谈（خبرو）
4	1100	巴基斯坦	14	518	道路
5	911	总统	15	510	会谈（خبري）
6	782	喀布尔	16	500	国家
7	756	阿富汗人	17	481	民族的
8	710	外国的	18	475	部长
9	706	政府	19	453	经济的
10	644	美国	20	449	安全

注：خبري和خبرو，均有"会谈"的含义，但两个词在普什图语中都还具有其他含义，所以同时保留"会谈"（خبرو）和"会谈"（خبري）。

资料来源：作者自制。

由表2-15可见，首先，"中国""阿富汗"占据了阿富汗主流媒体涉华报道高频词的前两位，这符合研究样本选择的初衷，体现了文本主题词对研究主体的高度支持作用。其次，阿富汗和平是核心议题。关于阿富汗和平进程的高频词高达三个，分别是"和平"、"会谈"（خبرو）、"会谈"（خبري）。这充分体现了阿富汗对中国在阿富汗和平进程中的角色和作用的高度关注，这和之前对涉华报道议题的分析结果不谋而合。再次，作为影响阿富汗和平进程的重要力量，"巴基斯坦""美国"分别位列高频词第4、第10位。一方面说明巴基斯坦、美国在阿富汗的中国国家形象话语建构过程中具有重要的影响力，另一方面表明阿富汗希望借助中美、中巴的合作在推动阿富汗和平进程中发挥积极作用。又次，阿富汗主流媒体涉华报道高频词侧重政治外交方面。有关政府、行政的词汇出现在高频词中，而且数量较多，比如"总统""政府""部门""部长"。这说明阿富汗主流媒体关注中阿政治交往以及中国政府相关的政治活动，也显示出在阿富汗主流媒体的中国国家形象话语体系中，政治精英，尤其是阿富汗的政治精英仍然占据主导话语权。最后，高频词"道路""经济的""安全"等词汇的使用表明阿富汗主流媒体还关注中阿在经济、安全领域的合作,尤其是"一带一路"倡议给阿富汗带来的发展机遇。

2. 阿富汗主流媒体涉华报道主题词的及物性系统表征总体分布

通过上文的词频分析发现,在601篇涉华报道中,"中国"为词频最高的实词。因而,对"中国"进行索引行分析,提取出4034条相关索引行。依照本书的小句识别标准[1],对这4034条索引行进行及物分析发现,含有"中国"的3827个小句主要存在五类过程形式:物质过程、言语过程、关系过程、心理过程和存在过程,具体分布情况如表2-16所示。

表2-16 阿富汗主流媒体涉华报道中及物系统过程形式分布情况

过程类别	物质过程	言语过程	关系过程	心理过程	存在过程
数量	2472	621	610	107	17
占比	64.6%	16.2%	15.9%	2.8%	0.4%

资料来源:作者自制。

在所有过程形式中,表示物质过程的小句占据绝对多数,共2472句,占比约64.6%。这一分布说明阿富汗主流媒体涉华报道主要突出围绕中国的行为,而不是中国的存在和性质,通过使用大量物质过程小句对中国在阿富汗和平进程、中阿关系发展、全球治理、对外经贸等领域的一系列正当国家行为进行叙述,从而塑造中国国家形象。

(二)物质过程与中国国家形象的"他塑"分析

及物系统是描述整个小句的系统,因而各类过程小句的分析不仅涉及过程本身即过程类型,还包括过程参与者(participant)、其发挥的作用以及与过程相关的环境成分。[2]通过进一步分析发现,在2472个物质过程小句中,"中国"作为参与者的共有1710句,作为环境成分的共有762句。由于这里关注的是对中国及其相关参与者之间关系的表征,所以主要对以"中国"作为参与者的物质过程小句进行分析。

根据韩礼德(Halliday)的观点,物质过程小句是关于做事/发生的小

---

[1] 为保证数据的真实、完整和客观,分析语篇的及物性系统时,有必要对所有小句进行分析。
[2] 康俊英:《基于及物系统的中国国家形象"他塑"批评性分析解读——以美国官方文件涉华话语为例》,《山西师大学报(社会科学版)》2019年第5期,第47页。

句：物质过程小句建构事件进程中量的变化，事件的发生源于某种能量的注入。物质过程就是做事的过程，表达某实体做某事的概念，可以是某实体对另一实体做某事，而这两个实体就分别是过程中的动作者（actor）和目标（goal）。①

在"中国"作为参与者的1710个物质过程小句中，"中国"作为"动作者"的小句占70%（1197句），作为"目标"的小句占20.2%（346句），另还有作为"受益者""范围"的小句167句，占比9.8%。这反映了阿富汗主流媒体在涉华报道中更多强调中国作为"动作者"的角色。

在物质过程小句中，"中国"作为动作者，其"本身具有的积极或消极语义特征并非至关重要，重要的是该词在整个环境内因典型搭配词的语义特征而获得的语义趋向"。② 因此，以"中国"作为节点词，探究与其搭配词语的语义特点，有助于把握阿富汗主流媒体涉华报道在物质过程中建构中国国家形象的行文倾向和立场态度。

笔者运用WordSmith6.0.0.252软件的统计搭配词功能，从自建的"中国"作为动作者的物质过程小句语料库中提取了节点词"中国"，发现在-5/+5跨距内的共现词共1120个。去除虚词后，选出频数最高的20个共现词。这20个共现词与节点词"中国"的MI值都高于3，表明这些词与"中国"构成显著搭配，如表2-17所示。③

表2-17　节点词"中国"的显著搭配词

排名	搭配词	共现频率	MI3值	排名	搭配词	共现频率	MI3值
5	阿富汗	346	5.795	26	美国	61	8.603
10	巴基斯坦	112	6.904	28	和平	56	6.823
11	做（کوی）	105	7.662	30	喀布尔	50	7.052
12	事务	93	8.126	31	政府	45	8.032
14	外国的	80	8.330	33	支持	43	8.184

---

① 转引自廖益清：《时尚话语中的隐性社会性别身份：以小句过程类型分析为例》，《中国外语》2019年第3期，第47页。

② 卫乃兴：《词语学要义》，上海外语教育出版社，2011，第92页。

③ 基于语料库的词语搭配研究通常把MI值（Mutual Information Score）等于或大于3的词称为显著搭配词。

续表

排名	搭配词	共现频率	MI3值	排名	搭配词	共现频率	MI3值
15	做（کړی）	78	7.905	40	帮助	36	7.352
16	部长	76	8.498	42	想、希望	34	9.069
21	大使	66	9.100	43	签字	34	7.267
22	总统、主席	65	7.818	44	民族的	34	8.757
25	做（وکړی）	61	6.911	47	公司	31	7.923

资料来源：作者自制。

如表2-17所示，根据搭配词所具有的特点，笔者将搭配词按照含义分成三类。一是"阿富汗""巴基斯坦""美国"等表示国家名称的搭配词。其中，"阿富汗"频次占据首位，说明阿富汗主流媒体十分关注中国的对阿行为。阿富汗主流媒体通过"到目前为止，中国在各领域向阿富汗提供了很多帮助，双方开展合作"①、"中国支持'阿人所有'的和平进程"②、"在阿富汗和平重建方面，中国利用在本地区的影响力继续发挥积极的作用"③等话语描述了中国与阿富汗在政治、经济、安全、人文交流等领域开展的合作以及在阿富汗国家重建、阿富汗和平进程等方面提供的援助和支持。同时，阿富汗也表达了希望中国继续在本地区发挥应有的积极作用的诉求。

"巴基斯坦"与"中国"的共现，显示出阿富汗主流媒体对中国支持、参与阿富汗和平进程的具体举措的关注。例如，媒体报道中往往出现类似"由于中巴之间的关系，北京能够向伊斯兰堡施压"④、"中国任何时候都不会向巴

---

① 《阿卜杜拉在联合国大会就贫困与恐怖主义进行演讲》，黎明新闻网，2015年9月26日，https://tolonews.com/pa/afghanistan/عبدالله-د-ملګرو-ملتونو-په-عمومي-غونډه-کې-وینا-وکړه，访问日期：2022年6月25日。

② 《中国：希望第二轮阿富汗大选能够成功举行》，帕支瓦克新闻网，2014年5月19日，https://www.pajhwok.com/ps/2014/05/19/چین-هیله-ده-د-افغانستان-د-ټاکنو-دویم-پړاو-په-بریالیتوب-ترسره-شي，访问日期：2022年6月25日。

③ 《中国在阿富汗和平与重建中的作用》，帕支瓦克新闻网，2018年4月30日，https://www.pajhwok.com/ps/opinion/د-افغانستان-په-سوله-او-بیا-رغونه-کې-د-چین，访问日期：2022年6月25日。

④ 《中国外长呼吁国际社会帮助阿富汗实现和平》，黎明新闻网，2015年2月13日，https://tolonews.com/pa/afghanistan/د-چین-د-بهرنیو-چارو-وزیر-د-نړیوالې-ټولنې-څخه-و-غوښتل-د-سولې-په-برخه-کې-د-افغانستان-سره-مرسته-وکړي，访问日期：2022年6月27日。

基斯坦施压"①、"中国能够利用同巴基斯坦的友好关系来改善阿巴关系"②等涉及中国是否会向巴基斯坦施压推动阿富汗和谈以及中国推动改善阿巴关系等行为的语句。

"美国"位列其中,说明阿富汗关注中国在中美关系中的行为给阿富汗带来的影响。通过考察"中国"与"美国"共现的语境,发现这些物质过程小句描述了中美之间的冲突与合作。黎明新闻网通过《美国军舰进入南海,对中国构成威胁》③、《中国呼吁美国停止部署"萨德"系统》④等报道描述中美在中国周边区域产生摩擦。同时,在阿富汗主流媒体的涉华报道中,"中国"和"俄罗斯"作为动作者的物质过程共37个,意在凸显中国和俄罗斯联合对抗美国,比如在黎明新闻网多篇报道中出现过类似"华盛顿批评中国和俄罗斯的不配合"⑤、"俄罗斯和中国在联合国安理会阻止对巴沙尔·阿萨德采取进一步的措施"⑥、"中国和俄罗斯已经阻止对朝鲜进行更加严厉的封锁"⑦的语句。在中美合作方面,阿富汗主流媒体主要关注中美合作参与推动阿富汗问题的解决,不过,其认为中美在阿富汗问题上还存在分歧,比如"中美承诺,

---

① 《对中国国家副主席的访问持乐观态度和疑问?》,帕支瓦克新闻网,2015年11月5日,https://www.pajhwok.com/ps/opinion/د-چین-د-جمهور-رییس-د-مرستیال-د-سفر-په-هکل,访问日期:2022年6月27日。

② 《总统:我们就和平问题达成了国家和区域共识》,黎明新闻网,2018年7月18日,https://tolonews.com/index.php/pa/afghanistan/%E2%80%8Eولسمشر د-سولي-په-اره-ملي-او-سیمه ییز-اجماع-ته-مرسیدلي-یو,访问日期:2022年6月27日。

③ 《美国军舰进入南海,对中国构成威胁》,黎明新闻网,2018年3月24日,https://tolonews.com/pa/world/امریکایي-پوځیانو-سره-د-چیني-نښتي-په-اره-د-چین-گواښ,访问日期:2022年6月27日。

④ 《中国呼吁美国停止部署"萨德"系统》,黎明新闻网,2017年4月26日,https://tolonews.com/index.php/pa/world/چین-له-امریکا-د-دفاعي-دال-ل-گولو-روالو-غوښتنه-کړی-ده,访问日期:2022年7月9日。

⑤ 《华盛顿指责中俄的不配合》,黎明新闻网,2013年6月25日,https://tolonews.com/pa/afghanistan/واشنگتن-د-چین-او-روسیې-په-نه-همکاری-نیوکه-وکړ هام ریکا-د-دفاعي-دال-ل-گولو-غوښتنه-کړی-ده,访问日期:2022年7月9日。

⑥ 《联合国:叙利亚有100万人遭围困》,黎明新闻网,2016年11月22日,https://tolonews.com/pa/afghanistan/ملګري-ملتونه-سوریه-کې-یو-میلیون-کسان-په-کلابندی-کې-دي,访问日期:2022年7月14日。

⑦ 《联合国安理会对朝鲜实施新的制裁》,黎明新闻网,2017年9月12日,https://tolonews.com/pa/world/ملګرو-ملتونو-پر-شمالي-کوریا-تازه-بندیزونه-ولګول,访问日期:2022年7月14日。

在阿富汗领导的和平进程上进行合作"①、"和平问题专家穆什塔克·拉希姆表示，中美在阿富汗问题上没有达成共识，两国相互怀疑"②。当然，阿富汗主流媒体对中美关系这一议题的关注更多是借此对中国崛起后的对外政策进行整体的评价，从而预测中国在阿富汗的战略走向。

二是"部长""外国的""大使""总统（主席）""公司"等表示部门、机构或负责人的搭配词。"部长""外国的""大使""总统（主席）"等词与"中国"搭配，表明中国对阿的行为主体以政府官员，尤其是以外交官员为主。"公司"多出现在"中国中冶集团公司""中国石油天然气集团有限公司"等名词短语中，表明阿富汗主流媒体非常关注中国这两家公司在艾娜克铜矿和阿姆河盆地油田项目中的具体行为。但考察"公司"的语境发现，阿富汗主流媒体主要描述上述两家公司不履行承诺的行为，呈现消极语义趋向。

三是"和平""支持""帮助""签署""想、希望"等表示具体行为动作的搭配词。其中，"和平""支持""帮助"等都具有积极的语义趋向。

根据动作过程是否涉及第三方，物质过程分为及物和不及物两类。同时，物质过程可以是有意或无意的（intentional or involuntary），在某种程度上，"有意为之"是物质过程的基本语义属性。③ 在"中国"作为"动作者"的1197个小句中，96.4%为及物小句（1154个）。这说明，阿富汗主流媒体涉华报道的及物过程主要关注"中国主动做了什么，采取了什么行动？"，而不是"中国发生了什么？"。目的在于强调、凸显作为"动作者"的中国加强对阿富汗的交往行为是"主动为之"和"有意为之"，即中国主观上要逐步提升在阿富汗地区的影响力。

由此可见，阿富汗主流媒体的涉华报道多集中于描述中国政府对外交往的主动行为。按照阿富汗主流媒体的描述，中国与巴基斯坦保持着非常友好

---

① 《阿富汗国防部批评美国阿富汗政策的反对者》，黎明新闻网，2017年10月14日，https://tolonews.com/pa/afghanistan/افغانستان-په-اره-مد-امریکی-د-تکلاري-پر-مخالفینو-د-دفاع-وزارت-نیوکه，访问日期：2022年7月14日。

② 《"中国举办的阿人内部会议再次推迟，什么也不会发生"》，帕支瓦克新闻网，2019年11月24日，https://pajhwok.com/ps/2019/11/24/او-د-چین-بین-الافغاني-ناسته-بیا-خندیدلي，访问日期：2022年7月14日。

③ 康俊英：《基于及物系统的中国国家形象"他塑"批评性分析解读——以美国官方文件涉华话语为例》，《山西师大学报（社会科学版）》2019年第5期，第48页。

的关系，中国国家主席、政府各部部长、驻阿富汗大使主动同阿富汗各界保持友好交往，中国同阿富汗签署了多项合作协议，为阿富汗提供了越来越多的经济技术援助，希望继续扩大同阿富汗的合作，提升在该地区的影响力。同时，中国还与巴基斯坦、美国合作，积极支持阿富汗和平进程。但是，中国一些公司在阿富汗的行为损害了阿富汗人民的利益。总体来看，阿富汗主流媒体塑造了中国促进阿富汗发展、为阿富汗人民谋福祉的负责任的国家形象。

（三）关系过程与对中国的战略定位分析

关系过程指的是反映事物之间关系的过程，表达"是什么？"的过程，负责描述和识别，可以分为内包式（intensive）、环境式（circumstantial）、所有式（possessive），又分为归属（attributive）和识别（identifying）两种模式。归属类指明事物的属性及其所属类型，其公式是"a 是 x 的一种"。在归属性关系小句里，参与者被称为载体（carrier）和属性（attribute），a 是载体，x 是属性。识别类是某个实体可以由另一实体来确认，用来指明不同事物之间的统一性。在识别性关系小句里，被确定身份的实体被称为被识别者（identified），起确定作用的实体被称为识别者（identifier）。[①]

表2-18的统计数据显示，在以"中国"作为参与者的445个关系过程小句中，"中国"作为载体的共318句，占比71.5%；"中国"作为被识别者的共71句，占比16%。这说明阿富汗主流媒体中国国家形象话语表征的焦点是对中国的战略定位，即阿富汗主流媒体主要关注在国家间交往互动中中国所归属的某种"属性"以及具有的某种身份。

---

① 胡壮麟、朱永生、张德禄、李战子：《系统功能语言学概论》，北京大学出版社，2005，第78—82页。

表2-18 "中国"作为参与者的关系过程小句分布情况

及物性过程	模式	类型	参与者	数量	占比/%
关系过程	归属	内包式	载体	208	46.7
			属性	24	5.4
		环境式	载体	11	2.5
			属性	5	1.1
		所有式	载体	99	22.2
			属性	0	0
	识别	内包式	被识别者	66	14.8
			识别者	27	6.1
		环境式	被识别者	5	1.1
			识别者	0	0

资料来源：作者自制。

阿富汗主流媒体在有关中阿交往互动的涉华报道中出现过类似"中国是阿富汗的老朋友和好邻居"[1]、"中国在阿富汗和谈中的作用是非常重要的"[2]、"中国在阿富汗和该地区的和平中可发挥重要作用"[3]、"长期以来，中国一直是我们在各个领域的战略合作伙伴"[4]、"阿富汗和中国反对恐怖主义，在这方

---

[1] 《卡尔扎伊总统参加中国举行的欧亚经济论坛开幕式》，帕支瓦克新闻网，2013年9月26日，https://pajhwok.com/ps/2013/09/26/ د.ولسمشر-کرزي-په-کندون-په-چین-د-اسیا-ار，访问日期：2022年8月13日。

[2] 《加尼：中国在阿富汗和谈中的作用很重要》，黎明新闻网，2016年2月7日，https://tolonews.com/pa/afghanistan/ غنيد-افغانستان-د-سولي-په-خبرو-اترو-کي-د-چین-ونده-ارزښتناکه مده，访问日期：2022年8月14日。

[3] 《加尼总统：中国在阿富汗和该地区的稳定中可发挥重要作用》，黎明新闻网，2018年6月5日，https://tolonews.com/index.php/pa/afghanistan/ ولسمشر-غني-چین-د-افغانستان-او-سیمي-په-ټیکاو-کي-مهم-رول-لري，访问日期：2022年8月14日。

[4] 《总统：阿富汗将成为世界经济活动的中心》，黎明新闻网，2014年10月29日，https://tolonews.com/pa/afghanistan/ ولسمشر-افغانستان-باید-به-نړۍ-کي-د-اقتصادي-فعالیتونو-مرکز-وپیژندل-شي，访问日期：2022年8月14日。

面已采取措施"①、"中国急于为复兴丝绸之路而在阿富汗的边境进行投资"②的语句。根据表2-19，阿富汗主流媒体把中国归属为"阿富汗从古至今的邻居和朋友""阿富汗和平进程的重要参与者""阿富汗的战略合作伙伴""阿富汗反恐的支持者""复兴古丝绸之路的倡议者"等。阿富汗政要也在各类场合多次把中国视作阿富汗的"好邻居、好朋友、好伙伴"。这说明，阿富汗对中国扩大在阿的影响力表示欢迎。

在中国同巴基斯坦、美国的互动中，阿富汗主流媒体认为，"中国是巴基斯坦的亲密盟友"③，"中国和美国在阿富汗问题上相互合作"④，"中国的竞争对手是美国"⑤，也就是说，阿富汗主流媒体认为，美国对中国来说，既是合作伙伴也是对手。此外，在关系过程小句中，中国和俄罗斯有12次同时作为参与者出现，比如"联合国安理会成员国对于叙利亚危机存在分歧，俄罗斯和中国反对军事干预"⑥、"中国和俄罗斯在世界和地区范围内都有共同的愿景，在联合国安理会中密切合作"⑦，这表明阿富汗主流媒体是把中国和俄罗斯视作国际政局的利益共同体来对待的。

---

① 《中国：我们对阿富汗进行军事援助》，帕支瓦克新闻网，2018年1月20日，https://pajhwok.com/ps/2018/01/20/چین-افغانستان-سره-په-پوځي-برخه-کې-مرسته，访问日期：2022年8月14日。

② 《中国代表团很快将抵达喀布尔，讨论丝绸之路的建设》，黎明新闻网，2015年4月19日，https://tolonews.com/pa/afghanistan/د-سرپښمو-د-واټ-د-جوړولو-د-خبرو-د-پاره-د-چینایي-پلاوي-کابل-ته-راشي，访问日期：2022年8月14日。

③ 《访问喀布尔和德黑兰之后，巴基斯坦外长抵达北京》，黎明新闻网，2018年12月25日，https://tolonews.com/pa/afghanistan/د-پاکستان-بهرنیو-چارو-وزیر-له-کابل-او-تهران-وروسته-بیجنګ-ته-ورسید，访问日期：2022年8月14日。

④ 《加尼：我们正在针对和平进程采取实际行动》，黎明新闻网，2014年11月1日，https://tolonews.com/pa/afghanistan/غني-دستو-په-پروسه-کي-عملي-کامونه-پورته-کوو-سولي-د-راو，访问日期：2022年8月14日。

⑤ 《对中国国家副主席的访问持乐观态度和疑问？》，帕支瓦克新闻网，2015年11月5日，https://www.pajhwok.com/ps/opinion/د-چین-د-جمهور-رییس-د-مرستیال-د-سفر-په-هکل，访问日期：2022年6月27日。

⑥ 《俄罗斯警告称勿对叙利亚采取任何军事行动》，黎明新闻网，2013年8月27日，https://tolonews.com/pa/world/روسیي-د-سوریي-پر-ضد-د-هر-دول-پوځي-اقدام-په-اړه-خبرداری-ورکړ，访问日期：2022年8月14日。

⑦ 《北京：中国支持俄罗斯在阿富汗问题上的立场》，黎明新闻网，2016年10月11日，https://tolonews.com/pa/afghanistan/بیجنګ-چین-د-افغانستان-په-اړه-د-روسیي-له-دریخه-ملاتړ-کوي，访问日期：2022年8月14日。

表2-19 "中国"作为参与者的关系过程小句使用的高频词

排名	词频	高频词	排名	词频	高频词
1	434	中国	11	20	合作者
2	184	阿富汗	12	20	世界
3	101	国家	13	20	政府
4	52	巴基斯坦	14	19	作用、角色
5	45	和平	15	18	美国
6	36	地区	16	18	近的
7	34	邻居	17	17	关系
8	29	经济	18	17	道路
9	25	朋友	19	16	准备好的
10	21	好的	20	15	恐怖主义

资料来源：作者自制。

可以看出来，阿富汗主流媒体把中国在国际体系的交往活动中的角色认定为经济强国、军事大国、和平外交的实践者。在阿富汗主流媒体的报道中经常出现类似含义的语句。例如，"中国是世界经济大国"[1]，"中国的经济与军事在世界上具有特殊的地位"[2]，"中国在该地区是一个维护和平的实践者"[3]。这在一定程度上表明阿富汗主流媒体对中国综合实力、国际地位的提高以及中国和平外交政策的认可和认同，这些话语为中国塑造了一个实力雄厚、热爱和平的大国形象。

---

[1]《中国在安全方面向阿富汗提供帮助》，黎明新闻网，2015年7月11日，https://tolonews.com/pa/afghanistan/چین-د-امینت-په-برخه-کې-له-افغانستان-سره-مرسته-کوي，访问日期：2022年8月14日。

[2]《为达成维护和平的区域共识，奥马尔·达乌德扎伊明天前往中国》，帕支瓦克新闻网，2019年1月22日，https://pajhwok.com/ps/2019/01/22/عمر-داوودزی-د-سولی-لپاره-د-سیمه-ییزی-اجم，访问日期：2022年8月14日。

[3]《中国的援助物资抵达喀布尔》，黎明新闻网，2015年11月4日，https://tolonews.com/pa/afghanistan/0-د-چین-مرستندویه-کڅوری-ته-راورسیدی，访问日期：2022年8月14日。

第三节　如何说：涉华报道的言语形式分析

不同于语言学，话语研究不仅仅要知道字、词、句、篇章或语音单位的形式和内容，或者其产生的原因、规则、历史，还要关注、揭示、反思或评价那些借助语言所建构或与语言使用相关的实际发生的，特别是那些具有现实社会文化意义的事件，甚至寻求创造新的言说方式。①

国家形象的一个重要特性是，它严重依赖语言的表述、表达，依靠言语的塑造、建构。就语言层面来说，国家形象应该有许多语言表述方式。② 同时，国家还具有多重身份，在不同的语境中这些身份会有不同程度的体现。媒体话语作为一种再现的话语，是新闻生产者根据不同社会经济背景的意识形态有选择地建构起来的，在国家形象的塑造中起着重要的作用。作为人类认识世界的一种基本思维方式，隐喻并不如实地反映现实，而是在一定程度上建构现实。③ 因此，隐喻作为一种修辞手段，"一种强大的话语策略，常被媒体话语用来对世界进行概念化，并建构自我与他者"。④

本节将以阿富汗主流媒体涉华报道文本为语料，以批评隐喻分析和语料库语言学的方法为研究框架，通过分析和阐释阿富汗主流媒体涉华报道中出现频率较高的各种隐喻，探寻阿富汗主流媒体有关中国的叙述传递给受众的方式。

在批评隐喻分析的方法和步骤的指导下，首先运用语料库分析软件WordSmith 6.0.0.252和阿姆斯特丹自由大学隐喻识别步骤（MIPVU）相结合的方式对阿富汗主流媒体涉华报道文本中的隐喻进行语料库软件识别和人工识别。经过识别和梳理，发现战争隐喻、旅程隐喻、拟人隐喻、表演隐喻是语料中最突出的隐喻模式，包含了"反恐是战争""和平是旅程""国家是

---

① 施旭：《文化话语研究：探索中国的理论、方法和问题》，第10页。
② 梁晓波：《国家形象的概念隐喻塑造研究》，《湖北大学学报（哲学社会科学版）》2013年第2期，第114—115页。
③ 张蕾：《隐喻研究的批评话语分析视角》，《山东外语教学》2011年第5期，第31页。
④ 汪徽、辛斌：《美国媒体对中国形象的隐喻建构研究——以"美国退出TPP"相关报道为例》，《外语教学》2019年第3期，第32页。

人""阿富汗是舞台"等概念隐喻（见表2-20）。

表2-20　隐喻的关键词总数、出现次数总数以及源域共鸣值统计表

隐喻	关键词总数	关键词出现次数总数	源域共鸣值
反恐是战争	18	1365	27300
和平是旅程	16	1349	21584
国家是人	16	569	9104
阿富汗是舞台	6	113	678
总计	56	3396	58666

资料来源：作者自制。

一、战争隐喻

德国著名军事理论家克劳塞维茨认为："战争是迫使敌人服从我们意志的一种暴力行为。"[1] 据瑞士学者日·贝贝里统计，近5000年里，人类共发生战争14500次。[2] 既然战争伴随着人类社会历史发展的每一阶段，那么我们有理由相信战争对各民族文化都产生了深远的影响。战争早已成为人们认知世界的基本图式之一，因此战争隐喻在语言中普遍存在。[3] 所谓战争隐喻，即以真实的战争类比非战争行为或事件。[4] 战争隐喻"在政治语篇中频频出现，一方面是因为当今世界国际交往愈来愈密切，国际竞争愈演愈烈，国与国之间关系瞬息万变，没有永远的朋友，也没有永远的敌人，同时国际格局不稳定，霸权主义和强权政治仍然存在；另一方面，国家内部仍然存在矛盾冲突，经济社会的发展从来就不是一帆风顺的"。[5] 此外，由于战争隐喻以战争术语描写各类非战争范畴，往往折射出一种强烈的对抗性、紧迫性和不可调和性，

---

[1] 克劳塞维茨：《战争论》，中国人民解放军军事科学院译，解放军出版社，1964，第12页。
[2] 余建华、季蕙群：《影响历史的100战争》，文汇出版社，2002，第1页。
[3] 汪徽、辛斌：《美国媒体对中国形象的隐喻建构研究——以"美国退出TPP"相关报道为例》，《外语教学》2019年第3期，第33页。
[4] 杨洋、董方峰：《当代中国媒体话语中的战争隐喻现象研究》，《外国语文研究》2017年第2期，第2页。
[5] 黄莹、沈家怿、蒋雯燕：《中美政治语篇中的概念隐喻对比分析》，《海军工程大学学报（综合版）》2019年第3期，第77页。

可以突显政治博弈中的竞争和对抗。因此，战争隐喻在政治新闻话语中大量出现。同样，在阿富汗主流媒体涉华报道中，"反恐是战争"这一概念隐喻占比最高，达到46.5%（见表2-21）。

表2-21 隐喻"反恐是战争"的关键词和出现次数

隐喻关键词	出现次数	隐喻关键词	出现次数
斗争	299	爆炸	35
战争	267	敌人	30
威胁	175	对抗	18
攻击	153	作战	15
反对	101	反抗	7
战争	57	射击	6
同伴	55	抵抗	6
溃败的	50	前线	5
保卫的	48	统一战线	1
战胜的	36	消失的	1
源域共鸣值：20 × 1365=27300				

资料来源：作者自制。

战争隐喻中常包含着敌人、战场、盟友、武器、目标等概念。通过运用"反恐是战争"这一隐喻，阿富汗主流媒体把人类熟悉的概念"战争"的特点映射到目标域"反恐"上来，其包含的概念隐喻有：战争的敌人是恐怖主义势力，战场是阿富汗国土，战争中需要盟友的支持，武器是阿富汗政府与民众的行动以及国家间合作，战争的目标是打败恐怖主义势力。

自2001年底，阿富汗临时政府成立以来，恐怖主义直接威胁阿富汗国家和人民的安全。黎明新闻网在《中巴坚持实现阿富汗的和平与稳定》的报道中写道，"喀布尔在自杀性袭击中，64人死亡，大约340人受伤"[①]，把"自杀性袭击"与"人"连用，帕支瓦克新闻网在《加尼总统：中国希望阿富汗与巴基斯坦之间实现和平》的报道中写道，"敌人在接下来的战争中会摧毁我们

[①] 《中巴坚持实现阿富汗的和平与稳定》，黎明新闻网，2016年5月1日，https://tolonews.com/pa/afghanistan/افغانستان-کی-د-سولی-او-ټیکاو-راوستو-لپاره-د-چین-او-پاکستان-ټینګار，访问日期：2022年8月14日。

的社会"①，把"摧毁"与"社会"连用，渲染了恐怖分子的凶残和不择手段，以及恐怖分子袭击对民众的威胁。这使人感受到恐怖主义问题亟待解决的紧迫感，强调了阿富汗政府打击恐怖主义的必要性和紧迫性。阿富汗主流媒体在报道中还写道，"阿富汗国民军和国民警察部队上百名官兵对恐怖分子进行了还击，在恰克兰的作战已经开始"②，"阿富汗总统阿什拉夫·加尼表示，他们之前就向全世界阐述了'伊斯兰国'的威胁，阿富汗已经在打击该组织"③，"阿富汗的反恐战争不只是阿富汗的战争，阿富汗国家安全部队是为了整个地区和全世界在同恐怖主义的威胁作斗争"④，"阿富汗身处反恐斗争一线，但这场斗争需要上海合作组织成员国的帮助和合作"⑤，意在表明阿富汗政府坚决打击恐怖主义的决心和信心，同时表明反恐不是阿富汗一个国家的战争，阿富汗还需要得到支持，和其他国家建立最大限度的合作关系，共同"发动"对这些"敌人"的"战争"。

"反恐是战争"这一隐喻在阿富汗主流媒体里常常出现，类似的新闻话语有"贫穷落后和恐怖主义是中阿两国共同的敌人，消灭这两个敌人需要真诚的国际合作，特别是邻国之间的合作，各行其是和相互指责都不是出路。中国和阿富汗都是恐怖主义的受害者"⑥，"阿富汗总统卡尔扎伊对中国乌鲁木齐

---

① 《加尼总统：中国希望阿富汗与巴基斯坦之间实现和平》，帕支瓦克新闻网，2017年6月12日，https://pajhwok.com/ps/2017/06/12/ولسمشر-غني-غواړي-د-افغانستان-او-پاک，访问日期：2022年8月14日。

② 《外国叛乱分子在巴达赫尚省的瓦尔杜季县活动》，黎明新闻网，2015年8月1日，https://tolonews.com/pa/afghanistan/د-بدخشان-په-وردوج-ولسوالۍ-کې-بهرني-بلواګري-جنګیږي，访问日期：2022年8月14日。

③ 《加尼总统：我们打败了"伊斯兰国"》，帕支瓦克新闻网，2016年2月13日，https://pajhwok.com/ps/2016/02/13/ولسمشر-غني-داعش-ته-مو-ماتې-ورکړی，访问日期：2022年8月14日。

④ 《中国：我们支持阿富汗政府打击恐怖主义》，帕支瓦克新闻网，2016年4月20日，https://pajhwok.com/ps/2016/04/20/چین-له-ترهګری-سره-په-مبارزه-کې-د-افغان，访问日期：2022年8月14日。

⑤ 《中国支持上合组织为阿富汗带来和平的努力》，黎明新闻网，2015年6月5日，https://tolonews.com/pa/afghanistan/په-افغانستان-کې-د-سولې-پر-ټینګښت-د-شانګهای-سازمان-له-هڅو-څخه-د-چین-ملاتړ，访问日期：2022年8月14日。

⑥ 《中国新大使：我努力增加阿富汗松子的出口》，帕支瓦克新闻网，2018年1月14日，https://pajhwok.com/ps/opinion/د-چین-نوی-سفیر-د-افغانستان-د-کوم-څخه-خلج，访问日期：2022年8月19日。

市发生的恐怖主义袭击表示谴责"①,"阿富汗和巴基斯坦恐怖主义活动的加剧会对中国新疆产生不利影响"②,"恐怖主义和极端主义对地区稳定构成巨大威胁,解决这个威胁需要阿中巴塔(塔吉克斯坦)四国军队的共同努力"③,"21个国际和地区恐怖组织活跃在阿富汗,阿富汗和中国的敌人一直尝试把这些恐怖分子转移到中国,那么阿富汗邻国的安全会面临威胁。因此,山地旅的建设是必要的,这项工作有利于中阿两国的安全和稳定"④,等等。通过使用"反恐是战争"这一隐喻,阿富汗主流媒体搭建出中国是恐怖主义的受害者,恐怖主义是阿富汗和中国共同的敌人,阿富汗的反恐战争事关中国的安全稳定,因此要打赢反恐这场战争需要中阿两国的密切合作这一话语空间,把中国框定为阿富汗在打击恐怖主义这场战争中的盟友或者支持者、合作者。

阿富汗主流媒体涉华报道通过运用战争隐喻,建构了语篇参与者"受威胁"的情境,使阿富汗的反恐斗争合法化,以赢得国际社会的支持。这体现了隐喻的语篇表征功能,即"能够传达出使用者的态度和观点,在帮助接受者认知事物的同时限制并影响着他们对现实的理解"⑤。同样,作为"语篇参与者"的阿富汗民众在感受到战争隐喻带有的威胁意味的时候,战争隐喻所激发的危机意识与战斗激情,不仅会激励阿富汗民众在面对随时可能被袭击的潜在威胁时要积极行动起来,投入到反恐怖主义的战争中,也会促使阿富汗民众急切地想知道阿富汗政府打击恐怖主义势力这一威胁的策略或方案,因而更加容易劝说阿富汗民众接受阿富汗政府联合中国共同打击恐怖主义的观点。

---

① 《卡尔扎伊总统谴责在中国乌鲁木齐的恐怖袭击》,帕支瓦克新闻网,2014年5月22日,https://pajhwok.com/ps/2014/05/22/ولسمشر-کرزي-د-چين-په-اورومچي-کي-تروریست,访问日期:2022年8月19日。

② 《巴基斯坦参议员:塔利班不是巴基斯坦的敌人》,黎明新闻网,2015年11月13日,https://tolonews.com/pa/afghanistan/پاکستاني-سناتور-طالبان-د-پاکستان-د-ښمن-نه-دي,访问日期:2022年8月19日。

③ 《阿富汗、中国、巴基斯坦和塔吉克斯坦就反恐达成协议》,黎明新闻网,2016年8月4日,https://tolonews.com/pa/afghanistan/لهترهګری-سره-د-مبارزی-لپاره-د-افغانستان-چين-پاکستان-او-تاجیکستان-هوکړه,访问日期:2022年8月19日。

④ 《中国在阿富汗和平与重建中的作用》,帕支瓦克新闻网,2018年4月30日,https://www.pajhwok.com/ps/opinion/د-افغانستان-په-سوله-او-بیار غونه-کی-د-چین,访问日期:2022年6月25日。

⑤ 张蕾、苗兴伟:《英汉新闻语篇隐喻表征的比较研究——以奥运经济隐喻表征为例》,《外语与外语教学》2012年第4期,第20页。

二、旅程隐喻

旅程隐喻是媒体话语中常见的概念隐喻。"和平是旅程"这一隐喻在阿富汗主流媒体的涉华报道中出现的频率也很高,占比36.8%。如表2-22所示,隐喻"和平是旅程"的关键词主要包括"道路""过程""进程""前进""行进的""到达"等15个。

表2-22 隐喻"和平是旅程"的关键词和出现次数

隐喻关键词	出现次数	隐喻关键词	出现次数
道路	316	方向	64
过程	279	步伐	9
进程	212	旅程	6
前进	110	步伐	7
行进的	105	向前	4
到达	90	路线	6
引导	72	平坦的	2
行进的	67	—	—
源域共鸣值:15×1349=20235			

资料来源:作者自制。

旅程隐喻中含有起点、路线、地标、终点等概念,与人们的日常生活联系紧密,因而具有坚实的认知基础。莱考夫把"生活是旅程"的隐喻引申为"带有目的性的行为,是沿着道路走向目的地的旅程"。[①] 旅程隐喻能形象地描述事物发展的过程。在阿富汗主流媒体涉华报道中的旅程隐喻,可以总结为如下概念隐喻:和平被概念化为旅程,阿富汗人是旅程的主体,对话磋商是旅程的向导地标,路况平坦或曲折,阿富汗实现和平是旅程的终点。

从什么位置出发,旅程就会有相应的目标。帕支瓦克新闻网在报道中写道,"稳定与和平符合阿富汗、中国以及地区所有国家的利益,阿富汗将继续

[①] George Lakoff and Mark Johnson, *Metaphors We Live By* (Chicago: University of Chicago Press, 1980), p. 126.

沿着这条道路行动下去"①，认为捍卫"国家利益"是阿富汗在和平进程这一"旅程"中不变的立足点。不过，阿富汗和平进程是一段漫长的旅程，途中不会是一帆风顺的，会遭遇各种各样的问题。例如，"阿富汗首席执行官认为，在和谈中要努力保护好已取得的成绩，但是要实现这一步还有很长的路要走，我们还需要克服很多的困难"②，"曼苏尔被杀后，和谈取消了，因为巴基斯坦认为其领土主权受到侵犯"③，等等。帕支瓦克新闻网写道，"阿富汗高级和平委员会的新领导人今天也呼吁反对派武装停止冲突和暴力，选择阿富汗人内部和谈的方式实现其目标"④。就是说，媒体报道认为，在对话磋商这一原则的指引下，和平进程就会走上平坦的道路。同时，阿富汗主流媒体还写道，"对于现在与过去的希望的区别，阿富汗总统阿什拉夫·加尼表示，过去，阿富汗人寄希望于别人带给我们和平，但是现在为了和平我们坚定自己的路线和决心、贡献自己的力量、实施本民族的倡议"⑤，认为在阿富汗政府与阿富汗人民的共同努力下，阿富汗和平进程会迈着大步，朝着实现永久和平的目标前行。旅程隐喻的使用旨在劝导阿富汗民众相信尽管阿富汗在实现和平这一旅程中出现了困难，只要阿富汗政府与人民携手共行，定会克服艰难险阻，到达和平这一终点。

中国的阿富汗政策是以实现阿富汗和平与稳定为目标，目标的实现被概念隐喻化成为一个"漫长的"旅程。帕支瓦克新闻网在2018年3月20日题为《中国大使：我们正在寻找阿富汗和谈的有力途径》的报道中写道，"中国驻阿富汗大使在向阿富汗人民恭贺新年时表示，中国领导人一直在努力为阿富汗

---

① 《加尼总统：中国将为实现阿富汗和平采取重大措施》，帕支瓦克新闻网，2015年1月20日，https://pajhwok.com/ps/2015/01/20/ ولسمشر-غني-چين-به-افغانستان-ته-د-سولي-په，访问日期：2022年8月19日。

② 《阿卜杜拉：上个月中国与塔利班举行了三轮会谈》，黎明新闻网，2015年3月14日，https://tolonews.com/index.php/pa/afghanistan/ عبدالله-چين-په-وروستۍ-میاشت-کې-له-طالبانو-سره-درې-خله-خبرې-اترې-کړې，访问日期：2022年8月27日。

③ 《美军要求增加打击塔利班的力量》，黎明新闻网，2016年5月24日，https://tolonews.com/pa/afghanistan/ د-امریکا-په-سره-له-طالبانو-سره-د-مبارزې-لپاره-د-پر-خواک-غواړي，访问日期：2022年8月27日。

④ 《阿富汗政府称直接和谈的日期为反对派提供了机会》，帕支瓦克新闻网，2016年2月24日，https://pajhwok.com/ps/2016/02/24/ دولت-د-مخالفینو-لپاره-د-سولي-د-مستقیمو-خ，访问日期：2022年8月27日。

⑤ 《中国在阿富汗和平与重建中的作用》，帕支瓦克新闻网，2018年4月30日，https://www.pajhwok.com/ps/opinion/ د-افغانستان-په-سوله-او-بیا-رغونه-کې-د-چین，访问日期：2022年6月25日。

和谈寻找有效途径",①认为中国一直努力为此寻找一条合适的前进道路。中国始终认为,政治解决是实现旅程目标的和平之道,对话磋商是实现旅程目标的解决之道,反对迷信和滥用武力,主张阿富汗问题相关各方在尊重当事国主权和民族尊严的原则下,通过对话谈判解决任何矛盾分歧。对此,阿富汗主流媒体也进行了报道,比如"中国和巴基斯坦一致认为,军事手段解决不了阿富汗问题,推进政治和解是唯一现实可行途径"②。因此,阿富汗主流媒体把中国参与阿富汗和平进程看作旅程中的一大步,是旅程加速的"推动者",比如"阿富汗总统穆罕默德·阿什拉夫·加尼表示,中国将在阿富汗和平进程中迈出重大一步,未来我们还将见证更多的行动"③。阿富汗主流媒体通过使用"和平是旅程"这一概念隐喻潜移默化地将中国政府对待阿富汗问题的态度揭示出来,旨在劝导并在情感上引导阿富汗民众相信并接受中国政府为阿富汗和平进程的困境提供的解决方法——"对话";同时,还描绘了中国为阿富汗实现和平所付出的不懈努力,把中国框定为阿富汗和平进程的支持者与参与者,以此传达出中国政府始终支持和推动阿富汗向着旅程的终点——实现和平这一目标迈进的立场和决心,塑造了中国促进世界和平与发展的和平外交的大国形象。

三、拟人隐喻

拟人隐喻可以使我们通过人的动机、特征和活动去理解种种非人实体,即以人的自身经验来理解世界。④阿富汗主流媒体涉华报道将人的属性映射到目标域"国家"上来,形成"国家是人"这一拟人隐喻。因为国家是个抽象的东西,将其理解为"人"之后,人们才会接受其具有喜怒哀乐等情感以及邻居、客户、朋友、敌人、伙伴等各种"关系"。

---

① 《中国大使:我们正在寻找阿富汗和谈的有力途径》,帕支瓦克新闻网,2018年3月20日,https://pajhwok.com/ps/2018/03/20/چین-سفیر-افغانستان-کی-د-سولی-د-خبرو-لپ-د,访问日期:2022年8月28日。
② 《中国和巴基斯坦讨论阿富汗"新形势"》,帕支瓦克新闻网,2018年12月25日,https://pajhwok.com/ps/2018/12/25/چین-او-پاکستان-د-افغانستان-پر-نوو-حالات,访问日期:2022年9月8日。
③ 《加尼总统:中国将为实现阿富汗和平采取重大措施》,帕支瓦克新闻网,2015年1月20日,https://pajhwok.com/ps/2015/01/20/ولسمشر-غنی-چین-به-افغانستان-ته-د-سولی-په,访问日期:2022年8月19日。
④ 贺梦依:《政治隐喻中的意识形态》,《当代外语研究》2014年第9期,第20页。

如表2-23所示,在语料中,隐喻"国家是人"的关键词主要包括"合作者""支持""准备好的""承诺的""担忧的"等与活动、情感相关的词汇。阿富汗主流媒体使用这些词汇把"国家间复杂、微妙的关系转化到具体的人类活动上"[①]。

表2-23 隐喻"国家是人"的关键词和出现次数

隐喻关键词	出现次数	隐喻关键词	出现次数
合作者	152	尊重	21
帮助	82	损害	18
朋友	65	难过的	13
邻居	54	担忧的	11
支持	42	高兴的	7
承诺的	36	乐观主义	3
准备好的	35	和谐	3
喜欢的	25	担心	2
源域共鸣值:16×569=9104			

资料来源:作者自制。

在"国家是人"这一隐喻框架下,阿富汗主流媒体的涉华报道派生出了"中国是友邻""中国是朋友"的次隐喻。阿富汗主流媒体将人与人之间需要和睦相处、需要互助的特点投射到"国家"上,强调中国与阿富汗两个相邻的个体长期以来和平共处、相互都没有做有损对方的事。此类新闻话语有"中国对阿巴边境安全局势的恶化感到担忧"[②],"中国愿意向阿富汗国家安全部队提供装备方面的援助"[③],"中国希望阿富汗和平进程向前发展,希望各方履行

---

① 李响林:《批评隐喻视域下的中日政治新闻标题探析》,《桂林航天工业学院学报》2016年第2期,第52页。

② 《中国外交部长:我们支持"阿人领导"的和平进程》,黎明新闻网,2015年4月25日,https://tolonews.com/pa/afghanista/د-چین-د-بهرنیو-چارو-وزارتمور-د-افغانستان-په-مشری-له-سولی-د-بهیر-څخه-ملاتړ-کوو,访问日期:2022年9月8日。

③ 《中国准备向阿富汗安全部队提供装备》,帕支瓦克新闻网,2015年8月9日,https://pajhwok.com/ps/2015/08/09/چین-د-افغانستان-امنیتي-ځواکونو-سره-د-تج,访问日期:2022年9月8日。

其为阿富汗带来和平与稳定的承诺"①,"中阿两国是友好国家,中国不想损害阿富汗,阿富汗也不想损害中国,两国是相互支持的。中国是个大国,但大有大的样子,中国从来没有欺负过阿富汗,从来没有干涉过阿富汗内政,从来不在阿富汗推进地缘政治利益,从来不在阿富汗寻求代理人,而是秉持亲、诚、惠、容的原则,对阿富汗平等相待,一心一意帮助阿富汗人民实现和平与重建"②,等等。阿富汗主流媒体认为,面对阿富汗的局势,中国倍感焦急,真诚希望阿富汗早日结束战乱,恢复发展。同时,中国积极向阿富汗提供力所能及的帮助,让阿富汗在"精神"上有所依靠。可谓"邻望邻安,邻为邻安;守望相助,共克时艰"。

拟人隐喻是一种极具感染力的隐喻类别。"国家"本来是离受众很远的一个概念,阿富汗主流媒体涉华报道运用"国家是人"这个概念隐喻的方式更容易引起作为社会人的受众的共鸣,加之"朋友""帮助""准备好的""承诺的"等具有正面含义的词汇重叠在一起,从而取得了突出中国和平外交政策"与邻为善、以邻为伴"这一特征的效果,强化了中国正义、和平、文明的形象。

四、表演隐喻

表演隐喻也是媒体话语中经常出现的隐喻。如表2-24所示,本书的语料中包含了一定表演隐喻的关键词。其中,"扮演""角色"的频率较高。

表2-24 隐喻"阿富汗是舞台"的关键词和出现次数

隐喻关键词	出现次数	隐喻关键词	出现次数
扮演	52	观众	3
角色	41	幕布	1
舞台	15	演员	1
源域共鸣值:6 × 113=678			

资料来源:作者自制。

---

① 《美军要求增加打击塔利班的力量》,黎明新闻网,2016年5月24日,https://tolonews.com/pa/afghanistan/د-امریکا-پوځ-له-طالبانو-سره-د-مبارزې-لپاره-خواک-غواړي,访问日期:2022年8月27日。

② 《中国新大使:我努力增加阿富汗松子的出口》,帕支瓦克新闻网,2018年1月14日,https://pajhwok.com/ps/opinion/د-چین-نوی-سفیر-هڅه-کوم-د-افغانستان-د-خلع,访问日期:2022年8月19日。

戏剧是以语言、动作、舞蹈、音乐、木偶等形式达到叙事目的的舞台表演艺术的总称。根据我们对戏剧的认知，这一语义框架应包括角色、演员、观众、幕布、舞台等一系列元素。阿富汗主流媒体采用"阿富汗是舞台"这一概念隐喻，把阿富汗建构为"世界各国表演的舞台"，将各个国家建构为演员，引导受众调用有关戏剧的图式来识解参与"阿富汗问题"的各个国家。

作为舞台戏剧中的用语，角色是指演员扮演的剧中人物。根据其在剧中的戏份、出场时间等，角色可分为主角、配角、小角色。2014年之前，中国虽积极参与"阿富汗问题"这台"大戏"，但由于主动性不高、参与度有限，在"阿富汗问题"上的"戏份"不多。随着美国撤军，2014年之后，中国在"阿富汗"这个舞台上扮演了更重要的角色。应阿富汗政府的要求，中国多次与塔利班直接接触，倡议建立中阿巴三国外长对话机制，从中扮演"调停者"的角色。此类媒体话语有"中国准备在阿富汗和平进程中发挥重要作用"[1]，"阿富汗总统阿什拉夫·加尼认为在阿富汗实现和平是关键，呼吁中国在这方面发挥建设性作用"[2]，"值得一提的是，最近中国表示愿意在阿富汗和平进程中发挥重要作用，去年塔利班代表团两次访华"[3]，"三天前，《金融时报》报道了中国官员与塔利班代表会晤，报道称巴基斯坦已要求中国官员与塔利班会晤，但阿富汗高级和平委员会称，这次会晤是为了推动阿富汗领导的和谈而进行的"[4]，"中国外交部长王毅近日将到访喀布尔，讨论在阿富汗、巴基斯坦和中国之间建立三方会议的事务"[5]，等等。不过，阿富汗主流媒体认为，美国仍然是阿富汗这个舞台的主角。此类媒体话语有"但问题是，在没有美国参

---

[1] 《中国支持阿富汗同美国以及其他国家的战略关系》，帕支瓦克新闻网，2013年9月27日，https://pajhwok.com/ps/2013/09/27/چین-لە-امریکا-او-نورو-هیوادونو-سره-دفاع，访问日期：2022年9月9日。

[2] 《总统呼吁中国在和平进程中发挥建设性作用》，帕支瓦克新闻网，2014年10月30日，https://pajhwok.com/ps/2014/10/30/ولسمشر-لە-چین-څخه-د-سولي-په-برخه-کي-د-رغن，访问日期：2022年9月9日。

[3] 《中国：阿富汗和谈在不久的将来会更加全面》，帕支瓦克新闻网，2015年5月6日，https://pajhwok.com/ps/2015/05/06/چین-نږدي-راتلونکی-به-د-افغان-سولي-په-اړه，访问日期：2022年9月13日。

[4] 《中国的一个代表团来喀布尔开展和谈合作》，黎明新闻网，2018年8月9日，https://tolonews.com/index.php/pa/afghanistan/د-سولي-خبرو-اترو-د-همکاریو-لپاره-د-چین-څخه-کابل-ته-یو-پلاوی-راخي，访问日期：2022年9月13日。

[5] 《中国尝试举行与阿富汗和巴基斯坦的三方会议》，黎明新闻网，2017年6月13日，https://tolonews.com/pa/afghanistan/افغانستان-او-پاکستان-ترمنځ-د-ناستي-په-موخه-د-چین-هڅي，访问日期：2022年9月13日。

与的情况下，阿富汗、巴基斯坦和中国三国能否解决所有问题，从而使协议得以执行呢？"①，等等。

通过使用"阿富汗是舞台"的隐喻，受众对源域"舞台"的认知被映射到对阿富汗形势的识解中来，阿富汗主流媒体建构出了这样的话语现实：阿富汗是舞台，各个国家饰演相应的角色，美国的撤军在一定程度上改变了阿富汗舞台的角色分配，中国成为"主要的配角"，但其不愿也不足以在"阿富汗"这个舞台上扮演主导者角色，美国仍是阿富汗问题的主角。

---

① 《阿富汗政府：萨尔塔杰·阿齐兹到喀布尔商讨最后的协议》，黎明新闻网，2017年6月29日，https://tolonews.com/pa/afghanistan/حکومت-سرتاج-عزیز-د-وروستیو-هوکرو-د-خیرنی-لپاره-کابل-ته-راخي，访问日期：2022年9月13日。

第三章 阿富汗主流媒体涉华报道的社会影响分析

国家形象的呈现形式是纷繁复杂，更确切而言是"一体多面"的。[①] 董青岭认为，国家形象是一个主体间概念，描述的是国际关系领域内"他是谁？"的问题，反映了国家间的相互建构关系，它只存在于一定的意义符号系统之中。[②] 人类通过大脑认知客观世界的各种现象，并通过自身的语言系统把大脑中的经验片段范畴化，概念化。作为人类最基本的认知方式，分类是"用语言赋予外部世界以秩序"。[③] 本章将探寻阿富汗主流媒体涉华报道产生的社会影响，即阿富汗主流媒体涉华报道从"中阿互动""国际体系"以及"国内"三个维度对中国进行"我们"和"他们"的分类情况，从而回答其建构了什么样的中国国家形象这一问题。

第一节 又爱又忧的邻国

中阿交往互动是阿富汗主流媒体涉华报道关注的焦点，在本研究涉及的601篇阿富汗主流媒体涉华报道中，关于中阿互动交往的报道数量多达443篇。提取这443篇报道建成"阿富汗主流媒体中阿交往互动报道语料库"（共计222102个词），通过语料库分析软件WordSmith 6.0.0.252生成"中国"的

[①] 孙宝国、沈悦:《以"污名"为视角探究中国形象的生成与传播机制——兼论"中国威胁论"与"中国梦"的话语博弈》,《东岳论丛》2019年第8期, 第137页。

[②] 董青岭:《国家形象与国际交往刍议》,《国际政治研究》2006年第3期, 第56页。

[③] Roger Fowler et al., *Language and Control* (London: Routledge & Kegan Paul, 1979), p. 210.

高频词（见表3-1）与搭配词①（见表3-2）。经过观察语料中"中国"的高频词、搭配词、索引行，发现上述高频词、搭配词涉及政治、经济、安全、文化、卫生等多个方面，且以政治、经济为重，安全为辅，总体建构了一个对立统一的中国国家形象：好邻居、好朋友、重要伙伴、令人担忧的中国。

表3-1 阿富汗主流媒体中阿交往互动报道中的高频词

排名	高频词	词频	排名	高频词	词频	排名	高频词	词频
1	阿富汗	3487	15	道路	477	29	关系	303
2	中国	3306	16	国家	451	30	组织	294
3	和平	1261	17	会谈（خبری）	435	31	会议（غونده）	271
4	巴基斯坦	971	17	民族的	435	32	安全的	265
5	总统	801	19	美国	418	33	进程	259
6	喀布尔	735	20	合作	411	34	政治的	255
7	事务	709	21	部长	404	35	准备好的	251
8	增加的	688	22	访问	388	36	讲话	246
9	阿富汗人	674	23	经济的	378	37	恐怖主义	238
10	政府	619	24	安全	358	38	省	236
11	外国的	609	25	地区	352	39	大使	234
12	塔利班	602	26	会议（ناسته）	343	40	好的	229
13	部门	524	27	加尼	340	—	—	—
14	会谈（خبرو）	522	28	支持	322	—	—	—

资料来源：作者自制。

表3-2 阿富汗主流媒体中阿交往互动报道中"中国"的搭配词

排名	搭配词	MI3值	共现频率	排名	搭配词	MI3值	共现频率
1	邻近的	13.242	27	21	官方的	9.556	41
2	上海	11.242	12	22	确定	9.487	18
3	邻居	10.994	18	23	代表	9.473	43
4	塔吉克斯坦	10.677	37	24	城市	9.406	19
5	俄罗斯	10.118	58	25	会见（لیدنی）	9.344	13
6	帮助	10.046	33	25	印度	9.334	27

① 主要选取搭配强度大于5，且共现频率大于10的搭配词进行研究，共有308个词。表3-2中只列出了排名前40的实词。

续表

排名	搭配词	MI3值	共现频率	排名	搭配词	MI3值	共现频率
7	份额	10.020	18	27	走廊	9.303	19
8	增强	9.896	17	28	伊朗	9.270	26
9	承认	9.827	11	29	代表团	9.267	62
10	作用	9.790	43	30	承诺	9.257	19
11	哈萨克斯坦	9.750	15	31	经济的	9.231	79
12	希望	9.747	39	32	部长	9.135	189
13	官员	9.734	15	33	合作	9.110	76
14	朋友	9.687	18	34	会议	9.072	61
15	共同的	9.669	21	35	部门	9.039	118
16	副手	9.627	53	36	会见（ملاقات）	8.997	23
17	大使	9.624	186	37	丝绸	8.972	21
18	关系	9.619	47	38	贸易的	8.920	10
19	发言人	9.588	44	39	访问	8.894	127
20	称赞	9.587	10	40	感谢	8.879	14

资料来源：作者自制。

一、阿富汗的好邻居

如表3-1、表3-2所示，高频词"好的""会谈"与搭配强度前3的搭配词"邻近的""邻居"共同建构了中国的"好邻居"形象。

第一，中国是阿富汗山水相连的友好邻邦。中阿边界线长92.45千米，[①] 两国人民的友好交往源远流长。早在2000多年前，丝绸之路就开启了双方的商贸往来和文化交流。古老的丝绸之路见证了两国灿烂的文明和悠久的友谊。新中国成立后，中国的周边环境相对其他大国来说更为复杂。1965年3月，中阿两国签订《关于两国边界的议定书》，表明了两国保持世代友好的决心。此后，中国不搞地缘博弈，中阿边境地区一直处于祥和与安宁的状态。阿富汗主流媒体的报道很好地诠释了其对中国在地缘方面与阿富汗和谐相处的认可程度。此类媒体话语有"阿富汗总统卡尔扎伊强调，'中国一直是阿富汗的

---

① 《中华人民共和国政府和阿富汗王国政府关于两国边界的议定书》，中国外交部网站，http://treaty.mfa.gov.cn/tykfiles/20180718/1531876429481.pdf。

友好国家,中国人从未采取或奉行过不利于阿富汗的措施或政策'"[1],"阿富汗的另一个邻国中国从未干预过阿富汗的内政"[2],等等。

第二,中阿之间相互尊重。阿富汗主流媒体认为,中阿两国长期以来相互尊重对方的独立、主权和领土完整,同时中国还多次呼吁国际社会应在尊重阿富汗独立、主权和领土完整的前提下,向阿富汗和解进程继续提供必要帮助,支持阿富汗根据本国国情自主选择的发展道路。此类媒体话语有"阿富汗外交部长萨拉赫丁·拉巴尼表示,阿富汗政府致力于与中国合作,因为,中国尊重阿富汗政府"[3],"阿富汗前国家安全顾问斯潘塔强调,坚持一个中国、同中国合作打击恐怖主义尤其是'东突'组织、尊重中国在西藏问题以及人权问题上的立场,是阿富汗外交政策的一部分。正如阿富汗总统阿什拉夫·加尼在最近访问中国时重申的那样,这些政策不会改变"[4],"中国呼吁国际社会尊重阿富汗的国家主权和政治独立"[5],"中国外交部长呼吁,国际社会应尊重阿富汗的主权和领土完整,支持阿富汗选择的发展道路"[6],等等。

第三,作为大国,中国对阿富汗平等相待。如果把"讨论""会谈""交流"等看成双方的一种对话方式,那么如表3-1、表3-2所示,阿富汗主流媒体使用"会谈"(خبرو、خبرى)等高频词赋予了中国"对话者"的身份。阿富汗主流媒体认为,中国政府愿意认真倾听阿富汗的意见,通过平等对话的

---

[1]《卡尔扎伊总统:阿富汗将与中国建立更牢固的关系》,帕支瓦克新闻网,2014年5月19日,https://pajhwok.com/ps/2014/05/19/ولسمشر-کرزی-افغانستان-به-له-چین-سره-لاپ,访问日期:2022年9月21日。

[2]《中国在阿富汗和平与重建中的作用》,帕支瓦克新闻网,2018年4月30日,https://www.pajhwok.com/ps/opinion/د-افغانستان-په-سوله-او-بیار غونه-کی-د-چین,访问日期:2022年6月25日。

[3]《拉巴尼与阿西夫的会晤,中国能否成为有效的调解人》,黎明新闻网,2017年12月26日,https://tolonews.com/pa/afghanistan/له-اصف-سره-د-رباني-لیدنه،-ایا-چین-کولای-شي-یو-اغیزمن-منځگری-وي,访问日期:2022年9月22日。

[4]《阿富汗和中国开启了合作的新篇章》,黎明新闻网,2014年11月10日,https://tolonews.com/pa/afghanistan/دی-افغانستان-او-چین-د-همکاریو-نوی-باب-پرانیستی,访问日期:2022年9月22日。

[5]《中国:国际社会必须尊重阿富汗的国家主权和政治独立》,帕支瓦克新闻网,2012年12月20日,https://pajhwok.com/ps/2012/12/20/چین-نړیواله-ټولنه-دی-د-افغانستان-ملي-حا,访问日期:2022年9月22日。

[6]《中国外长呼吁国际社会帮助阿富汗实现和平》,黎明新闻网,2015年2月13日,https://tolonews.com/pa/afghanistan/د-چین-د-بهرنیو-چارو-وزیر-د-نړیوالی-ټولنی-څخه-وغوښتل-د-سولی-د-تینګښت-په-برخه-کی-د-د,访问日期:2022年6月27日。

方式交换意见、解决两国分歧或者存在的问题，而不是将自己的意愿强加给阿富汗，建构了一个"平等对话"的中国形象。此类媒体话语有"中国外交部长正在与阿富汗官员举行会谈，以改善喀布尔和伊斯兰堡之间的关系"①，"阿富汗国家安全顾问新闻办公室表示，阿特马尔与中国军方高级官员、政府高级官员就阿富汗的和平进程、反恐以及加强两国之间的经济联系举行了会谈"②，"阿富汗国家安全顾问办公室的官员表示，中国高级代表团将在不久抵达喀布尔，就支持阿富汗政府领导的和谈，与阿富汗政府官员举行会谈"③，等等。

二、阿富汗的好朋友

如果我们把"会见""接见"等看成朋友间的一种见面方式，④那么如表3-1、表3-2所示，阿富汗主流媒体使用"朋友"和"会见"等搭配词来描述中阿关系，就表明它们把中国视为阿富汗的朋友。"和平""进程""帮助""支持"等高频词和搭配词则描述了作为"好朋友"的中国坚定支持阿富汗和平进程以及援助阿富汗国家重建时的正义立场，建构出中国作为"阿富汗和平的推动者""阿富汗重建的援助者"的负责任大国形象。

（一）阿富汗和平的推动者

表3-2中，"份额"和"作用"两个搭配强度前十的搭配词，充分说明了阿富汗主流媒体非常关注中国在阿富汗和平进程中发挥的作用。不过，就目前中国的国力来说，中国还不足以也无意愿充当阿富汗和平进程的主导者，更适合在阿富汗问题各方之间穿针引线。阿富汗主流媒体在报道中使用"积

---

① 《中国外长抵达喀布尔》，黎明新闻网，2017年6月24日，https://tolonews.com/pa/afghanistan/د-چین-د-بهرنیو-چارو-وزیر-کابل-ته-راغی，访问日期：2022年9月22日。

② 《中国和阿富汗将在两国边界组建一个山地旅》，黎明新闻网，2018年4月21日，https://tolonews.com/index.php/pa/afghanistan/چین-او-افغانستان-پر-پوله-د-غرني-پوځي-خواک-لوار-امنخته-کوي，访问日期：2022年9月22日。

③ 《中国的一个代表团来喀布尔开展和谈合作》，黎明新闻网，2018年8月9日，https://tolonews.com/index.php/pa/afghanistan/د-سولي-خبرو-د-اترو-همکاري-لپاره-چین-څخه-کابل-ته-یو-پلاوي-راخي，访问日期：2022年9月13日。

④ 尤泽顺：《话语、身份建构与中国东盟关系：〈人民日报〉新闻标题分析》，《东南学术》2011年第5期，第243页。

极参与""重要作用""建设性作用"等词汇来描述中国积极参与阿富汗和平进程并从中发挥作用，建构出"阿富汗和平的推动者与贡献者"的中国国家形象，此类媒体话语有"阿富汗总统表示，在促进阿富汗和地区和平、繁荣与稳定方面，中国的积极参与十分重要"①，"除了其他合作外，中国在为阿富汗实现和平与稳定方面发挥了重要作用"②，"卡尔扎伊：中国可以在阿富汗实现和平方面发挥建设性作用"③，等等。阿富汗主流媒体在报道中描述中国积极参与阿富汗和平进程，具体表现在以下两个方面。

第一，中国为推动阿富汗和平和解贡献中国力量与中国智慧。阿富汗主流媒体多次报道中国领导人和政府官员在多种场合表达了对"阿人主导、阿人所有"的阿富汗和平进程的坚定支持，比如"阿富汗总统府发表的声明表示，中国国家主席在会见中表示支持'阿人主导、阿人所有'的和平进程，并表示将提供必要的帮助以加快这一进程"④，"王毅表示，中国将在'阿人主导、阿人所有'的阿人内部和平进程中进行合作"⑤，等等。阿富汗主流媒体还积极报道中国寻求同美国、俄罗斯、印度、巴基斯坦、伊朗等国家在阿富汗问题上开展的合作，以及为阿富汗问题各方搭建的中阿巴三方外长对话、"上海合作组织——阿富汗联络组"等平台，认为中国在推动各方在支持"阿人主导、阿人所有"的阿富汗和平进程问题上达成共识。此类媒体话语有"阿富汗驻中国大使表示，中美在阿富汗事务上不是竞争者，而是合作者……他还强调：'尽管阿富汗实现和平的道路漫长而艰难，但在美国和中国的合作

---

① 《中国准备在阿富汗和平进程中发挥自己的作用》，帕支瓦克新闻网，2014年10月31日，https://pajhwok.com/ps/2014/10/31/چین-د-افغانستان-د-سولی-په-بهیر-کی-خپلو-ر，访问日期：2022年9月27日。

② 《中国在阿富汗和平与重建中的作用》，帕支瓦克新闻网，2018年4月30日，https://www.pajhwok.com/ps/opinion/د-افغانستان-په-سوله-او-بیار-غونه-کی-د-چین，访问日期：2022年6月25日。

③ 《卡尔扎伊：中国可以在维护阿富汗和平方面发挥建设性作用》，黎明新闻网，2013年4月22日，https://tolonews.com/pa/afghanistan/کرزی-چین-کولای-شی-د-افغانستان-د-سولی-په-تینګښت-کی-ر-غنده-رول-ولوبوي，访问日期：2022年9月27日。

④ 《加尼：如果不实施经济项目，该地区将没有安全保障》，帕支瓦克新闻网，2015年7月11日，https://www.pajhwok.com/ps/2015/07/11/غنی-د-اقتصادي-پروژو-له-عملی-کیدو-پرته-سیمه-کی-امنیت-نه-مراخی，访问日期：2022年9月27日。

⑤ 《王毅：巴基斯坦应利用其对塔利班的影响》，黎明新闻网，2018年12月15日，https://tolonews.com/pa/afghanistan/وانګ-یی-پاکستان-دی-پر-طالبانو-له-خپل-نفوذه-کار-واخلی，访问日期：2022年9月27日。

下还是有可能的'"①,"美国和中国将成为寻求阿富汗政治解决方案的关键伙伴"②,"据说,中俄印三国官员已在新德里举行的一次会议上达成协议,共同帮助阿富汗实现和平与经济繁荣"③,"中国和印度都同意,双方将为阿富汗和平共同努力"④,"中巴强调,在实现阿富汗和平方面需要加强合作"⑤,"中国和伊朗官员在德黑兰会面时承诺支持阿富汗和平进程"⑥,"中国国家主席表示,支持'阿人主导、阿人所有'的和平进程,并准备举行中阿巴三方会议"⑦,等等。对此,阿富汗主流媒体在报道中使用"感谢""称赞""重要的""建设性作用""努力"等词语,对中国在推动阿富汗和平进程中所付出的努力表示高度肯定,此类媒体话语有"会见中,阿富汗首席执行官阿卜杜拉感谢中国为阿富汗提供的军事和经济援助以及中国对阿富汗和平进程的帮助。他认为,中国在阿富汗和平进程中给予的帮助很重要"⑧,"会谈中,萨拉赫丁·拉巴尼感谢中国为举办首次三方外长对话所作的努力,并称赞中国在改善阿巴关系方面发挥的建设性作用和努力"⑨,等等。不过,阿富汗主流媒

---

① 《莫萨扎伊:中美应该合作而不是在阿富汗竞争》,帕支瓦克新闻网,2017年5月13日,https://pajhwok.com/ps/2017/05/13/موسی-زی-چین-او-امریکا-دی-په-افغانستان-کی,访问日期:2022年9月27日。

② 《爱丽丝·威尔斯:中国尚未采取措施稳定阿富汗》,黎明新闻网,2019年11月22日,https://tolonews.com/index.php/pa/afghanistan/الیس-ویلز-چین-په-افغانستان-کې-د-ټیکاو-لپاره-ګام-نه-دی-پورته-کړی,访问日期:2022年9月27日。

③ 《中国、俄罗斯和印度同意就阿富汗问题进行合作》,黎明新闻网,2015年5月30日,https://tolonews.com/pa/afghanistan/افغانستان-سره-د-همکاری-په-اړه-د-چین-روسیی-او-هند-هوکړه-له,访问日期:2022年9月27日。

④ 《印度和中国:我们将继续为阿富汗和平而共同努力》,帕支瓦克新闻网,2019年5月11日,https://pajhwok.com/ps/2019/05/11/هند-او-چین-د-افغان-سولی-لپاره-ګډ-کار-او-ه,访问日期:2022年9月27日。

⑤ 《中巴坚持实现阿富汗的和平与稳定》,黎明新闻网,2016年5月1日,https://tolonews.com/pa/afghanistan/افغانستان-کې-د-سولی-او-ټیکاو-راوستو-لپاره-د-چین-د-پاکستان-ټینګار,访问日期:2022年8月14日。

⑥ 《中国和伊朗就阿富汗和平问题进行会谈》,帕支瓦克新闻网,2019年5月14日,https://pajhwok.com/ps/2019/05/14/چین-او-ایران-د-افغان-سولی-په-اړه-خبری-کړ,访问日期:2022年9月27日。

⑦ 《中国国家主席表示,愿意在阿富汗、巴基斯坦和中国之间举行三方会议》,帕支瓦克新闻网,2017年6月8日,https://pajhwok.com/ps/2017/06/08/د-چین-ولسمشر-د-افغانستان-پاکستان-او-چی,访问日期:2022年9月27日。

⑧ 《中国总参谋长认为安全是阿富汗经济发展的必要条件》,帕支瓦克新闻网,2016年3月1日,https://pajhwok.com/ps/2016/03/01/چین-لوی-درستیز-د-اقتصادی-فرصتونو-لپار,访问日期:2022年9月27日。

⑨ 《中国:我们支持阿富汗领导的和平进程》,帕支瓦克新闻网,2017年12月26日,https://pajhwok.com/ps/2017/12/26/چین-د-افغانستان-په-مشری-د-سولی-له-بهیره,访问日期:2022年9月27日。

体在报道中也表示,"中阿巴三方外长第二次对话将于明年在喀布尔举行,现在需要观察的是,喀布尔与伊斯兰堡的关系在中国的调解下是否将发生积极的变化"。①

第二,中国直接与塔利班对话,充当阿富汗政府与塔利班的调解者,努力为阿人内部对话提供平台。例如,黎明新闻网报道,"阿富汗战略情报研究所所长达乌德·莫拉丹说,'就阿富汗与中国之间关系发展来说,我们认为,过去13年由于某些原因中国在阿富汗问题上扮演的是观察者和中立的角色。但是,现在能确定的是,中国将成为阿富汗以及本地区的主要参与者'"②,从中可以看出,自2014年以来,阿富汗意识到中国的阿富汗政策已经开始转变,由中立转变为"阿富汗问题"的主要参与者。阿富汗两家主流媒体报道了中国与塔利班官员的会晤。阿富汗主流媒体还特别写道,"消息人士强调,塔利班对中国的访问是在阿富汗政府的要求下进行的"③,"阿富汗前总统卡尔扎伊的发言人法伊齐表示,中国政府当时一直向阿富汗政府通报塔利班此前的访问"④,在一定程度上再次塑造了中国尊重阿富汗主权的友好形象。阿富汗主流媒体还在题为《中国外交部支持阿人内部的会谈》的报道中写道,2019年"中国正在筹办关于阿富汗和平的会议,该会议将有包括阿富汗政府代表在内的阿各方代表参加"⑤。

(二)阿富汗重建的援助者

阿富汗主流媒体通过中国真诚援助阿富汗等积极话语,称赞中国在促进

---

① 《拉巴尼与阿西夫的会晤,中国能否成为有效的调解人》,黎明新闻网,2017年12月26日,https://tolonews.com/pa/afghanistan/له-اصف-سره-د-رباني-ليدنه،-ايا-چين-كولاى-شي-يو-اغيزمن-منځګرى-وي,访问日期:2022年9月22日。

② 《阿富汗和中国开启了合作的新篇章》,黎明新闻网,2014年11月10日,https://tolonews.com/pa/afghanistan/افغانستان-او-چين-د-همكاريو-نوى-باب-پرانيستى-دى,访问日期:2022年9月22日。

③ 《塔利班证实了他们对中国的访问,但拒绝了中国的调解》,帕支瓦克新闻网,2015年1月27日,https://pajhwok.com/ps/2015/01/27/طالبانو-چين-ته-خپل-سفر-تاييد-خو-د-چين-من,访问日期:2022年8月27日。

④ 《法伊齐:塔利班代表团的中国之行是由巴基斯坦情报机构安排的》,帕支瓦克新闻网,2015年1月3日,https://pajhwok.com/ps/2015/01/03/فيضي-چين-ته-د-طالبانو-د-پلاوي-سفرونه-د-پ,访问日期:2022年9月27日。

⑤ 《中国外交部支持阿人内部的会谈》,黎明新闻网,2019年10月24日,https://tolonews.com/pa/afghanistan/د-چين-د-بهرنيو-چارو-وزارت-له-بين-الافغاني-خبرو-ملاتړ-كوي,访问日期:2022年9月27日。

阿富汗经济社会发展、造福阿富汗人民等方面作出的重要贡献，建构了"阿富汗重建援助者"的中国形象，具体表现在经济、文化、教育、医疗卫生、人道主义等方面的援助报道上。此类媒体话语有"阿富汗外交部长表示，中国作为阿富汗的好邻居，过去14年来一直在各个领域给予阿富汗帮助，阿富汗人民对此表示敬意，永远也不会忘记"[①]，等等。

在支持阿富汗的经济重建方面，阿富汗主流媒体通过新闻报道展现了中国坚定支持阿富汗经济重建的友好形象。此类媒体话语有"中国已承诺在3年内向阿富汗提供3.3亿美元的援助，当年准备提供7200万美元的援助"[②]，"中国在农业机械方面一直给予阿富汗帮助，阿富汗农业、灌溉和畜牧业部数据显示，中国在过去13年向该部援助了5300台拖拉机和其他农业机械装备"[③]，"根据协议，中国承诺耗资5亿元人民币（约7900万美元）在阿富汗建造公寓"[④]，等等。

在文化方面，黎明新闻网题为《一对中国夫妻利用3D光影技术再现巴米扬大佛》《巴米扬大佛原貌重现》的报道，客观描述了一对中国夫妇利用光影技术还原巴米扬大佛的事实。黎明新闻网在报道中写道，"一对中国夫妇完成了一个惊人的创举，使用3D光影技术重现14年前被毁的巴米扬大佛。中国夫妇说，这是中国人民送给阿富汗人民的礼物。巴米扬当地居民赛义德·贾瓦德说，对我们来说，这是一个历史性时刻。我想，这一刻勾起了我们对历史的回忆"[⑤]。帕支瓦克新闻网在题为《阿富汗珍宝展在中国开幕》的报道中

---

① 《阿富汗向中国呼吁要求加入上海合作组织》，黎明新闻网，2016年1月27日，https://tolonews.com/pa/afghanistan/E8％08％2E%د-غري-د-سازمان-همکاری-د-شانگهای د-توب-لپاره-له-چین-څخه-د-افغانستان-غوښتنه，访问日期：2022年9月27日。

② 《伦敦会议后达成了对阿富汗新的财政和政治承诺》，黎明新闻网，2014年12月5日，https://tolonews.com/pa/afghanistan/ د-افغانستان-لپاره-د-نوېو-مالي-او-سیاسي-ژمنو-سره-د-لندن-د-ناستي-پای，访问日期：2022年9月27日。

③ 《中国向阿富汗援助农业设备》，帕支瓦克新闻网，2015年8月25日，https://pajhwok.com/ps/2015/08/25/ چین-له-افغانستان-سره-د-کرنیزو-وسایلو-مر，访问日期：2022年9月27日。

④ 《1万套公寓的合同将在未来几周内完成》，帕支瓦克新闻网，2016年2月23日，https://pajhwok.com/ps/2016/02/23/ راتلونکو-څو-اونیو-کي-به-د-۰۱-زره-اپارتما，访问日期：2022年9月27日。

⑤ 《一对中国夫妻利用3D成像技术再现巴米扬大佛》，黎明新闻网，2015年6月15日，https://tolonews.com/pa/arts-culture/ یوه-چینایي-خاوند-او-میرمنی-د-دری-ار-خیزه-نور-څخه-په-گټي-اخیستني-سره-د-صلصال-بت-بامیان，访问日期：2022年9月27日。

写道，"阿富汗文物展在中国首都北京的故宫博物院开幕……阿富汗驻中国大使强调，中国和阿富汗为该展览的成功举办付出了巨大努力"[1]，称赞了中国为珍宝展的成功举办所付出的努力。阿富汗主流媒体的报道，不仅展示了中国人民对阿富汗的深厚情谊，也展现了中国对阿富汗历史文化遗产的尊重和关注。

在教育方面，帕支瓦克新闻网以积极话语，展现了中国以实际行动兑现支持阿富汗和平重建的承诺，营造出中国"积极支持阿富汗教育事业发展、造福阿富汗人民"的良好形象。此类媒体话语有"中国已向阿富汗高等教育部捐赠了价值6300万阿富汗尼的技术设备……中国已承诺为喀布尔大学中文系建设教学楼以及外国教师招待所"[2]，"中方将继续为阿富汗技术人员提供培训，通过奖学金为阿富汗年轻人提供更多学习机会"[3]，"中国的大学还将向500名阿富汗学生提供奖学金"[4]，"中国将为阿富汗国家职业技术学院的建设提供3460万美元的援助，为其他教育领域提供2340万美元的援助"[5]，等等。

在医疗卫生方面，阿富汗主流媒体以关于中国援助阿富汗卫生体系建设以及中国医生医治阿富汗患者的话语，肯定了中国对阿富汗的医疗卫生援助，展现了一个"改善阿富汗医疗水平，将健康福祉惠及阿富汗普通民众"的中国形象。此类媒体话语有"共和国医院的老楼由中国工程师于2004年开始重建，2006年中国开始援助的楼高10层拥有350张病床的新医院，于2009年8月完工"[6]，"坎大哈市的米尔瓦伊斯医院，当地人称'中国医院'，是阿富汗

---

[1] 《阿富汗珍宝展在中国开幕》，帕支瓦克新闻网，2017年3月18日，https://pajhwok.com/ps/2017/03/18/پەچين-کي-د-افغانستان-د-لرغونو-اثارو-ننډ，访问日期：2022年9月27日。

[2] 《向高等教育部援助了价值6300万阿富汗尼的设备》，帕支瓦克新闻网，2012年2月8日，https://pajhwok.com/ps/2012/02/08/لوړو-زده-کړو-وزارت-سره-د-۳۶-ميليونه-ا，访问日期：2022年9月27日。

[3] 《阿富汗和中国提供了一个名为战略合作与伙伴关系的框架》，帕支瓦克新闻网，2012年6月8日，https://pajhwok.com/ps/2012/06/08/افغانستان-او-چين-د-ستراتيژيکي-همکارۍ-ا，访问日期：2022年9月27日。

[4] 《加尼总统：实现和平并非易事，但必须执行》，帕支瓦克新闻网，2014年11月1日，https://pajhwok.com/ps/2014/11/01/ولسمشر-غني-د-سولي-تينګښت-اسانه-نه-خو-اجب，访问日期：2022年9月27日。

[5] 《中国向阿富汗教育部援助5800万美元》，帕支瓦克新闻网，2015年11月30日，https://pajhwok.com/ps/2015/11/30/چين-له-پوهني-وزارت-سره-د-۸۵-ميليون-ډالر-م，访问日期：2022年9月27日。

[6] 《共和国医院新大楼落成》，帕支瓦克新闻网，2014年1月21日，https://pajhwok.com/ps/2014/01/21/د-جمهوريت-روغتون-نوی-ودانۍ-پرانيستل-شو/，访问日期：2022年10月3日。

最老的医院之一,很多年前在中国的援助下建成"①,"20名阿富汗心脏病儿童在中国接受治疗"②,"一位阿富汗先心病患儿的母亲称赞中国红十字会在中国治疗自己儿子所付出的努力"③,等等。不过稍显遗憾的是,与中国国内媒体对中国红十字会"一带一路"大病患儿人道救助计划阿富汗行动详尽的报道相比,阿富汗主流媒体这方面的报道在数量(仅3篇)以及相关细节上都有所欠缺。④然而,阿富汗主流媒体对阿富汗政府为先心病患儿赴华方面提供便利进行了报道,比如,"随后,阿富汗首席执行官阿卜杜拉感谢中国红十字会对阿富汗人民的援助,并表示政府正在为去中国接受治疗的儿童提供便利。阿卜杜拉表示,阿富汗政府已经准备考虑把这些患儿送往中国进行治疗的具体航班,同时他已命令有关机构尽快向这些先心病患儿发放护照"⑤。由此可见,讲好并且让阿富汗民众听到中阿之间携手合作、互惠互利的故事是中国对阿富汗国际传播需要加强和改进的地方。

---

① 《国际红十字会每年向米尔瓦伊斯医院援助300万美元》,帕支瓦克新闻网,2014年7月28日,https://pajhwok.com/ps/2014/07/28/سور-صلیب-ھر-کال-لھ-میرویس-روغتون-سره-۳م,访问日期:2022年10月3日。

② 《20名阿富汗心脏病儿童在中国接受治疗》,黎明新闻网,2018年5月25日,https://tolonews.com/pa/afghanistan/د-زړه-پەناروغۍ-د-اختھ-۰۲-افغان-ماشومانو-درمنلھ-چین-کې-وشوه,访问日期:2022年10月3日。

③ 《又一批阿富汗儿童被送往中国接受治疗》,帕支瓦克新闻网,2018年4月17日,https://pajhwok.com/ps/2018/04/17/چین-تھ-د-درملنی-پھ-موخھ-د-افغان-ماشومانو,访问日期:2022年10月3日。

④ 中国国内媒体对中国红十字会多次派出医疗队冒着恐袭及战火的危险抵达阿富汗喀布尔进行先心病患儿筛查以及多名阿富汗先心病患儿在新疆进行免费手术进行了详尽报道,包括精心组织援外医疗队和制订治疗方案、提前为阿富汗先心病患儿准备好病房、护理人员为患儿提供一对一服务、为每名患儿及监护人准备必备生活用品、为患儿送上大熊猫玩偶等。详见《中国红十字会计划今年完成救助100名阿富汗先心病患儿目标》,新华网,2018年4月21日,http://www.xinhuanet.com/2018-04/21/c_1122719505.htm,访问日期:2020年5月24日;红基:《欢迎你,阿富汗宝贝!》,《中国红十字报》2018年10月30日,第1版;宗红:《陈竺会见中国驻阿富汗大使刘劲松》,《中国红十字报》2018年11月23日,第1版;《孩子,愿你笑从心中来!》,新华网,2019年4月22日,http://www.xinhuanet.com/video/2019-04/22/c_1210115719.htm,访问日期:2020年5月24日;王达:《"一带一路"的礼物》,《中国红十字报》2019年4月26日,第1版;《中国红十字会再次启动阿富汗先心病患儿救助行动》,新华网,2019年8月1日,http://m.xinhuanet.com/2019-08/01/c_1124822839.htm,访问日期:2020年5月24日。

⑤ 《20名患有心脏病的儿童正在中国接受治疗》,帕支瓦克新闻网,2017年8月27日,https://pajhwok.com/ps/2017/08/27/ما-۰۲-اختھ-د-زړه-ناروغۍ-د-درملنھ-لپاره-چین-تھ,访问日期:2022年10月3日。

在人道主义援助方面，阿富汗主流媒体以"中国政府表示，这批物资包括2万条毛毯、300顶帐篷和300台发电机，将很快分发给该国各地的地震灾民。同时，中国国家副主席在昨天对喀布尔的访问中表示，中国已经向阿富汗地震灾区提供了100万美元的援助，并将再提供100万美元的援助"[1]，"中国驻阿富汗大使刘劲松赴总统府面见阿富汗总统阿什拉夫·加尼时表示，中国准备向受干旱和洪灾影响的阿富汗灾民提供粮食和资金援助"[2]，"中国大使馆宣布，准备为达尔瓦兹县受洪灾影响的民众建造房屋……根据通告，阿富汗农村复兴和发展部已确定在中国的资金援助下将尽快开始建造130座房屋、1间诊所和1所学校"[3]，"中国驻阿富汗大使馆向沙姆沙孤儿院捐赠了一批教学设备"[4]，等等话语，体现了中阿患难与共的美好情谊。

三、阿富汗的重要伙伴

伙伴关系是国际行为体间基于共同利益、通过共同行动、为实现共同目标而建立的一种独立自主的国际合作关系。[5] 相比于邻居、朋友关系，中阿伙伴关系更侧重互动中的利益关系。如表3-3所示，"政府""国家""官员""代表团""商人""公司"等高频词和搭配词呈现了中阿合作的角色分配，即以政府为主导，开展贸易和投资的公司和商人为配角，其中政府官员的频繁"访问"为中阿合作奠定政治基础并提供有力保障。在合作形式方面，中阿双方基于"政治对话""签署"了"条约"或达成了各项"协议"，在"一带一路"框架下开展中阿各领域的合作。"合作领域"的"贸易""经济的""出口""投

---

[1] 《中国的援助物资抵达喀布尔》，黎明新闻网，2015年11月4日，https://tolonews.com/pa/afghanistan/ چین-مرستندویه-کچوری-کابل-تهران رسیدی-0،访问日期：2022年8月14日。

[2] 《中国准备援助阿富汗自然灾害的受害者》，黎明新闻网，2018年8月3日，https://tolonews.com/index.php/pa/business/ هیواد-کی-د-طبیعی-پیښو-له-زیانمنو-سره-د-مرستی-لپاره-د-چین-چمتووالی ，访问日期：2022年10月2日。

[3] 《中国在巴达赫尚的达尔瓦兹地区为受灾者建造房屋》，帕支瓦克新闻网，2017年9月20日，https://pajhwok.com/ps/2017/09/20/ چین-د-بدخشان-د-درواز-سیمی-زیانمنو-کسانو-د ，访问日期：2022年10月2日。

[4] 《中国大使馆援助喀布尔一家孤儿院》，帕支瓦克新闻网，2018年4月26日，https://pajhwok.com/ps/2018/04/26/ د-چین-سفارت-د-کابل-له-یوی-یتیم-خانی-سره-م ，访问日期：2022年10月2日。

[5] 门洪华、刘笑阳：《中国伙伴关系战略评估与展望》，《世界经济与政治》2015年第2期，第65页。

资""安全"等搭配词反映了中阿合作以进出口贸易、投资等经贸领域的合作为主，安全合作为辅，具体涉及矿产、石油开发、光纤网络建设、打击恐怖主义、武器装备援助等方面。总体来看，阿富汗主流媒体描述了中国以政府为主导与阿富汗在反恐、贸易、矿产能源、基础设施等领域开展合作，给阿富汗民众呈现了中阿合作全面快速发展、中阿关系日新月异的画面，营造出不断促进阿富汗经济与社会发展的"重要伙伴"的中国国家形象。

表3-3 中阿交往互动报道中"中国"的搭配词与
"合作主体""合作形式""合作领域"有关的词

类型	排名	搭配词	MI3值	词频
合作主体	1	官员	9.734	15
	2	代表团	9.267	62
	3	部长	9.135	189
	4	部门	9.039	118
	5	访问	8.894	127
	6	商人	7.7487	17
	7	政府	7.553	94
	8	公司	7.487	50
合作形式	1	协议	8.156	26
	2	会谈	7.924	38
	3	政治的	7.588	22
	4	签字	7.297	22
	5	条约	7.285	24
	6	走廊	9.303	19
	7	丝绸	8.972	21
	8	道路	8.596	75
	9	地带	5.787	11
合作领域	1	经济的	9.231	79
	2	出口	8.698	14
	3	投资	8.680	14
	4	安全	8.343	46
	5	贸易	8.269	26
	6	安全的	7.532	22
	7	恐怖主义	7.177	25

续表

类型	排名	搭配词	MI3值	词频
合作领域	8	矿	6.435	12
	9	光纤	6.141	12
	10	武器	5.819	10
	11	石油	5.596	20

资料来源：作者自制。

第一，中阿加强在打击恐怖主义方面的合作。首先，阿富汗主流媒体新闻报道显示，中阿军事与安全官员多次会晤，就加强中阿之间的军事安全合作，尤其是共同打击恐怖主义问题上达成多项合作共识。此类媒体话语有"刚刚从中国返回的阿富汗内政部长努鲁拉克·乌鲁米表示，他已经与中国官员签署了一项协议，以帮助两国打击恐怖主义并防止恐怖袭击在该地区蔓延，同时在防止阿富汗的毒品走私方面加强合作"[1]，"中国驻阿富汗大使馆政务参赞张志新表示，阿富汗和中国反对恐怖主义，我们已在这方面采取了措施，感谢阿富汗政府与我们合作打击'东突'恐怖分子"[2]，"阿富汗国家安全顾问阿特马尔在访华期间会见了中国官员，并呼吁在两国边界之间建立山地旅，并达成共识"[3]，等等。其次，阿富汗主流媒体新闻报道显示，为支持阿富汗打击恐怖主义，中国承诺向阿富汗提供一定的军事援助和培训。此类媒体话语有"在与中国代表团的会晤中，中国承诺将在侦察设备、警察培训、地雷探测以及夜视设备方面向阿富汗提供援助"[4]，"阿富汗内政部长表示，中国将

---

[1]《阿富汗和中国签署安全合作与禁毒协议》，黎明新闻网，2015年5月17日，https://tolonews.com/pa/afghanistan/ افغانستان‐او‐چین‐د‐امنیتی‐همکاریو‐او‐لهمنشه%E2%80%8E لیک‐لاسلیک‐کر%E2%80%8Eبی‐توکو‐سره‐د‐مبارزی‐هوکره ，访问日期：2022年10月5日。

[2]《中国：我们对阿富汗进行军事援助》，帕支瓦克新闻网，2018年1月20日，https://pajhwok.com/ps/2018/01/20/چین‐افغانستان‐سره‐پهپوخي‐برخه‐کي‐مرسته ，访问日期：2022年8月14日。

[3]《中国和阿富汗将在两国边界组建一个山地旅》，黎明新闻网，2018年4月21日，https://tolonews.com/index.php/pa/afghanistan/ چین‐او‐افغانستان‐پر‐پوله‐د‐غرني‐پوخي‐خواک‐لوا‐را‐منخته‐کوي ，访问日期：2022年9月22日。

[4]《乌鲁米：我们必须共同打击恐怖主义》，帕支瓦克新闻网，2015年5月17日，https://www.pajhwok.com/ps/2015/05/17/ علومي‐د‐ترهګری‐له‐منخه‐ورلو‐پهموخه‐باید‐گده‐مبارزه‐وشي ，访问日期：2018年5月4日。

向阿富汗援助地雷探测设备以及喀布尔城市入口的安全扫描仪"①,"中国将向阿富汗提供约7200万美元的军事援助"②,"阿富汗国家安全顾问表示,这批援助包括武器、弹药和后勤装备,不久中国还将向阿富汗移交几架运输机"③,"中国政法委书记承诺,中国将增加对阿富汗的军事援助,以确保该地区和阿富汗的安全与稳定"④,"阿富汗要求中国帮助建立一个山地旅,中国表示愿意向阿富汗国民军提供装备"⑤,等等。阿富汗国家安全顾问哈尼夫·阿特玛尔表示,中国向阿富汗提供军事援助显示了中阿之间的共识,即中国将同阿富汗共同打击恐怖主义,军事援助只是中阿联合反恐的开端。⑥阿特玛尔还表示,阿富汗国民军建立山地旅将有效限制边境地区和山区的恐怖组织活动。⑦不过,黎明新闻网和帕支瓦克新闻网在报道中写道,"据报道,中国政府再次否认中国军队进入阿富汗。中国国防部表示,中国军车没有在阿富汗领土上巡逻,两国军队仅在边境沿线进行联合巡逻"⑧,"此前,一些当地和西方媒体报道说,中国已开始在阿富汗北部的巴达赫尚省建立军事基地。消息人士表示,中国将在该基地训练阿富汗军队,而且中国极有可能在该地区部署部队。但是中国外交部否认了这些谣言和报道……事实上,阿富汗政府已于2月

---

① 《阿富汗和中国签署安全合作与禁毒协议》,黎明新闻网,2015年5月17日,https://tolonews.com/pa/afghanistan/افغانستان-او-چین-د-امنیتی-همکاریو-او-له-منشه-هوکره-%E2%80%8Eیې-توکو-سره-د-مبارزې-لیک-لاسلیک-کړ%E2%80%8E,访问日期:2022年10月5日。

② 《中国向阿富汗提供约7200万美元的军事援助》,帕支瓦克新闻网,2016年2月29日,https://www.pajhwok.com/ps/2016/02/29/چین-له-افغانستان-سره-په-پوځي-برخه-کې-کابو-۲۷-میلیونه-دالره-مرسته-کوي,访问日期:2022年10月5日。

③ 《中国第一批军事援助到达喀布尔》,黎明新闻网,2016年7月3日,https://tolonews.com/pa/afghanistan/کابل-ته-د-چین-د-لومرنیو-پوځي-مرستو-رارسیدل,访问日期:2022年10月5日。

④ 《中国:增加对阿富汗的军事援助》,帕支瓦克新闻网,2017年5月25日,https://pajhwok.com/ps/2017/05/25/چین-له-افغانستان-سره-نظامي-مرستي-زیاتو,访问日期:2022年10月5日。

⑤ 《阿富汗寻求中国帮助建立山地旅》,帕支瓦克新闻网,2018年4月21日,https://pajhwok.com/ps/2018/04/21/افغانستان-د-یوي-غرنۍ-لواجوړولو-کې-له-چي,访问日期:2022年10月5日。

⑥ 《中国第一批军事援助到达喀布尔》,黎明新闻网,2016年7月3日,https://tolonews.com/pa/afghanistan/کابل-ته-د-چین-د-لومرنیو-پوځي-مرستو-رارسیدل,访问日期:2022年10月5日。

⑦ 《阿富汗寻求中国帮助建立山地旅》,帕支瓦克新闻网,2018年4月21日,https://pajhwok.com/ps/2018/04/21/افغانستان-د-یوي-غرنۍ-لواجوړولو-کې-له-چي,访问日期:2022年10月5日。

⑧ 《中国否认在阿富汗派驻部队》,黎明新闻网,2017年2月24日,https://tolonews.com/pa/world/چین-د-افغانستان-خاوري-ته-د-ځغه-هیواد-د-پوځیانو-ورتلل-رد-کړل,访问日期:2022年10月5日。

17日表示,尚未提出中国在阿富汗部署军队以及建立军事基地的问题"①,反映了中国在两国军事安全合作过程中始终坚持"只援助、不出兵""不直接参与打击阿富汗境内的恐怖主义势力"的原则。在中国加强与阿富汗合作反恐的意图方面,除了安全利益,阿富汗主流媒体认为中国还有经济利益的考量,即在新闻报道中提到的保障中国在阿富汗的经济利益和"丝绸之路经济带"建设,例如,"值得注意的是,中国对'伊斯兰国'在阿富汗的活动表示关注,因为中国在阿富汗有经济项目,如果安全局势恶化,中国在阿富汗的经济利益将受到威胁"②,"阿富汗处在'丝绸之路经济带'十字路口的位置,对中国非常重要。但恐怖主义是这一重要经济带的主要威胁,因此中国坚持打击恐怖主义"③,等等。整体来看,阿富汗主流媒体以中性话语向阿富汗民众呈现了中阿同为恐怖主义受害者、在反恐斗争中相互帮助和支持的画面,建构了一个"反恐合作伙伴"的中国国家形象。这正如帕支瓦克新闻网在2018年2月17日的报道中所说,"阿富汗国安委表示,中国政府和中国人民与该地区其他国家一样,都是恐怖主义的受害者,中国是阿富汗和该地区在反恐斗争中的伙伴"④。

第二,中阿经贸合作推动阿富汗的经济发展。阿富汗主流媒体通过对有关投资项目合同签订、投资数额、项目进展的客观事实的报道,以中性态度给予中国对阿投资应有的关注,为中国建构积极的话语空间,传递出中阿经济合作日趋多样化,以客观的投资数据建构出"中国是阿富汗主要的投资国

---

① 《中国否认有关在阿富汗修建军事基地的报道》,帕支瓦克新闻网,2018年8月29日,https://pajhwok.com/ps/2018/08/29/چین-په-افغانستان-کې-د-نظامي-اډې-جورولو-پ,访问日期:2022年10月5日。

② 《俄罗斯和中国讨论"伊斯兰国"在阿富汗的威胁》,帕支瓦克新闻网,2015年7月6日,https://www.pajhwok.com/ps/2015/07/06/روسیه-او-چین-په-افغانستان-کې-د-داعش-پر-گواښونو-خبرې-کوي,访问日期:2018年5月1日。

③ 《加尼会见中国总参谋长》,黎明新闻网,2016年3月1日,https://tolonews.com/pa/afghanistan/غني-د-چین-له-لوی-درستیز-سره-لیدنه-وکړه,访问日期:2022年10月5日。

④ 《阿富汗政府:尚未提出中国在阿富汗的军事基地的问题》,帕支瓦克新闻网,2018年2月17日,https://pajhwok.com/ps/2018/02/17/حکومت-په-افغانستان-کې-د-چین-د-پوځي-اډی-م,访问日期:2022年10月5日。

之一"①、"中国是过去11年中阿富汗矿业和石油勘探领域的最大投资国"②的意象。此类媒体话语有"2011年12月，阿富汗矿业部与中国石油天然气集团公司签署了阿姆河盆地油田勘探和开采的协议"③，"卢格尔省的艾娜克铜矿开采项目协议是与中国中冶公司于2008年签署的。中冶公司将投资接近60亿美元"④，"阿富汗矿业部表示，中国石油天然气集团公司将在未来5年内向阿姆河盆地油田项目投资7亿美元"⑤，"阿富汗矿业部表示，阿富汗矿业部和中国中冶公司已经完成了2900口矿井的钻探和取样工作"⑥，"阿富汗矿业部表示，中国中冶公司已向阿富汗政府支付了8.08亿美元艾娜克铜矿开采权费用中的1.33亿美元"⑦，"阿富汗商业和工业联合会首席执行官阿提库拉·努斯拉特表示，与中国建立贸易关系很重要。同时，他还强调，中国投资者有兴趣投资阿富汗的矿产、太阳能发电、煤炭以及其他基础设施"⑧，"赫拉特的官员表示，中国的一个代表团访问了该省，调研赫拉特大理石的生产能力和出口情况，并准备进行投资"⑨，"阿富汗代理财政部长胡马云·卡尤米强调，中国还

---

① 《阿富汗总统和22名企业家将前往中国进行访问》，黎明新闻网，2014年10月22日，https://tolonews.com/pa/afghanistan/ولسمشر-او-٢٢-سوداګر-سره-به-چین-ته-په-سفر-لاړشي，访问日期：2022年10月9日。

② 《阿富汗和中国签署合作协议》，黎明新闻网，2012年9月23日，https://tolonews.com/pa/afghanistan/د-افغانستان-او-چین-ترمنځ-د-همکاریو-سندونه-لاسلیک-شول，访问日期：2022年10月9日。

③ 《阿姆河盆地采油工作开始》，帕支瓦克新闻网，2012年6月24日，https://pajhwok.com/ps/2012/06/24/د-امو-حوزي-د-نفتو-استخراج-پیل-شو，访问日期：2022年10月9日。

④ 《中阿联合工作组成立》，帕支瓦克新闻网，2012年6月12日，https://pajhwok.com/ps/2012/06/12/د-افغانستان-او-چین-د-کاري-ډله-جوړېږي，访问日期：2022年10月9日。

⑤ 《阿富汗-塔吉克石油区地图绘制》，黎明新闻网，2012年2月13日，https://tolonews.com/pa/business/د-افغان-تاجک-د-تیلو-د-سیمو-نقشه-اخیستل，访问日期：2022年10月9日。

⑥ 《阿富汗矿业部：已完成卢格尔省艾娜克铜矿的采样工作》，黎明新闻网，2012年1月22日，https://tolonews.com/pa/business/0-د-کانونو-وزارت-د-لوګر-د-عینکو-د-مسو-د-کان-برمه-کاري-او-بیلګې-اخیستل-پای-ته-رسیدلې-دي，访问日期：2022年10月9日。

⑦ 《阿富汗矿业部：中国公司必须向阿富汗支付1.07亿美元》，黎明新闻网，2012年2月4日，https://tolonews.com/pa/business/د-کانونو-وزارت-چینایي-شرکت-باید-دولت-ته-٧٠١-میلیونه-دالره-ورکړي，访问日期：2022年10月9日。

⑧ 《中国代表团访问巴达赫尚省，启动"丝绸之路"建设》，帕支瓦克新闻网，2014年11月4日，https://pajhwok.com/ps/2014/11/04/د-وربښمو-لاري-د-فعالولو-په-موخه-یو-چینایي，访问日期：2022年10月9日。

⑨ 《中国投资赫拉特大理石矿》，帕支瓦克新闻网，2017年8月23日，https://pajhwok.com/ps/2017/08/23/چین-د-هرات-د-مرمرو-کان-په-برخه-کې-پانګون，访问日期：2022年10月9日。

承诺在巴达赫尚修建一座水电站。这不仅将使巴达赫尚在电力能源上自给自足，还将使周边省份受益"①，等等。在中阿贸易方面，阿富汗主流媒体通过中阿贸易合作话语，采取客观正面的报道态度对中阿贸易合作协议签订、贸易活动、贸易额等客观事实给予关注，向阿富汗民众展示了中国在促进中阿经贸往来、推动中阿经贸关系规模和质量"双提升"方面所付出的努力，塑造了中国是阿富汗主要贸易合作伙伴的形象。此类媒体话语有"在'一带一路'国际合作高峰论坛的间隙，阿富汗和中国签署了海关合作协定……阿富汗财政部海关局长认为，该协定在国民收入、反腐败、获得优质廉价商品、海关能力建设以及简化关税等方面有积极影响"②，"2017年，阿富汗与中国之间的贸易额接近10亿美元，2018年有望进一步增加，阿富汗商工部官员表示，他们已经与中国签署了扩大贸易关系的协议"③，"目前，有4000多名阿富汗商人在中国进行贸易和投资"④，"星期三，由中国出发的首趟中阿货运班列在行驶3000千米后到达海拉坦港口，货物有45个集装箱……阿富汗经济学家表示，中阿货运班列的开通将增加两国之间的进出口规模，并降低两国贸易的运输成本"⑤，"阿富汗和中国之间的空中走廊开通后，20吨阿富汗松子首次通过包机直飞方式出口到中国"⑥，"阿富汗的出口商品首次通过巴尔赫省的海拉坦港口运往中国"⑦，"2019年阿富汗将向中国出口3万吨价值数亿美元的松

---

① 《光纤网络从中国延伸到阿富汗的工作启动》，帕支瓦克新闻网，2018年9月8日，https://pajhwok.com/ps/2018/09/08/له-چين-څخه-افغانستان-ته-د-نوري-فايبر-شبک，访问日期：2022年10月9日。

② 《阿富汗与中国签署海关合作协议》，帕支瓦克新闻网，2017年5月15日，https://pajhwok.com/ps/2017/05/15/افغانستان-او-چين-د-گمرکي-همکاريو-هوکړه，访问日期：2022年10月25日。

③ 《阿富汗与中国签署贸易协定》，黎明新闻网，2018年12月5日，https://tolonews.com/pa/business/له-چين-سره-سوداگري-په-برخه-کي-ترون-لاسليک-شو，访问日期：2022年10月28日。

④ 《加尼：任何绑架阿富汗商人的行为，将被判处死刑或50年监禁》，黎明新闻网，2014年11月1日，https://tolonews.com/pa/afghanistan/غني-هر-څوک-چي-افغان-سوداگر-برمته-کړي-اعدام-يا-۵۰-کاله-به-بندي-شي，访问日期：2022年11月2日。

⑤ 《中国货物首次通过火车抵达阿富汗》，黎明新闻网，2016年9月8日，https://tolonews.com/pa/afghanistan/د-لومړي-ځل-لپاره-د-ريل-کادي-پر-مت-له-چين-څخه-افغانستان-ته-د-سوداگريزو-توکو-رارسيدل，访问日期：2022年11月3日。

⑥ 《加尼总统宣布阿富汗与中国之间的空中走廊开通》，帕支瓦克新闻网，2018年11月6日，https://pajhwok.com/ps/2018/11/06/ولسمشر-غني-د-افغانستان-او-چين-تر-منځ-هوا，访问日期：2022年11月5日。

⑦ 《对中国的出口首次从海拉坦港口出发》，帕支瓦克新闻网，2019年9月5日，https://pajhwok.com/ps/2019/09/05/په-لومړي-ځل-د-حيرتان-له-لاري-چين-ته，访问日期：2022年10月9日。

子"①，等等。此外，阿富汗主流媒体还通过新闻报道，既展现了中国是一个真诚支持阿富汗全面发展的经贸合作伙伴，也表达了阿富汗社会各界希望与中国进一步开展更深层次、更广泛领域合作的强烈愿望。此类媒体话语有"在阿富汗总统最近呼吁通过瓦罕走廊的公路直接进入中国后，阿富汗公共工程部表示，阿富汗准备与中国合作建设瓦罕走廊公路"②，"阿富汗政府首席执行官阿卜杜拉博士表示，他将为外国投资者在阿富汗提供便利，并呼吁中国商人在阿富汗投资……同时，在会见中还讨论了为阿富汗商人签发签证提供便利、阿富汗希望加入亚洲基础设施投资银行等话题"③，"坎大哈省省长表示，坎大哈省政府和阿富汗商人已要求中国大使在提升贸易便利化、在坎大哈开设领事馆、提供奖学金、促进坎大哈经济发展和电力投资方面提供帮助"④，等等。2019年9月，阿富汗总统行政办公室技术副主任巴沙马尔汗就表示，随着与中国经贸往来的开始，阿富汗将在经济增长方面取得进展。⑤

第三，"一带一路"倡议为阿富汗带来新的发展机遇。阿富汗外交部战略研究中心主任（Director of Strategic Studies at MOFA）法拉马尔兹·塔玛纳（Faramarz Tamana）认为："中国不仅是我们的邻居，而且中国在经济、政治、科技方面是强国……阿富汗应该搭乘中国的发展快车。"⑥因此，在中国提出"一带一路"倡议后，阿富汗主流媒体通过媒体话语表达了阿富汗对"一带一

---

① 《今年将向中国出口3万吨价值数亿美元的松子》，帕支瓦克新闻网，2019年11月19日，https://pajhwok.com/ps/2019/11/19/سږ-کال-به-د-سلګونو-ميلیونو-دالرو-په-ارزښ，访问日期：2022年11月8日。

② 《瓦罕—中国公路的建设将使中国成为阿富汗最大的贸易伙伴》，黎明新闻网，2014年10月29日，https://tolonews.com/pa/afghanistan/دواخان—چين-لويي-لارۍ-جوړول-د-د-غه-هېواد-د-بلول-د-افغانستان-د-مستر-سوداګريز-شريک-باندي，访问日期：2022年11月15日。

③ 《阿卜杜拉博士鼓励中国商人到阿富汗投资》，帕支瓦克新闻网，2016年5月17日，https://pajhwok.com/ps/2016/05/17/ډاکټر-عبدالله-چینایي-سوداګر-په-افغانس，访问日期：2022年11月20日。

④ 《中国：我们正与阿富汗和巴基斯坦达成一致的反恐立场》，帕支瓦克新闻网，2015年9月1日，https://pajhwok.com/ps/2015/09/01/چین-له-افغانستان-او-پاکستان-سره-د-ترهګر，访问日期：2022年11月22日。

⑤ 《对中国的出口首次从海拉坦港口出发》，帕支瓦克新闻网，2019年9月5日，https://pajhwok.com/ps/2019/09/05/په-لومړي-ځل-د-حيرتان-بندر-له-لاري-چين-ته，访问日期：2022年10月9日。

⑥ 《阿富汗政府与武装分子举行面对面的会谈》，帕支瓦克新闻网，2015年3月16日，https://www.pajhwok.com/ps/2015/03/16/حکومت-او-وسله-وال-مخالفين-به-مخامخ-خبري-وکړي，访问日期：2019年6月22日。

路"倡议的支持，并且认为中国提出的"一带一路"倡议不会对现有国际秩序造成冲击，反而有利于地区的和平稳定以及经济发展，更是给阿富汗带来了发展的契机。此类媒体话语有"阿富汗总统卡尔扎伊还表示，中国国家主席习近平提议共建'丝绸之路经济带'，借此促进区域合作、经济发展，有利于维护世界安全。阿富汗对此表示支持"①，"阿富汗总统卡尔扎伊表示：阿富汗过去一直是古丝绸之路的中心和重要组成部分。阿富汗将从这条道路中受益良多。复兴丝绸之路对中国、该地区和阿富汗都有利。我们不仅欢迎这个倡议，而且还希望沿丝绸之路进行贸易和转运"②，"据阿富汗外交部副部长介绍，如果'一带一路'倡议得以实施，那么其将有助于亚洲经济的发展。'一带一路'倡议也会给阿富汗带来和平与繁荣。如果阿富汗没有和平，整个地区也将面临威胁"③，等等。阿富汗主流媒体还通过媒体话语，向阿富汗民众传达了"一带一路"倡议可让阿富汗实实在在受益的信息，即其不仅将为阿富汗带来投资和贸易机遇，极大改善阿富汗国内交通、互联网等基础设施，还可使阿富汗发挥区位优势，成为地区互联互通的重要节点和合作的中心，提升阿富汗经济"自主造血"功能。此类媒体话语有"阿富汗经济学家哈菲兹说，我们与中国和其他伙伴国家一道复兴丝绸之路将有利于推动我们与中国、本地区以及整个世界之间的贸易发展"④，"阿富汗外交部副部长强调，对该地区的投资是阿富汗经济政策的优先事项，'一带一路'倡议可能为该地区

---

① 《卡尔扎伊鼓励欧亚经济论坛参会者到阿富汗投资》，帕支瓦克新闻网，2013年9月26日，https://pajhwok.com/ps/2013/09/26/افغا-به-گوندي-اسيا-اروپا-د-کرزي，访问日期：2022年12月22日。

② 《卡尔扎伊总统：阿富汗将与中国建立更牢固的关系》，帕支瓦克新闻网，2014年5月19日，https://pajhwok.com/ps/2014/05/19/لاپ-سره-چين-له-به-افغانستان-کرزي-ولسمشر，访问日期：2022年9月21日。

③ 《卡尔扎伊：对本地区的投资是我们政治经济事务的优先事项》，帕支瓦克新闻网，2016年5月8日，https://pajhwok.com/ps/2016/05/08/اقت-سياسي-د-زمور-پانګونه-مکي-سيمه-په-کرزي，访问日期：2022年12月30日。

④ 《外国叛乱分子在巴达赫尚省的瓦尔杜季县活动》，黎明新闻网，2015年8月1日，https://tolonews.com/pa/afghanistan/جنګيږي-بلواکړي-بهرني-کې-ولسوالۍ-وردوج-په-بدخشان-د，访问日期：2022年8月14日。

的投资和交通带来重要的机遇"①,"中国、吉尔吉斯斯坦、塔吉克斯坦、阿富汗和伊朗已达成协议,在未来18个月内完成五国铁路路线规划的研究"②,"另一方面,亚洲基础设施投资银行的官员上周宣布,阿富汗和其他几个国家获得了该行的成员资格。一些专家表示,为了使阿富汗国内与'丝绸之路经济带'连接,阿富汗可以从亚投行获得贷款,改善阿富汗的交通道路"③,"光纤网络将从费萨巴德延伸到中国边境,长度大约400千米,耗资7000万美元,建设费用由中国政府承担……据阿富汗通信和信息技术部部长介绍,随着光纤网络项目的实施以及阿富汗与中国的连接(这是'数字丝绸之路'建设的一部分),阿富汗将成为该地区信息传输的中转站"④,"阿富汗通信和信息技术部表示,随着阿富汗的光纤与中国连接,阿富汗每年将从中国与其他国家的信息传输中获利6000万美元……经巴达赫尚省瓦罕走廊连接阿富汗的光纤网络开启了首个丝绸之路项目……该项目可降低阿富汗的互联网价格,提高互联网服务的质量,还将把互联网服务扩展到阿富汗全国34个省"⑤,"参与'丝绸之路经济带'建设将对阿富汗产生积极影响,因为,阿富汗将由此转变为区域贸易和交通枢纽"⑥,等等。阿富汗主流媒体借用阿富汗驻中国大使馆一秘的话表示,"阿富汗目前处于'一带一路'项目的边缘。我们正在通过外交渠道尽一切努力使阿富汗成为该项目的中心",⑦ 表达了对"一带一路"倡

---

① 《卡尔扎伊:对本地区的投资是我们政治经济事务的优先事项》,帕支瓦克新闻网,2016年5月8日,https://pajhwok.com/ps/2016/05/08/اقت-د-سياسي-د-زمور-پانګونه-سيمه-په-کرزي,访问日期:2022年12月30日。

② 《包括阿富汗在内的六个国家已同意修建铁路》,帕支瓦克新闻网,2014年12月16日,https://pajhwok.com/ps/2014/12/16/پ-ریل-د-هیوادونه-شپږ-په-مکدون-په-افغانستان-د,访问日期:2023年1月10日。

③ 《中国投资者正在努力扩大在阿富汗的投资》,黎明新闻网,2017年4月16日,https://tolonews.com/index.php/pa/business/%E2%80%8E چيني-پانګه-هڅه-کي-دي-پراختيا-په-پانګوني-د-هیواد-وال,访问日期:2023年1月13日。

④ 《光纤网络从中国延伸到阿富汗的工作启动》,帕支瓦克新闻网,2018年9月8日,https://pajhwok.com/ps/2018/09/08/شبک-فايبر-نوري-د-تمه-افغانستان-څخه-چين-له م,访问日期:2022年10月9日。

⑤ 《阿富汗首次连接中国的光纤网络》,黎明新闻网,2017年4月22日,https://tolonews.com/pa/business/ نښلي-سره-شبکي-له-فايبر-نوري-د-چين-د-لياره-خل-لومړي-د-افغانستان,访问日期:2023年2月3日。

⑥ 《中国在阿富汗和平与重建中的作用》,帕支瓦克新闻网,2018年4月30日,https://www.pajhwok.com/ps/opinion/ چين-د-کي-غونه-بيار-او-مسوله-په-افغانستان-د,访问日期:2022年6月25日。

⑦ 《媒体可以在加强中阿关系中发挥重要作用》,帕支瓦克新闻网,2017年7月22日,https://pajhwok.com/ps/2017/07/22/ پياور-په-اړيکو-د-افغانستان-او-چين-د-رسنۍ,访问日期:2023年3月12日。

议充满期待,并渴望能够全方位参与的心情。由此可见,阿富汗主流媒体把"一带一路"倡议与其对阿富汗经济"自主造血"功能的提升联系在一起,建构出了中国作为阿富汗经济发展推动者的形象。

四、对中国形象的歪曲和误读

邻居是由地理位置决定的,是既有关系,属于亲缘之外的、不需要通过个体交往而存在的先定性关系。[①] 即使是邻居也有可能互相不太熟悉,甚至互相不认识或者一方对另一方存在错误认识。朋友和伙伴属于交往关系,"好朋友是因为两国在政治和外交方面相互支持,好伙伴是因为两国在双边关系方面互利合作",[②] 但好朋友之间也会产生隔阂,好伙伴之间也会有分歧或矛盾。因此,虽然阿富汗主流媒体的中阿互动话语多以客观正面的报道态度建构了"好邻居""好朋友""重要伙伴"的中国形象,但其中也难免存在一些对中国误解甚至歪曲的话语,这些话语以否定态度建构了一个"难以完全信赖的中国"的形象。

第一,一些阿富汗主流媒体错误地认为,中国在维护阿富汗的和平稳定方面承担的责任不够。这些阿富汗主流媒体在中阿互动的多篇报道中提及类似"巴达赫尚省与中国接壤,巴达赫尚省安全形势状况一直不佳"的话语。此类媒体话语有"巴达赫尚省是阿富汗的边境和山区省份,与塔吉克斯坦、中国和巴基斯坦接壤"[③]、"'伊斯兰国'武装分子试图在巴达赫尚省建立基地"[④]、"巴达赫尚省今年发生了两起重大的叛乱分子袭击,第一次叛乱袭击发生在巴达赫尚省的朱尔姆县。袭击中,阿富汗军队有大约20名士兵被斩

---

① 詹德斌:《试析中国对外关系的差序格局——基于中国"好关系"外交话语的分析》,《外交评论(外交学院学报)》2017年第2期,第26页。
② 杜幼康:《中巴战略合作伙伴关系:相互认知、特点及发展前景》,《南亚研究季刊》2011年第2期,第10—11页。
③ 《包括一名塔吉克指挥官在内的22名武装分子在巴达赫尚省被击毙》,帕支瓦克新闻网,2013年9月8日,https://pajhwok.com/ps/2013/09/08/به-هک-قوماندان-تاجکستانی-دیوه-کی-بدخشان,访问日期:2023年4月3日。
④ 《巴达赫尚省省长:三军情报局试图在巴达赫尚省建立叛乱分子基地》,帕支瓦克新闻网,2013年5月23日,https://pajhwok.com/ps/2013/05/23/مخا-و-سله-و-په-بدخشان-ای-اس-ای-والی,访问日期:2023年4月5日。

首，叛乱分子还抢走了政府军的大批武器和军车，尤其是装甲运兵车"[1]，等等。这些媒体话语意在表达阿富汗与中国山水相连，在安全问题上有重大关联，中国应切实承担起责任，帮助阿富汗加强安全能力建设，维护阿富汗的和平稳定。其目的在于呼吁中国向阿富汗提供反恐援助，此类媒体话语有"阿富汗国家安全顾问呼吁中国向阿富汗国家安全部队继续提供装备援助"[2]，"在为期三天的访问中，阿特马尔在与中国外交部长王毅会见时呼吁提高上合组织成员国在反恐斗争中的作用"[3]，等等。这表明阿富汗部分主流媒体认为，中国有义务，也有必要在阿富汗的反恐斗争中承担更多的责任，向阿富汗提供更多的援助。此外，阿富汗主流媒体也呼吁中国利用自身影响力施压巴基斯坦促使其和阿富汗进行反恐合作。此类媒体话语有"有证据表明，阿富汗向中国提供了许多情报，以引起其注意并向巴基斯坦施加压力"[4]，"据说在加尼总统首次访华之后，中国可以利用其影响力向巴基斯坦施加压力，要求其在阿富汗和平进程中进行真诚的合作"[5]，"阿富汗政府已将与叛乱分子实现和平作为首要任务之一，并呼吁与叛乱分子进行直接对话，敦促中国向巴基斯坦施加压力，要求其为阿富汗的和平努力"[6]，"阿富汗希望中国向巴基斯坦施加压力，促使巴基斯坦'停止资助恐怖主义'"，等等。中国一贯奉行不干涉别国内政的外交传统，鼓励阿巴双方协商，齐心协力消灭跨国恐怖组织。但

---

[1] 《塔利班袭击了巴达赫尚省几个警察哨所，20名士兵失踪》，黎明新闻网，2015年5月4日，https://tolonews.com/pa/afghanistan/په-بدخشان-کې-د-پولیسو-پر-څو-پوستو-د-طالبانو-بریدـ۲۰-تنه-سرتیری-تری-تم-شوي，访问日期：2023年4月8日。

[2] 《在喀布尔的四个城门安装安全扫描仪》，帕支瓦克新闻网，2015年9月8日，https://pajhwok.com/ps/2015/09/08/د-کابل-په-څلورو-دروازو-کې-امنیتي-سکینرو，访问日期：2023年4月12日。

[3] 《中国和阿富汗将在两国边界组建一个山地旅》，黎明新闻网，2018年4月21日，https://tolonews.com/index.php/pa/afghanistan/چین-او-افغانستان-پر-پوله-مد-غرنی-پوځي-څواک-لو-رامنځته-کوي，访问日期：2022年9月22日。

[4] 《阿富汗和中国开启了合作的新篇章》，黎明新闻网，2014年11月10日，https://tolonews.com/pa/afghanistan/افغانستان-او-چین-د-همکاریو-نوی-باب-پرانیستی-دی，访问日期：2022年9月22日。

[5] 《塔斯尼姆·伊斯拉姆：在中国的帮助下向巴基斯坦施加压力不是正确的选择》，黎明新闻网，2014年12月23日，https://tolonews.com/pa/afghanistan/تسنیم-اسلم-د-چین-په-مرسته-په-پاکستان-فشار-راورل-سم-تدبیر-نه-دی，访问日期：2023年4月13日。

[6] 《阿富汗政府与武装分子举行面对面的会谈》，帕支瓦克新闻网，2015年3月16日，https://www.pajhwok.com/ps/2015/03/16/حکومت-او-وسله-موال-مخالفین-به-مخامخ-خبری-وکړي，访问日期：2019年6月22日。

阿富汗主流媒体认为，"中国在政治、发展、经济方面都可以发挥积极的作用，但到目前为止中国还没有在阿富汗发挥所期望的力所能及的作用"。① 通过"阿富汗前总统卡尔扎伊表示，我们不应指望中国对巴基斯坦施加压力，因为那是不合理的期望，我们应该了解中国在巴基斯坦和阿富汗的利益的区别"② 这样的话语，阿富汗主流媒体把中国错误地建构成"利益追逐者"，而不是阿富汗面临重大挑战时可"患难与共"的好兄弟。

事实上，中国不断加强与阿富汗在安全方面的合作和沟通交流，积极搭建反恐、禁毒合作协调机制。2012年7月，中国公安部与阿富汗内政部共同签署了《中华人民共和国公安部禁毒局和阿富汗伊斯兰共和国内政部禁毒警察部队关于加强禁毒合作备忘录》，并于2013年成功实施跨国"控制下交付"行动。中国公安部与阿富汗内政部还建立了部级年度会晤机制，深化双方在执法安全各领域的合作。③ 2015年8月，中阿举行首届中阿两军战略对话，就继续坚决打击"东伊运"等恐怖势力进行了沟通与交流。④ 2016年8月，阿富汗、中国、巴基斯坦、塔吉克斯坦四国军队反恐合作协调机制（简称"四国机制"）成立，这是中国与周边国家建立的第一个军队间的多边安全合作机制。"四国机制"先后签署了《"阿中巴塔"四国军队反恐合作协调机制协定》及《"阿中巴塔"四国军队反恐情报协调中心议定书》，为不断加强地区联合反恐能力建设和反恐情报交流，共同维护四国安全利益以及地区和平与稳定

---

① 《中国举办的阿人内部会议再次推迟，什么也不会发生》，帕支瓦克新闻网，2019年11月24日，https://pajhwok.com/ps/2019/11/24/د-چین-بین-الافغاني-ناسته-بیا-خنډیدلې-او-，访问日期：2022年7月14日。

② 《担忧俄美在阿富汗的竞争》，黎明新闻网，2018年10月2日，https://tolonews.com/pa/afghanistan/افغانستان-کې-د-روسیې-او-امریکا-ترمنځ-د-سیالیو-په-اړه-اندېښنې，访问日期：2023年4月13日。

③ 《中国公安部与阿富汗内政部首次部级年度会晤举行 郭声琨与乌鲁米共同主持》，中国公安部网站，2015年5月13日，http://www.mps.gov.cn/n2253534/n2253535/c4927035/content.html，访问日期：2019年9月20日。

④ 《首届中阿两军战略对话在京举行》，中国军网，2016年8月5日，http://www.81.cn/jmywyl/2016-08/05/content_7192777.htm，访问日期：2019年9月20日。

作出了积极贡献。① 2017年底建立的中阿巴三方外长对话机制搭建了中、阿、巴深化反恐安全合作的磋商平台，落实了《中阿巴三方合作打击恐怖主义的谅解备忘录》项目清单，就三国加强反恐能力建设、禁毒等领域的合作以及情报共享与执法合作达成重要共识。此外，中国还通过人员培训与军事安全援助，积极帮助阿富汗加强禁毒、反恐能力建设。2002年以来，云南警官学院长期为阿富汗培训禁毒执法官员，2015年招收了来自阿富汗的禁毒警务硕士留学生。② 2015年1月，新疆边防总队联合新疆警察学院为来自阿富汗内政部的50名警官举办了为期一个月的阿富汗禁毒、反恐研修班。③ 2006年中国向阿富汗捐赠了一批先进的刑侦工具，2016年又向阿富汗提供了包括军用车零件、弹药和武器在内的军事援助。

第二，一些阿富汗主流媒体错误地认为，中国对阿富汗的经济援助力度不大。由于阿富汗把中国定位于"世界第二大经济体"，所以，阿富汗民众对于中国的经济援助就寄予了很高的期待。但事实是，中国不在阿富汗十大援助国之列。因此，阿富汗主流媒体通过有关中国对阿援助的话语，表达对中国对阿援助力度不符合阿主流媒体期待的不满和对中国加大对阿的经济援助力度的呼吁。此类媒体话语有"中国是世界第二大经济体，也是援助方面的

---

① 《首届"阿中巴塔"四国军队反恐合作协调机制高级领导人会议联合声明》，中国军网，2016年8月3日，http://www.mod.gov.cn/shouye/2016-08/03/content_4706881.htm，访问日期：2016年8月7日；《"四国机制"第二次联合工作组会议在京举行》，中国军网，2016年11月10日，http://www.mod.gov.cn/action/2016-11/10/content_4762453.htm，访问日期：2016年11月17日；《第二届"阿中巴塔"四国军队反恐合作协调机制高级领导人会议召开》，中国军网，2017年8月27日，http://www.81.cn/jwgz/2017-08/27/content_7732622.htm，访问日期：2019年9月20日；《阿中巴塔"四国机制"联合工作组年终会议在京举行》，中国驻阿富汗大使馆网站，2019年1月27日，http://af.china-embassy.org/chn/sgxw/t1632739.htm，访问日期：2019年9月20日。

② 《云南警官学院，全国首家招收禁毒警务硕士留学生》，2016年6月27日，云南网，http://society.yunnan.cn/html/2016-06/27/content_4406979.htm，访问日期：2016年8月7日。

③ 《新疆首次承办阿富汗禁毒、反恐研修班》，光明网，2015年2月1日，http://difang.gmw.cn/xj/2015-02/01/content_14706457.htm，访问日期：2016年8月7日。

超级大国"①,"中国不是阿富汗最大的捐助国之一"②,"阿富汗驻中国大使在采访中特别呼吁中国应帮助重建饱受战争的阿富汗"③,等等。帕支瓦克新闻网题为《国际红十字会每年向米尔瓦伊斯医院援助300万美元》的报道称中国20世纪70年代援建的米尔瓦伊斯医院（俗称"中国医院"）的经费不足，国际红十字会每年提供援助。④但在这篇报道以及其他相关报道中均未提及中国政府多年来不断为"中国医院"提供援助的情况。⑤由此可见，阿富汗主流媒体是在阿富汗自身经济利益诉求的驱使下，错误建构出了中国不是给予阿富汗大力帮助和支持的"真正的"好朋友的形象。

第三，一些阿富汗主流媒体错误地认为，阿富汗的经济利益在两国的经贸合作中受损。阿富汗主流媒体通过中阿经贸合作出问题的话语，建构出中国是"不可靠的"投资者和贸易伙伴的形象。此类媒体话语有"根据'全球见证'组织的说法，在将艾娜克铜矿交给中国中冶公司的过程中，没有对该项目的一些问题进行适当的分析，现在该项目面临经济、安全以及环境保护方面的问题。中国中冶公司签订的卢格尔省艾娜克铜矿项目合同没有反映该铜矿的实际价值，这可能会影响阿富汗其他矿产项目的价值。但是，阿富汗矿业部认为这些说法毫无根据，并表示艾娜克铜矿已按其价值交给中国中冶

---

① 《卡尔扎伊：中国可以在维护阿富汗和平方面发挥建设性作用》，黎明新闻网，2013年4月22日，https://tolonews.com/pa/afghanistan/کرزی-چین-کولای-شي-د-افغانستان-د-سولي-په-ټینګښت-کي-رغنده-رول-ولوبوي，访问日期：2022年9月27日。

② 《阿富汗总统和22名企业家将前往中国进行访问》，黎明新闻网，2014年10月22日，https://tolonews.com/pa/afghanistan/ولسمشر-او-۲۲-سوداګر-سره-به-چین-ته-په-سفر-لارشي，访问日期：2022年10月9日。

③ 《莫萨扎伊：中美应该合作而不是在阿富汗竞争》，帕支瓦克新闻网，2017年5月13日，https://pajhwok.com/ps/2017/05/13/موسی-زی-چین-او-امریکا-دي-په-افغانستان-کي，访问日期：2022年9月27日。

④ 《国际红十字会每年向米尔瓦伊斯医院援助300万美元》，帕支瓦克新闻网，2014年7月28日，https://pajhwok.com/ps/2014/07/28/سور-صلیب-هر-کال-له-میرویس-روغتون-سره-۳-م，访问日期：2022年10月3日。

⑤ 有关中国多年来对米尔瓦伊斯医院提供援助的内容，详见：《通讯：阿富汗的坎大哈有一座"中国医院"》，新华网，2019年7月13日，http://www.xinhuanet.com/2019-07/13/c_1124748867.htm，访问日期：2020年5月23日。

公司开发"，①"但是现在阿富汗矿业部的一些官员和矿业专家表示，阿姆河盆地油田项目协议的签署以及执行方式损害了阿富汗的利益，而且该协议与本地区和世界其他项目相悖，需要进行审查……阿富汗矿业部负责人说，阿富汗政府从该协议中获得的利益比该地区的其他任何项目协议都多……但是，萨尔普勒省议会主席阿萨杜拉·胡拉姆也批评中石油和瓦坦集团没有履行诺言，称修建炼油厂是该公司的主要承诺之一。"②，"在对卢格尔省的艾娜克铜矿的最新研究中，阿富汗的矿业观察组织表示，一家中国公司对该矿的开采可能会造成环境和地下水污染……该报告认为，在艾娜克铜矿开采过程中释放的气体会造成环境污染……该报告的作者相信，获得艾娜克铜矿项目的中国公司并不十分重视保护当地的文物，并打算在有文物的地方开采铜矿……阿富汗矿业专家舒贾·扎达认为，阿富汗政府和中国公司都应为艾娜克铜矿负责。他认为，阿富汗政府没有为艾娜克铜矿提供安全保障。另一方面，这家中国公司也有其他需求，随着世界市场矿产资源价格逐年上涨，该公司希望通过一些借口来推迟开采铜矿"③，"萨尔普勒省的居民和官员说，阿姆河盆地油田项目公司不仅没有兑现其建设许多项目的承诺，还造成了一些问题……当地居民阿卜杜拉称，该公司曾承诺在公路铺好前使用这条土路，且必须每天给这条土路洒水，但这个工作没有做……一位名叫哈菲祖拉的当地居民称，运油的车太重，导致道路塌陷……萨尔普勒省省长穆罕默德·查希尔·瓦赫达特也提到上述诺言，并表示中国公司没有履行诺言。此外，该公司的运油车还损坏了某些地区的供水网络……在萨尔普勒省阿姆河盆地油田项目现场的经理工程师阿卜杜勒·瓦西·哈米德承诺今后不允许任何车辆在城市街道穿行。他说，司机们是自己通过城市运输燃料，但如果还这样做，车辆将停运。但是，他就土路洒水一事表示，一直雇有一辆车在土路上洒

---

① 《阿富汗矿业部否认艾娜克铜矿价值被低估》，黎明新闻网，2012年11月21日，https://tolonews.com/pa/afghanistan/د-کانونو-وزارت-د-مس-کان-د-لر-ارزښتنه-موراندې-کېدو-مسله-ردکړه，访问日期：2023年4月13日。

② 《阿姆河盆地项目协议损害阿富汗利益》，帕支瓦克新闻网，2014年11月30日，https://pajhwok.com/ps/2014/11/30/د-امو-نفتي-حوزې-تړون-د-افغانستان-پر-زيان，访问日期：2022年7月28日。

③ 《艾娜克铜矿项目面临困难》，帕支瓦克新闻网，2013年11月26日，https://pajhwok.com/ps/2013/11/26/د-عينک-د-مس-کان-د-پروژې-چارې-له-ستونزو-س，访问日期：2023年4月13日。

水。阿姆河项目的一位运输司机表示，由于现有道路未铺砌，并且穿越未铺砌的道路给人们带来了不便，因此，在安全部队的允许下，燃油车可以通过城市"[1]，"阿富汗总统加尼表示，获得艾娜克铜矿的中国公司承诺修建铁路，但没有修建。因此，中国政府应鼓励该公司遵守诺言"[2]，"阿富汗矿业部长达乌德·沙阿·萨巴强烈批评中国中冶公司对开采艾娜克铜矿缺乏兴趣，并且强调该公司以各种借口不履行承诺……阿富汗矿业部长表示，我有证据表明，阿姆河盆地项目没有履行任何承诺，但要取消合约是非常困难的"[3]，"卢格尔省艾娜克铜矿地区的居民表示，自艾娜克铜矿合同签订以来已有数年之久，但签署合同的阿富汗政府和中国公司并未兑现自己的承诺"[4]，"中国和阿富汗政府一再承诺重建贯穿阿富汗东北部各省的'丝绸之路'，但每次看到巴达赫尚省安全局势动荡加剧，这些承诺就被遗忘了"[5]，"一些商人向中国驻阿富汗大使馆抱怨说，签证没有及时发放"[6]，等等。

然而事实却是自2014年以来，阿富汗政府未按合同要求落实磷矿[7]和煤矿资源开采事宜，长期没有完成文物发掘、土地征用、村庄搬迁和扫雷排雷等工作，加之安全形势的影响，项目进展受到严重影响。中方企业宁愿自己承受损失也未放弃最初承诺，此后，中国中冶与江西铜业组成的谈判小组与阿富汗矿业部进行了多轮修改采矿合同的谈判，积极探讨重启方案。正如帕

---

[1]《萨尔普勒省的一家中国石油公司未兑现承诺》，帕支瓦克新闻网，2016年6月19日，https://pajhwok.com/ps/2016/06/19/سرپل-کې-د-نفتو-استخراج-کوونکي-چینایي-شر，访问日期：2022年7月28日。

[2]《加尼总统：中国应帮助阿富汗打击恐怖分子》，帕支瓦克新闻网，2015年12月10日，https://pajhwok.com/ps/2015/12/10/ولسمشر-غني-چین-دې-ترهګرو-په-خیلو-کې-له，访问日期：2023年4月13日。

[3]《阿富汗矿业部长："伊斯兰国"对阿富汗的矿产开发构成威胁》，黎明新闻网，2015年6月8日，https://tolonews.com/pa/business/د-کانونو-وزیر-داعش-د-افغانستان-د-کانونو-د-کیندلو-لپاره-ګواښ-دی，访问日期：2023年4月13日。

[4]《艾娜克铜矿的居民：对我们的承诺尚未兑现》，帕支瓦克新闻网，2014年11月5日，https://pajhwok.com/ps/2014/11/05/د-مس-عینک-اوسیدونکي-له-مونږ-سره-شوي-ژمني/，访问日期：2023年4月13日。

[5]《塔利班袭击了巴达赫尚省几个警察哨所，20名士兵失踪》，黎明新闻网，2015年5月4日，https://tolonews.com/pa/afghanistan/په-بدخشان-کې-د-پولیسو-پر-څو-پوستو-تري-تم-شوي-۲۰-تنه-سرتیري-د-طالبانو-بریدر，访问日期：2023年4月8日。

[6]《贸易商抱怨中国大使馆的签证问题》，帕支瓦克新闻网，2014年4月16日，https://pajhwok.com/ps/2014/04/16/سوداګر-د-چین-په-سفارت-کې-د-ویزې-له-ستونز，访问日期：2023年4月13日。

[7] 磷是铜矿深加工过程中所需的一种矿物。

支瓦克新闻网在报道《中国公司：不会放弃艾娜克铜矿项目》中写的，"负责开采艾娜克铜矿的中国公司的负责人表示，到目前为止，该公司已经在该项目上耗资3.6亿美元，而且任何时候都不会放弃该项目"。① 在签证问题上，错就更不在中方，帕支瓦克新闻网报道称，"中国驻阿富汗大使馆的一名不愿透露姓名的阿富汗雇员告诉帕支瓦克通讯社，问题不在于中国大使馆的官员和工作人员，主要问题是商人提供的邀请函"。②

第二节 正在崛起的负责任大国

21世纪以来，中国积极参与国际事务，既享有了在国际体系内应有的权利，也认真履行了应尽的责任和义务，实现了与国际体系的充分融合。对此，阿富汗主流媒体进行了报道：一类是关于中国参与国际事务，开展多边外交活动的报道，如关于朝鲜半岛问题、叙利亚问题、G20会议、上合峰会等的报道；另一类是关于中国与美国、巴基斯坦、印度、俄罗斯、日本等国家双边外交活动的报道。阿富汗主流媒体的上述两类报道直观描绘了中国如何妥善处理与世界主要大国和国际组织的关系，阐释了中国的双边、多边外交政策，展现了中国的国际影响力，建构了一个正在崛起的追求和平的负责任大国形象。

一、负责任的和平外交大国

中国坚定不移走和平发展道路，既通过维护世界和平发展自己，又通过自身发展维护世界和平。③ 阿富汗主流媒体涉华报道密切关注中国积极主动在国际事务中承担更多的责任，传达了中国维护世界和平、促进共同发展的外交政策宗旨，表明了中国将自身的发展与人类命运紧密相连的决心，展现了

---

① 《中国公司：不会放弃艾娜克铜矿项目》，帕支瓦克新闻网，2013年12月21日，https://pajhwok.com/ps/2013/12/21/چینایي-کمپني-هېڅکله-به-د-مس-عینک-کان-له/，访问日期：2023年4月13日。

② 《贸易商抱怨中国大使馆的签证问题》，帕支瓦克新闻网，2014年4月16日，https://pajhwok.com/ps/2014/04/16/سوداګر-د-چین-په-سفارت-کې-د-ویزې-له-ستونز，访问日期：2023年4月13日。

③ 《杨洁篪：中国走和平发展道路不是权宜之计或外交辞令》，中国新闻网，2014年6月21日，http://www.chinanews.com/gn/2014/06-21/6305903.shtml，访问日期：2020年5月2日。

中国"温和宽厚"的负责任大国风范。

（一）世界和平与安全的维护者

在当今大多数地区性冲突的背后，都有不同大国之间博弈的影子，大国利益的协调与平衡牵扯着该地区乃至世界的和平与安全。作为联合国安理会五大常任理事国之一，中国肩负着维护国际社会和平与安全的责任和使命，在推动和平解决重大国际和地区热点问题上发挥着积极的建设性作用。对此，阿富汗主流媒体认为，中国主动承担维护国际秩序的责任，主张通过和平的政治外交手段解决争端，为维护世界和平贡献了力量。此类媒体话语有，在南北苏丹问题上，"中国外交部发言人华春莹表示，北京正在密切关注南苏丹地区的局势，并坚持通过谈判解决当前的问题"[1]；在伊朗核问题上，中国积极参加伊朗核问题各方会谈，"在瑞士日内瓦，美国、英国、德国、中国、俄罗斯、法国同伊朗达成协议，伊朗可以进行浓度5%以内的铀浓缩，停止进行5%浓度以上的铀浓缩"[2]，"2015年4月3日，伊朗与美国、中国、俄罗斯、法国、英国，外加德国就核问题达成了最终协议……中国外交部长对伊朗核问题达成协议表示欢迎，称这对世界来说都是一个好消息"[3]；在叙利亚问题上，"联合国安理会成员国对于叙利亚危机存在分歧，俄罗斯和中国反对军事干预"[4]，中国主张通过对话寻求政治解决，反对实施武力干涉或强行推动所谓"政权更迭"；在朝核问题上，为了和平解决朝鲜核问题，"中国常驻联合国代表刘结一表示，一项新的决议将有助于减少问题，实现无核化，维持和平与稳定，推动协商对话……中国建议朝鲜暂停其核武器和导弹计划，作为交换，

---

[1] 《奥巴马警告南苏丹》，黎明新闻网，2013年12月12日，https://tolonews.com/pa/world/سويلي-سودان-ته-د-اوباما-خبرداری，访问日期：2023年4月13日。

[2] 《阿富汗欢迎伊朗与西方和解》，帕支瓦克新闻网，2013年11月26日，https://pajhwok.com/ps/2013/11/26/افغانستان-د-ایران-او-غرب-د-جوړجاري-هرکل，访问日期：2023年4月13日。

[3] 《"伊朗与美国之间关系的改善符合阿富汗的利益"》，帕支瓦克新闻网，2015年4月4日，https://pajhwok.com/ps/2015/04/04/د-ایران-او-امریکا-تر-منځ-د-اړیکو-ښه-کیدل，访问日期：2023年4月13日。

[4] 《俄罗斯警告称勿对叙利亚采取任何军事行动》，黎明新闻网，2013年8月27日，https://tolonews.com/pa/world/0-روسیی-د-سوریی-پر-ضد-د-هر-ډول-پوځي-اقدام-په-اړه-خبرداری-ورکړ，访问日期：2022年8月14日。

美国和韩国暂停大规模军事演习"①,"中国赞赏朝鲜半岛和谈,并坚持通过对话解决朝鲜核问题"②;等等。

大国可以凭借自身的实力和影响力建立和维护一些促进地区和平与稳定的机制,主导调解和阻止可能的地区冲突。①对此,阿富汗主流媒体认为,中国主动承担大国责任,达成一系列正式和非正式的多边制度安排,切实维护了本地区的安全、稳定与繁荣。阿富汗主流媒体用新闻话语描绘了中国推动上合组织介入阿富汗问题、推动亚信在跨区域安全和发展事务中发挥更大作用、首次尝试动员本地区国家打击恐怖主义、积极参与伊斯坦布尔进程以及阿巴中美四方协调组等多边机制、推动建立中俄印以及中阿巴等多个阿富汗问题"小多边"机制,为推进阿富汗和平和解贡献中国力量、中国智慧与中国方案。此类媒体话语有"中国国家主席在上合组织峰会结束时的新闻发布会上表示,上海合作组织希望在阿富汗的重建中发挥重要作用"④,"王毅表示,上合组织成员国应该把安全合作作为优先方向,使其成为促进和平、稳定与发展的可靠基础……作为上合组织的成员国,中国愿意协助上合组织为阿富汗带来和平"⑤,"上合组织峰会首次把对'伊斯兰国'在阿富汗崛起的担忧放在会议议程的首位"⑥,"卡尔扎伊表示,这次亚信峰会的特殊意义在于,作为世界大国,中国希望通过这次会议建立符合亚洲利益的有效措施。这些措施

---

① 《联合国安理会谴责朝鲜试射导弹》,黎明新闻网,2016年2月8日,https://tolonews.com/pa/world/د-ملګرو-ملتونو-امنیت-شورا-د-شمالي-کوریا-له-خوا-د-توغندي-از-مویل-وغندل E2%80%8E%,访问日期:2023年4月13日。

② 《联合国秘书长担忧大规模杀伤性武器》,黎明新闻网,2018年1月19日,https://tolonews.com/pa/world/د-ملګرو-ملتونو-عمومي-سرمنشي-اندېښنه-پهیزي-وژونکو-وسلو-باندې E2%80%8E%,访问日期:2023年4月13日。

① 石宇:《中国负责任大国战略研究》,硕士学位论文,南开大学,2015,第33页。

④ 《上合组织希望在阿富汗发挥重要作用》,帕支瓦克新闻网,2012年6月7日,https://pajhwok.com/ps/2012/06/07/شانګهای-سازمان-په-افغانستان-کې-د-مهم-رو,访问日期:2023年4月13日。

⑤ 《中国支持上合组织为阿富汗带来和平的努力》,黎明新闻网,2015年6月5日,https://tolonews.com/pa/afghanistan/په-افغانستان-کې-د-سولي-پر-تینګښت-د-شانګهای-سازمان-له-هڅو-څخه-د-چین-ملاتړ,访问日期:2022年8月14日。

⑥ 《上合组织会议讨论对"伊斯兰国"在阿富汗存在的担忧》,黎明新闻网,2015年7月7日,https://tolonews.com/pa/afghanistan/په-افغانستان-کې-د-داعش-له-حضور-څخه-اندېښنې-د-شانګهای-ناستې-په-اجندا-کې,访问日期:2023年4月13日。

能够保持亚洲的和平、安全和稳定"①,"在中国乌鲁木齐市举行的阿中巴塔四国军队领导人会议上,四国就建立反恐合作协调机制达成协议……实际上,这是中国首次尝试动员本地区国家开展反恐"②,"中国外交部长参加了在伊斯兰堡举行的'亚洲之心'会议,并呼吁在该地区共同打击恐怖主义和极端主义"③,"中国在阿巴中美四方协调组中发挥了建设性作用"④,"周四,中国、俄罗斯和印度的高级官员在印度举行会议,讨论阿富汗问题,尤其是阿富汗的安全问题。中俄印三国达成协议,将共同努力实现阿富汗的稳定"⑤,"预计下周中国将在北京举行一次关于阿富汗的(中阿巴)三方会议,以缓解喀布尔和伊斯兰堡之间的紧张局势"⑥,等等。

（二）和平发展的实践者

今天的中国和世界都已经并且正在发生巨大的变化,中国在国际事务中发挥着日益重要的作用。中国坚持走和平发展道路,构建相互尊重、公平正义、合作共赢的新型国际关系,以共商共建共享为原则推动"一带一路"建设,稳步推进构建人类命运共同体的实践,以推动建设一个持久和平、普遍安全、共同繁荣、开放包容、清洁美丽的世界。

第一,突破零和博弈、赢者通吃的传统思维,与世界各国发展和平友好的伙伴关系,走出一条"对话而不对抗,结伴而不结盟"的新路。中国积极

---

① 《卡尔扎伊总统:阿富汗将与中国建立更牢固的关系》,帕支瓦克新闻网,2014年5月19日,https://pajhwok.com/ps/2014/05/19/ولسمشر-کرزی-افغانستان-به-له-چین-سره-لا-پ,访问日期:2022年9月21日。

② 《阿富汗、中国、巴基斯坦和塔吉克斯坦就反恐达成协议》,黎明新闻网,2016年8月4日,https://tolonews.com/pa/afghanistan/له-ترهګری-سره-د-مبارزی-لپاره-د-افغانستان-چین-پاکستان-او-تاجیکستان-هوکړه,访问日期:2022年8月19日。

③ 《中国承诺为阿富汗提供广泛支持》,黎明新闻网,2015年12月10日,https://tolonews.com/pa/afghanistan/چین-له-افغانستان-څخه-پراخ-ملاتړ-ته-ژمن-دی,访问日期:2023年4月13日。

④ 《中国在阿富汗和平与重建中的作用》,帕支瓦克新闻网,2018年4月30日,https://www.pajhwok.com/ps/opinion/د-افغانستان-په-سوله-او-بیارغونه-کی-د-چین,访问日期:2022年6月25日。

⑤ 《中国、俄罗斯和印度同意就阿富汗问题进行合作》,黎明新闻网,2015年5月30日,https://tolonews.com/pa/afghanistan/له-افغانستان-سره-د-چین-روسیی-او-هند-د-هوکړه,访问日期:2022年9月27日。

⑥ 《中国、阿富汗和巴基斯坦正在举行三方会议》,帕支瓦克新闻网,2017年12月22日,https://pajhwok.com/ps/2017/12/22/د-چین،-افغانستان-او-پاکستان-ترمنځ-دری-ا,访问日期:2023年4月13日。

推动构建"不冲突不对抗、相互尊重、合作共赢"的新型大国关系。中俄关系被中国视为建设新型大国关系的典范。对此,阿富汗主流媒体通过新闻话语展现了中俄在国际事务上保持密切的沟通协调,在叙利亚、朝鲜半岛、阿富汗等一系列国际和地区热点问题上表达一致性立场,共同为国际和地区的和平稳定与安全发挥着积极的"稳定器"作用的形象。此类媒体话语有"关于阿富汗和叙利亚问题,中国外交部已明确表示支持俄罗斯的政策主张。作为联合国安理会两个常任理事国,中俄表示将在全球问题上共同努力"[1],"中国和俄罗斯领导人呼吁美国和韩国不要采取可能挑起该地区冲突的行动"[2],"中俄对'伊斯兰国'在阿富汗的活动表示担忧"[3],等等。在"亲诚惠容"的周边外交新理念以及"与邻为善、以邻为伴"的周边外交方针的指导下,中国进一步深化同周边国家的友好关系。在中印关系方面,阿富汗主流媒体认为,尽管中印之间仍有领土争端并发生了边境对峙事件,但中国"表现克制",采取和平的方式解决两国的问题,传递了追求和平的中国形象。此类媒体话语有"最近印度军队越境进入中国……到目前为止,中国政府已多次要求印度政府要无条件撤军"[4],"不久前,印度和中国军队在洞朗地区发生对峙。但是在两国官员多次会谈之后,局势恢复了正常"[5],"2017年,中国和印度军队在洞朗地区发生了持续73天的对峙。但是现在两国将和平解决边境问

---

[1] 《北京:中国支持俄罗斯在阿富汗问题上的立场》,黎明新闻网,2016年10月11日,https://tolonews.com/pa/afghanistan/بیجنگ-چین-د-افغانستان-په-اره-د-روسیی-له-دریخه-ملاتر-کوي,访问日期:2022年8月14日。

[2] 《中国和俄罗斯敦促美国避免任何可能挑起冲突的行为》,黎明新闻网,2017年7月5日,https://tolonews.com/pa/world/چین-او-روسیه-له-امریکا-له-شخړه-رامنځته-کوونکو-کړنو-ډډه-وکړي,访问日期:2023年4月14日。

[3] 《中俄对"伊斯兰国"在阿富汗的活动表示担忧》,帕支瓦克新闻网,2017年8月5日,https://pajhwok.com/ps/2017/07/05/چین-او-روسیی-په-افغانستان-کی-د-داعش-پر-فع,访问日期:2023年4月14日。

[4] 《印度准备与中国和巴基斯坦讨论边界问题》,黎明新闻网,2017年7月14日,https://tolonews.com/pa/world/international/له-چین-او-پاکستان-سره-د-سرحدي-ستونزو-د-خبرو-لپاره-د-هند-چمتووالی,访问日期:2023年4月14日。

[5] 《中国准备与印度就中巴经济走廊进行对话》,黎明新闻网,2018年1月30日,https://tolonews.com/pa/world/د-ستری-اقتصادي-پروژی-په-اره-د-هند-سره-د-چین-د-خبرو-لپاره-چمتووالی,访问日期:2023年4月14日。

题"①，等等。

第二，中国坚持以共商共建共享为原则倡导并推动"一带一路"建设，主动向世界提供战略机遇，共同打造人类命运共同体。阿富汗主流媒体认为，作为中国向世界提供的公共产品，"一带一路"倡议既是对古代丝绸之路精神的传承发扬，又是中国在共同发展中寻求各方利益最大公约数的合作构想，不仅将极大地带动全球经济的包容性增长，也使共建国家从中获益。此类媒体话语有"'一带一路'倡议是对古丝绸之路的发展，旨在加强亚洲、欧洲和非洲国家之间的贸易、经济、文化和技术联系，推动地区经济的发展，维护国家间政治与经济的稳定……'一带一路'不仅包括道路，还包括港口、铁路、机场、电站、油气管道以及自由贸易区的建设"②，"中国国家主席说，'一带一路'倡议将为国家间彼此的自由贸易关系铺平道路，促进全球贸易和经济"③，"阿富汗住房和城市发展部部长赛义德·萨达特·曼苏尔·纳德里表示，'丝绸之路经济带'的建设对于稳定世界经济非常重要，对于改善各国的经济也是有效的"④，"中国的'一带一路'是一个将中国与亚洲、欧洲和非洲联结起来的重大项目"⑤，等等。在"一带一路"倡议框架下，中国将进行巨额投资，推动共建国家基础设施的升级以及贸易投资的便利化和自由化，最终实现亚洲、欧洲、非洲的互联互通。此类媒体话语有"为了满足'一带一路'的资金需求，中国成立了一家注册资本1000亿美元的亚洲基础设施投资银行"⑥，

---

① 《中国：对中国驻巴领事馆的袭击不会破坏中巴两国的关系》，黎明新闻网，2018年11月28日，https://tolonews.com/pa/world/ چین-پاکستان-کي-د-چین-پر-کنسلگری-بريد-زمور-اريکي-نه-زيامني-کوي，访问日期：2023年4月14日。

② 《中国，当我看到他》，帕支瓦克新闻网，2017年5月11日，https://pajhwok.com/ps/opinion/؟چین-کلمه-چي-ما-وليد-，访问日期：2022年10月21日。

③ 《中国宣布斥资1240亿美元复兴丝绸之路》，帕支瓦克新闻网，2017年5月14日，https://pajhwok.com/ps/2017/05/14/م-٤٢١-لپاره-غولو-بیار-لاری-د-ورېښمو-چين，访问日期：2023年4月15日。

④ 《阿富汗总统坚持重建丝绸之路》，黎明新闻网，2017年10月20日，https://tolonews.com/pa/business/ د-ورېښمو-لاری-بیار-غوني-د-افغان-ولسمشر-تینگار-د，访问日期：2023年4月15日。

⑤ 《联阿援助团任期延长》，黎明新闻网，2019年9月18日，https://tolonews.com/pa/afghanistan/ افغانستان-کي-د-يوناما-ماموريت-تمديد-شو，访问日期：2023年4月15日。

⑥ 《哈基米："一带一路"项目对该地区至关重要》，黎明新闻网，2017年3月31日，https://tolonews.com/index.php/pa/business/ حکيميد-»يو-کمربند-يوي-لاری«-پروژه-د-سیمي-لپاره-مهمه-ده，访问日期：2023年4月16日。

等等。阿富汗主流媒体也表示，"一带一路"倡议面临地缘政治冲突问题以及西方国家的"抵制"等风险和挑战。此类媒体话语有"'一带一路'倡议的实施还存在障碍。该地区以及共建国家的政治博弈是一个大的挑战。印巴之间的克什米尔问题以及政治和军事对抗，其他国家在阿富汗的博弈都是'一带一路'面临的挑战"①，"中国外交部表示，印度对'中巴经济走廊'具有非经济方面目的的担忧是毫无根据的，但我们尊重印度方面的观点"②，等等。此外，阿富汗主流媒体也担忧"一带一路"倡议有隐性的经济动机，比如，有媒体说，"'一带一路'倡议的目的不仅是发展中国西部落后地区的经济，而且是要向西连接中亚、欧洲，向东连接东南亚国家，向南连接南亚和非洲国家，最终，为中国落后的西部地区人民提供就业机会，为出口中国商品提供便利"。③

第三，作为现行国际体系的参与者，中国与其他国家共同应对全球性挑战，为推动全球治理体系朝着更加公正合理的方向发展贡献中国智慧和中国方案。在全球经济复苏缓慢的背景下，中国首次主办G20峰会，发表了《二十国集团领导人杭州峰会公报》和28份具体成果文件，推动全球经济治理体系朝着更加包容、有效的方向发展，也为全球经济走出困境发挥了重大作用。阿富汗主流媒体认为这"既彰显中国毋庸置疑的国际影响力，也展现其承担大国责任的意识"。④阿富汗主流媒体认为中国和二十国集团将为世界经济指明方向，规划路径，带动全球经济走出困境，踏上健康之路。此类媒体话语有"习近平强调，我希望这次会议能够再次为世界经济找到正确、有效的道路，引领世界经济走上强劲发展之路……据说中国希望通过这次会议为世界

---

① 《中国，当我看到他》，帕支瓦克新闻网，2017年5月11日，https://pajhwok.com/ps/opinion/؟-چین-کلمه-چی-ما-ولید，访问日期：2020年3月18日。

② 《中国准备与印度就中巴经济走廊进行对话》，黎明新闻网，2018年1月30日，https://tolonews.com/pa/world/دسترسي-اقتصادي-پروژي-په-اړه-هند-سره-مد-خبرو-لپار-مد-چین-چمتووالی，访问日期：2023年4月14日。

③ 《中国，当我看到他》，帕支瓦克新闻网，2017年5月11日，https://pajhwok.com/ps/opinion/؟-چین-کلمه-چی-ما-ولید，访问日期：2020年3月18日。

④ 《海外积极评价中国主办G20杭州峰会：展现大国担当，助推全球经济》，中国社会科学网，2016年9月6日，http://www.cssn.cn/hqxx/yw/201609/t20160906_3191907.shtml，访问日期：2020年4月28日。

经济提供有效和实用的解决方案"①，等等。此外，阿富汗主流媒体还报道了中国积极参与各项应对全球挑战和威胁的多边治理努力。此类媒体话语有，"（为了应对气候变化，）包括印度和中国在内的134个国家已经宣布支持《巴黎协定》"②，"中国表示，将在未来5个月内提交人大批准该协定。中国国务院副总理张高丽表示，中国已向其他二十国集团成员发出倡议，并将与世界各国一道，推动协定早日生效"③，等等。阿富汗主流媒体还报道在应对自然灾害方面，中国及时向受灾国提供力所能及的人道主义援助。此类媒体话语有"中国已要求军舰和飞机协助全球搜寻（2014年）亚洲航空失事航班"④，"包括美国、中国、印度、以色列在内的许多国家的军用飞机投入对尼泊尔人民的援助工作"⑤，等等。

阿富汗主流媒体对于中国参与国际事务的上述报道说明，阿富汗主流媒体认为中国在很多重大国际问题的解决中都有着举足轻重的作用。此类媒体话语有"美军参联会主席约瑟夫·邓福德将军表示，为了向朝鲜施加外交和经济压力并迫使其放弃核计划，我们需要中国在这一领域的合作。中国将在实施联合国安理会对朝鲜的制裁方面给予我们帮助"⑥，"北约秘书长强调，我认为，没有包括中国在内的该地区其他国家的合作，就无法解决阿富汗的冲突"⑦，等等。上述对中国作用的表述充分说明了阿富汗主流媒体认为，中国

---

① 《G20峰会在中国召开》，黎明新闻网，2016年9月5日，https://tolonews.com/pa/afghanistan/پهـچینـکیـدـجي%E2%80%8Eپیلـناستيـاقتصاديـ۰۲，访问日期：2023年4月16日。

② 《奥巴马：全世界历史性见证了防止全球变暖》，黎明新闻网，2015年12月13日，https://tolonews.com/pa/world/اوباماـنرىـدـخمکيـدـهواـبدلونـدـمخنيويـلپارهـيوهـتاريخيـليدنهـوکره，访问日期：2023年4月16日。

③ 《170个国家签署了〈气候变化协定〉》，黎明新闻网，2016年4月23日，https://tolonews.com/pa/world/هيوادونوـترمنخـدـهواـحالاتوـدـبدلونـهوکرهـلاسليکـشوه۰۷۱ـد，访问日期：2023年4月16日。

④ 《亚航飞机残骸和遇难乘客遗体被找到》，黎明新闻网，2014年12月31日，https://tolonews.com/pa/world/دـايرـآسياـدـالوتکيـتوتيـاوـدـمسپروـمړيـمونډلـشويـدي，访问日期：2022年9月27日。

⑤ 《继续向尼泊尔提供援助；死亡人数已上升到5000人》，黎明新闻网，2015年4月29日，https://tolonews.com/pa/world/نيپالـتهـدـمرستيـرسونيـدوام؛مرګـژوبلهـلهـ۵ـزروـخخهـاوښتي，访问日期：2023年4月16日。

⑥ 《美国准备应对朝鲜的核计划》，黎明新闻网，2017年8月15日，https://tolonews.com/pa/world/امريکاـدـشماليـکورياـاتوميـپروګرامـخوابـيهـمدرشلـکي，访问日期：2023年4月16日。

⑦ 《北约：阿富汗政府对中国的军事存在作出决定》，帕支瓦克新闻网，2018年2月15日，https://pajhwok.com/ps/2018/02/15/افغـپريکړهـارهـپهـحضورـپوځيـدـچينـناتوـد，访问日期：2023年4月16日。

虽不能单独解决问题，但如果没有中国的配合与支持，可能很多问题就难以取得进展。但是，除了"一带一路"倡议外，阿富汗主流媒体对于中国参与解决全球问题的很多报道缺乏相关细节。比如，没有报道中国在解决气候问题上率先作出"节能减排"的承诺以及对外实施的气候援助，也没有报道中国在解决伊朗核问题、叙利亚问题方面作出的努力。这一方面从侧面展现了阿富汗主流媒体认为，中国"在许多与己无关的问题领域，参与程度有限，比较缺乏参与和设计意识，很难成为议程的制订者"，最终只能被动接受通过的结果；[1] 另一方面也说明，阿富汗主流媒体认为，目前中国在对接国际法、国际规范和国际制度方面，离一个"负责任的大国"、拥有广泛国际威望和声誉的大国有一定距离。[2]

二、日益崛起的新兴大国

中国一再宣示，坚持走和平发展的道路，不走传统大国崛起的道路，不争霸、不称霸，和平解决争端，实现合作共赢等，这些都是以往任何崛起大国没有承诺过的。[3] 这向世界传递了一个"温厚"的大国形象。一方面，阿富汗主流媒体认为中国坚持走和平发展道路，具有全球影响力并承担了更多的国际责任和义务；但另一方面，受西方媒体以及中国周边局势变动的影响，随着中国经济军事力量以及国际影响力的不断增强，阿富汗主流媒体也对一个日益崛起的中国表现出担忧和焦虑。这表现为阿富汗主流媒体的涉华报道中存在一定程度的"中国威胁论"，这些报道错误地把中国塑造成了世界秩序的"破坏者"而不是"对话者"，向阿富汗民众传递了一个日益崛起、"对外强硬"的大国形象。

（一）美国霸权的"挑战者"

中国的快速崛起已经成为当今世界的一个重要议题，对于世界的和平与发展将会产生重大影响。根据历史上大国崛起的理论和经验，即"崛起国军

---

[1] 彭莉媛：《从会费变化看中国与联合国关系的演变》，《国际论坛》2007年第4期，第52页。

[2] 卢光盛、许利平：《周边外交"亲诚惠容"新理念及其实践》，《国际关系研究》2015年第4期，第55页。

[3] 张蕴岭：《中国的周边区域观与新秩序构建》，载张清敏主编《解读新时代中国外交理念》，五洲传播出版社，2020，第154页。

事力量膨胀超越经济发展，最终以武力挑战现存的霸权国及霸权体系"[1]，中国的快速崛起势必要挑战美国的霸权地位以及美国主导的国际体系。实事求是地讲，中国无意挑战美国，也不想取代美国。但是，随着全球影响力的逐渐增强，中国势必会在一些领域冲击美国的霸权地位和利益。因此，阿富汗主流媒体认为，中国最有可能成为美国霸权的"挑战者"。

第一，中美两国在亚太地区"迎头相撞""短兵相接"。2012年1月，美国总统奥巴马宣布将美军战略重心转向亚太地区，亚太力量结构发生急剧变化。黎明新闻网报道，"中国国家电视台曾表示，美国在该地区的存在有利于地区稳定，中国在该地区的经济发展也会加快，但警告说，美国的军事存在将使亚太地区的和平面临威胁"[2]。从阿富汗主流媒体对于美国不断强化在亚太地区的军事存在、维护其亚太海上主导地位的报道可以看出，阿富汗主流媒体认为中国表现相对克制，但也展现了坚决捍卫主权、维护国家利益的决心和勇气。此类媒体话语有"中国军机对进入中国东海航空识别区的美国和日本飞机进行监视"[3]，"中国敦促美国和韩国停止部署'萨德'系统，避免采取威胁中国国家利益的行动，中国将采取必要的措施捍卫自己的利益"[4]，"除了在韩国部署'萨德'系统外，美国在中国南海海域的巡航加剧了北京与华盛顿之间的紧张关系，中国称该地区是自己的领海"[5]，"美国军舰昨天进入南海，但在受到两艘中国军舰的威胁后离开了该区域"[6]，等等。

第二，中国在叙利亚问题上与美国博弈。在叙利亚问题上，中国一反长期保持的"低调审慎"，截至2019年底，先后八次否决了西方的"叙利亚问

---

[1] 杜雁芸：《美国政府对中国国家形象的认知》，时事出版社，2013，第102页。
[2] 《中国对美国在亚太地区的存在发出警告》，黎明新闻网，2012年1月7日，https://www.tolonews.com/pa/world/په-اقیانوس-کې-د-امریکي-د-شتون-په-اره-د-چین-خبرداری，访问日期：2019年1月25日。
[3] 《中国监视美国、日本战机》，黎明新闻网，2013年11月30日，https://tolonews.com/pa/world/چین-امریکایی-او-جاپانی-الوتکی-څاري，访问日期：2023年4月16日。
[4] 《中国呼吁美国停止部署"萨德"系统》，黎明新闻网，2017年4月26日，https://tolonews.com/index.php/pa/world/چین-له-امریکا-د-دفاعي-ډال-لګولو-درولو-غوښتنه-کړی-ده，访问日期：2022年7月9日。
[5] 《中国尝试缓解朝鲜半岛紧张关系》，黎明新闻网，2017年3月8日，https://tolonews.com/pa/world/چین-او-کوریا-تاپو-وزمي-ترمنځ-د-کرکېچ-لیري%E2%80%8Eهڅي-والي，访问日期：2023年4月16日。
[6] 《美国军舰进入南海，对中国构成威胁》，黎明新闻网，2018年3月24日，https://tolonews.com/pa/world/امریکایي-پوځیانو-سره-د-چیني-نښتې-په-اره-د-چین-ګواښ，访问日期：2022年6月27日。

题"草案,表明了在叙问题上反对西方插手并企图强行更迭叙利亚现政权的坚决态度。① 阿富汗主流媒体虽然报道了中国希望通过政治手段解决叙利亚问题,反对使用武力,但错误地把叙利亚未达成和平协议以及叙利亚国内局势再度恶化归因于中国和俄罗斯的反对票。类似话语有"联合国决议未通过导致了叙利亚国内针对平民的暴力袭击急剧增加……到目前为止,叙利亚已有7000人丧生"②,等等。

第三,中国在军事科技领域与美国形成竞争之势。黎明新闻网认为,近年来,中国的军事现代化取得了长足发展,航天科技和超级计算机成为中国科技形象的两张闪亮名片。有关嫦娥三号探月、嫦娥四号探索月球背面、北斗导航系统、"神威·太湖之光"超级计算机等内容的新闻报道都体现了中国航天科技和超级计算机处于世界领先水平。黎明新闻网认为,中国在航天科技、超级计算机等尖端领域与美国已形成竞争之势。此类媒体话语有"美国对中国的这次空间计划表示担忧,称这将破坏美国的太空计划"③,"美国和中国在研发世界上计算能力最强大、最快的计算机方面竞争激烈"④,等等。不过,阿富汗主流媒体认为,"一年多来,美国一直与中国、墨西哥等主要贸易伙伴发生纠纷,据说这不仅损害了这些国家的利益,而且对世界经济也造成伤害"⑤。

(二)周边国家的"威胁者"

首先,一些阿富汗主流媒体错误地认为,中国军力发展对地区乃至世界

---

① 2011年10月4日、2012年2月4日、2012年7月19日、2014年5月22日、2016年12月5日、2017年2月28日、2019年9月19日、2019年12月20日,联合国安理会就叙利亚问题相关决议草案进行表决。由于草案一味对叙施压并使用制裁,不利于叙局势走向缓和,作为联合国安理会常任理事国,中国投票否决,使得相关草案未获通过。

② 《叙利亚一条输油管道发生爆炸》,黎明新闻网,2012年2月15日,https://tolonews.com/pa/world/په-سوریه-کې-د-تېلو-په-یو-پایپ-لاین-کې-چاودنه-مشوې,访问日期:2023年4月16日。

③ 《中国成功向月球发射探测器》,黎明新闻网,2013年12月2日,https://tolonews.com/pa/world/چین-په-بریالیتوب-سره-فضایي-تګ-بیری-و-استوله,访问日期:2023年4月16日。

④ 《美国建造出最快的计算机》,黎明新闻网,2018年6月13日,https://tolonews.com/index.php/pa/science-technology/امریکا-تر-تولو-چټک-کمپیوټر-جوړ-کړی,访问日期:2023年4月16日。

⑤ 《国际货币基金组织:预计美国经济今年将增长2.6%》,黎明新闻网,2019年6月7日,https://tolonews.com/pa/world/د-پیسو-نړیوال-صندوق-د-امریکا-اقتصاد-به-سږکال-۲.۶-سلنه-ودې-ولری,访问日期:2023年4月16日。

安全产生"威胁"。黎明新闻网认为，由于中国与周边国家存在领土和领海争端，中国加大军费投入并积极研发现代化高科技武器具有重要的军事战略意义。阿富汗主流媒体的报道渲染了日益崛起的中国将成为周边国家乃至世界的"威胁"。此类媒体话语有"为了成为世界主要大国，中国已经在军事上投入大量资金，其中很大一部分投给了海军……在与邻国发生边界争端之后，中国一直密切关注其军事力量发展。事实上，中国2017年的军事活动增加了11%。中国2012年的军费支出达到1100亿美元"[1]，"除俄罗斯外，中国也在开发雷达制导的高超音速导弹"[2]，"在中国努力扩大其军事实力之后，世界各国都是中国寻求的战略目标……中国将扩充自己的军事力量，为战争做好准备"[3]，等等。

但是，中国多次公开表示，中国军队的现代化建设旨在维护国家利益，捍卫国家主权和领土完整，"中国始终不渝奉行防御性国防政策"，"坚持永不称霸、永不扩张、永不谋求势力范围"，"这是新时代中国国防的鲜明特征"。"近年来，中国同周边国家常态组织反恐、维和、救援和军兵种技战术等系列联合演习和训练，广泛开展边防海防、院校智库、教育训练、医学医疗、装备技术等交流，务实合作不断深入，同东盟防务合作水平不断提升，同周边国家军事关系总体稳定。"[4] "中国军队坚持履行国际责任和义务，始终高举合作共赢的旗帜，在力所能及的范围内向国际社会提供更多公共安全产品，积极参加国际维和、海上护航、人道主义救援等行动，加强国际军控和防扩散合作，建设性参与热点问题的政治解决，共同维护国际通道安全，合力应对恐怖主义、网络安全、重大自然灾害等全球性挑战，积极为构建人类命运共

---

[1] 《中国航母抵达香港》，黎明新闻网，2017年7月7日，https://tolonews.com/pa/world/د-چین-الوتکه-ورونکي-بېرۍ-هانک-کانګ-ته-مورسیده，访问日期：2023年4月16日。

[2] 《俄罗斯研制的高超音速导弹正式服役》，黎明新闻网，2019年12月28日，https://tolonews.com/pa/world/روسیې-له-غږه-چټک-توغندی-په-خپل-پوځي-ماموریت-کې-شامل-کړ，访问日期：2023年4月16日。

[3] 《中国正在提高自身的军事实力》，黎明新闻网，2018年3月5日，https://tolonews.com/pa/world/چین-خپلی-پوځي-وړتياوی-زياتوي，访问日期：2023年4月16日。

[4] 《新时代的中国国防》，新华网，2019年7月24日，http://www.xinhuanet.com/politics/2019-07/24/c_1124792450.htm，访问日期：2023年9月4日。

同体贡献力量。"① 可以说,"一支强大的中国军队,是维护世界和平稳定、服务构建人类命运共同体的坚定力量"。

其次,阿富汗主流媒体的报道在忽视中国维护国家主权以及东海、南海的历史背景下,错误地将中国刻画为一个对周边国家越来越强势的"强硬"国家。虽然黎明新闻网认为,"中国一贯奉行维护国家安全利益的防御性国防政策"②,但黎明新闻网仍渲染了中国与日本等邻国之间的领土问题,认为中日之间的领土问题影响了两国的经济合作。此类媒体话语有"周二,日本海军向进入钓鱼岛海域的台湾船只喷水。台湾海巡舰艇和渔船进入日本宣称拥有主权的海域,日本海军作出反应。据说,台湾的船只对日本的船只也做过同样的事情"③,"中国中央电视台报道,中国新型战斗机已成功试飞。该新型战机能够发射空对地和地对空导弹,在试飞过程中成功发射了300多枚导弹。中国之所以采取这一行动,是因为周五中国在东海海域组织海军部队和军舰进行演习"④,"中国宣布在有争议的岛屿建立禁飞区⑤,加剧了中日韩三国的紧张关系"⑥,"去年,中日在钓鱼岛发生争端,迫使中国出动'辽宁'号航空母舰"⑦,"在中国示威者的反日事件之后,很多日本大企业周二关闭了在中国的

---

① 《新时代的中国国防》,新华网,2019年7月24日,http://www.xinhuanet.com/politics/2019-07/24/c_1124792450.htm,访问日期:2023年9月4日。

② 《美国试图退出〈中导条约〉》,黎明新闻网,2018年10月24日,https://tolonews.com/index.php/pa/world/ د-منځني-واټن-ویشتونکو-هستوي-توغندیو-له-ترونه-د-امریکاد-وتلو-هڅي ,访问日期:2023年4月16日。

③ 《台湾船只进入日本水域》,黎明新闻网,2012年9月25日,https://tolonews.com/pa/world/ د-تایوان-بیړی-د-جاپان-اوبو-ته-دننه-مشوی ,访问日期:2023年4月17日。

④ 《中国试验新型战机》,黎明新闻网,2012年10月22日,https://tolonews.com/pa/world/ چین-خپلی-نوی-جنګی-الوتکی-واز مایلی ,访问日期:2023年4月17日。

⑤ 中国于2013年划设东海防空识别区,而不是禁飞区。详见:《中国政府发表声明宣布划设东海防空识别区》,中国政府网,2013年11月23日,http://www.gov.cn/jrzg/2013-11/23/content_2533235.htm,2020年4月24日。

⑥ 《约翰·克里开启对东亚国家的访问》,黎明新闻网,2014年2月10日,https://tolonews.com/pa/world/ جان-کری-د-ختیځی-آسیا-سفر-پیلوی ,访问日期:2023年4月17日。

⑦ 《中国航母抵达香港》,黎明新闻网,2017年7月7日,https://tolonews.com/pa/world/ د-چین-الوتکه-ورونکی-بیړی-هانګ-کانګ-ته-ور سیده ,访问日期:2023年4月16日。

工厂"①，"日本汽车制造商丰田、日产和本田宣布，在中国市场销量下滑"②，"据报道，钓鱼岛争端导致日本产品在中国的销量下降，而且中国政府不参加国际货币基金组织和世界银行在日本举行的理事会年会"③，等等。

中国在解决与周边国家间领土领海问题中，和平协商是重要方式，合作共赢是重要理念，"不惹事，不怕事"是重要原则。④ 钓鱼岛及其附属岛屿是中国领土不可分割的一部分。日本在1895年利用甲午战争窃取钓鱼岛是非法无效的。第二次世界大战后，根据《开罗宣言》和《波茨坦公告》等国际法律文件，钓鱼岛回归中国。无论日本对钓鱼岛采取任何单方面举措，都不能改变钓鱼岛属于中国的事实。长期以来，日本在钓鱼岛问题上不时制造事端。中国坚决反对和遏制日本采取任何方式侵犯中国对钓鱼岛的主权。中国在钓鱼岛问题上的立场是明确的、一贯的，维护国家主权和领土完整的意志坚定不移，捍卫世界反法西斯战争胜利成果的决心毫不动摇。⑤ 南海诸岛是中国固有领土。中国在坚定维护南海的领土主权和海洋权益的同时，坚持通过谈判协商解决争议，坚持通过规则机制管控分歧，坚持通过互利合作实现共赢，致力于把南海建设成和平之海、友谊之海和合作之海。⑥ 中国坚持走和平发展道路，但原则底线是维护国家核心利益。伴随中国实力的增长，周边有些国

---

① 《台湾船只进入日本水域》，黎明新闻网，2012年9月25日，https://tolonews.com/pa/world/د-تایوان-بېړۍ-د-جاپان-اوبو-ته-دننه-شوې，访问日期：2023年4月17日。

② 《中国不会参加国际货币基金组织和世界银行会议》，黎明新闻网，2012年10月11日，https://tolonews.com/pa/world/چین-د-ای-ام-اف-او-نړیوال-بانک-په-غونډه-کې-ګډون-نه-کوي，访问日期：2023年4月17日。

③ 《（日本）与中国的分歧导致贸易额降低》，黎明新闻网，2012年10月22日，https://tolonews.com/pa/world/له-چین-سره-د-اختلافونو-له-امله-د-جاپان-سوداګرۍ-د-بهیر-کمواالی，访问日期：2023年4月17日。事实上，中国人民银行副行长易纲与财政部副部长朱光耀共同率领中国政府代表团出席了国际货币基金组织和世界银行于2012年10月12日至14日在日本东京举行的理事会年会。详见：《中国政府代表团出席国际货币基金组织和世行年会》，中国政府网，2012年10月12日，http://www.gov.cn/gzdt/2012-10/12/content_2242380.htm，访问日期：2020年4月24日。

④ 羊绍武：《邓小平处理周边争端问题的战略性思维：构想与挑战》，《邓小平研究》2016年第2期，第74页。

⑤ 《〈钓鱼岛是中国的固有领土〉白皮书（全文）》，新华网，2012年9月25日，https://www.gov.cn/jrzg/2012-09/25/content_2232710.htm，访问日期：2023年9月4日。

⑥ 《中国坚持通过谈判解决中国与菲律宾在南海的有关争议》，中国政府网，2016年7月13日，https://www.gov.cn/zhengce/2016-07/13/content_5090812.htm，访问日期：2023年9月4日。

家以"国强必霸"的传统思维将中国视为发展"威胁",使中国的周边关系中出现了个别国家阻挠"和平协商"、排斥中国"共同开发"、扩大和强化非法占有有争议领土控制权等新的问题和挑战。① 2014年3月28日,习近平在德国柏林演讲中回答关于中国周边外交政策的问题时指出,在事关中国主权和领土完整的重大原则问题上,我们不惹事,但也不怕事,坚决捍卫中国的正当合法权益。② "不惹事"即不主动挑起领土争端,"不怕事"即中国有能力有信心维护自己的合法权益。

最后,一些阿富汗主流媒体把新时代更加紧密的中巴命运共同体曲解为"结盟",错误认为这可能对本地区的和平与稳定造成"威胁"。阿富汗主流媒体通过新闻报道,极力渲染、污名化中巴全天候战略伙伴关系,这种做法具有明显的阿富汗国家安全利益的考量。此类媒体话语有"中国是巴基斯坦的主要盟国之一"③,"据说,当中国国家主席的专机进入巴基斯坦领空时,巴基斯坦8架战机起飞全程护航……中国是巴基斯坦最大的合作伙伴之一,去年中巴双边贸易额达160亿美元"④,"中国和巴基斯坦空军在新疆地区进行了联合训练"⑤,"中国还需要巴基斯坦的帮助来扩大北京在印度洋的影响力"⑥,等等。正如阿富汗高级和平委员会国际关系负责人萨玛伊尔·卡西米尔所说,"毫无疑问,中国是巴基斯坦最亲密的朋友,可以对巴基斯坦施加压力,使其

---

① 羊绍武:《邓小平处理周边争端问题的战略性思维:构想与挑战》,《邓小平研究》2016年第2期,第74页。

② 《习近平在德国发表重要演讲,强调中国坚定不移走和平发展道路》,《人民日报》2014年3月30日,第1版。

③ 《专家希望参加阿富汗和谈》,黎明新闻网,2014年10月23日,https://tolonews.com/pa/afghanistan/کاپو‑هانو‑د‑افغانستان‑د‑سولي‑په‑خبرو‑اترو‑کې‑ونډه‑اخیستنې‑ته‑هیله‑من‑دي,访问日期:2023年4月17日。

④ 《中国国家主席抵达巴基斯坦》,黎明新闻网,2015年4月20日,https://tolonews.com/pa/afghanistan/د‑چین‑ولسمشر‑پاکستان‑ته‑ورسید,访问日期:2023年4月17日。

⑤ 《巴基斯坦和中国军队举行联合军事训练》,黎明新闻网,2017年9月22日,https://tolonews.com/index.php/pa/world/پاکستان‑او‑چینی‑خواکونو‑گډ‑پوځي‑تمرینات‑ترسره‑کړل,访问日期:2023年4月17日。

⑥ 《华盛顿:在巴基斯坦的恐怖分子威胁阿富汗的安全》,黎明新闻网,2017年5月24日,https://tolonews.com/index.php/pa/afghanistan/0‑واشنګټنیه‑پاکستان‑کې‑ترهګر‑د‑افغانستان‑امنیت‑ګواښي,访问日期:2023年4月17日。

在阿富汗的和平谈判中更加真诚"。① 不过,阿富汗主流媒体的报道担忧中国会为自身利益与巴基斯坦"结盟",在处理阿巴关系、阿富汗和平进程等涉及巴基斯坦利益的问题时,会为了维护"盟友"的利益损害阿富汗以及本地区其他国家的利益。类似媒体话语有"在巴达赫尚省5名武装分子被杀之后,巴达赫尚省省长表示,巴基斯坦情报机构正试图在该省山区建立武装分子基地"②,"中国强调巴基斯坦为打击恐怖主义所作的努力,并表示国际社会不应忽视巴基斯坦为打击恐怖主义所作的努力……事实是,美国和其他一些地区国家已指控巴基斯坦支持恐怖主义"③,"中国表示,发生的针对驻卡拉奇领事馆的袭击不会损害中巴之间的关系。中国外交部发言人耿爽表示,中巴两国政府和两国人民表现出了相互友好、相互信任。事实证明,中巴友谊比山高、比海深。两国人民患难与共,任何企图破坏中巴友谊的行径都不会得逞"④,等等。

  历史上追逐霸权、结盟对抗、以大欺小的国际关系,为世界带来混乱甚至战争。当今世界不仅面临发展困境,还面临深刻的规则危机、信任危机、秩序危机。一些在长期国际实践中形成且被各国普遍认同和遵守的规则规范和道德观念被抛弃和践踏,一些事关战略稳定和全球福祉的国际条约和协定得不到履行甚至被撕毁和破坏。个别国家漠视国际公理,公然侵犯他国主权、干涉他国内政,动辄以大欺小、恃强凌弱。⑤ 面对当今世界仍普遍存在的冲突对抗、恃强凌弱和拉帮结派等现象,"中国的方案是:构建以合作共赢为核心

---

  ① 《专家希望参加阿富汗和谈》,黎明新闻网,2014年10月23日,https://tolonews.com/pa/afghanistan/کارپوهانو-د-افغانستان-د-سولی-په-خبرو-اترو-کی-ونده-اخیستنی-ته-هیله-من-دي,访问日期:2023年4月17日。

  ② 《巴达赫尚省省长:三军情报局试图在巴达赫尚省建立叛乱分子基地》,帕支瓦克新闻网,2013年5月23日,https://pajhwok.com/ps/2013/05/23/والي-اي-اس-اي-په-بدخشان-کي-وسلهوالو-مخا,访问日期:2023年4月5日。

  ③ 《中国:不应忽视巴基斯坦的反恐斗争》,黎明新闻网,2018年2月28日,https://tolonews.com/pa/world/international/چین-له-ترهګری-سره-د-پاکستان-مبارزه-باید-له-پامه-ونه-غورځول-شي,访问日期:2023年4月18日。

  ④ 《中国:对中国驻巴领事馆的袭击不会破坏中巴两国的关系》,黎明新闻网,2018年11月28日,https://tolonews.com/pa/world/چین-پاکستان-کي-د-چین-پر-کنسلګری-نه-زیامنی-اریکي-بربد-ز-مور-کوي,访问日期:2023年4月14日。

  ⑤ 《新时代的中国与世界》,中国政府网,2019年9月27日,https://www.gov.cn/zhengce/2019-09/27/content_5433889.htm,访问日期:2023年9月4日。

的新型国际关系"。"我们要树立建设伙伴关系的新思路。传统国际关系中经常看到的现象或是结盟，或是对抗。构建伙伴关系，就是要在上述两者之间走出一条'对话而不对抗，结伴而不结盟'的新路。""中国承认世界上仍然存在结盟政治的现实，尊重各国自主选择外交政策的权利，同时，我们更希望各方着眼时代发展潮流，探索构建不设假想敌、不针对第三方、更富包容性和建设性的伙伴关系。"[①] 近年来，中国高举和平、发展、合作旗帜，秉承平等、包容和共赢理念，努力构建全球伙伴关系网络，已同世界各国和地区组织建立伙伴关系113对（截至2023年2月），"朋友圈"不断扩大，全球伙伴关系网络越织越密。[②]

第三节 作为"他者"的中国

在本研究涉及的601篇阿富汗主流媒体普什图语涉华报道中，有关中国国情议题的报道共64篇，整体较为负面。下面，基于前文内容分析的数据，分别从经济、社会、文化三个维度来分析阿富汗主流媒体涉华报道建构的"中国国内事务方面的形象"。

一、经济形象

自改革开放以来，中国经济高速发展。在谈及中国经济实力时，阿富汗主流媒体多使用"中国是世界第二大经济体"[③] 等赞赏的话语，认可中国的经济实力以及中国在当今世界的经济地位，甚至认为"中国现在是世界第二大经济体，可能在几年内成为世界第一大经济体"，[④] 建构了一个"经济强大的

[①] 王毅：《构建以合作共赢为核心的新型国际关系》，载张清敏主编《解读新时代中国外交理念》，五洲传播出版社，2020，第17—19页。

[②] 当代世界研究中心：《努力为人类和平与发展事业贡献中国智慧、中国方案》,《人民日报》2023年2月24日，第9版。

[③] 《中国，当我看到他》，帕支瓦克新闻网，2017年5月11日，https://pajhwok.com/ps/opinion/چین-کله-چی-ما-ولید-؟，访问日期：2020年3月18日。

[④] 《外国叛乱分子在巴达赫尚省的瓦尔杜季县活动》，黎明新闻网，2015年8月1日，https://tolonews.com/pa/afghanistan/د-بدخشان-په-وردوج-ولسوالۍ-کې-بهرني-بلواګرۍ-جنګیږي，访问日期：2022年8月14日。

中国"的形象。但是，阿富汗主流媒体对中国经济关注不多，在601篇报道中仅有3篇中国经济方面的报道。这3篇报道时间分布于2012—2014年，主要关注中国经济发展中出现的问题，比如，"中国经济是该地区经济增长的主要因素之一。中国经济今年增长了7.8%，最初预计为8.2%……根据世界银行周一的报告，2012年中国的经济增长为7.7%，增速为13年来最低"[1]，"汇丰银行周四表示，中国的制造业在6月继续回落，达到过去9个月来的最低水平。这加剧了世界对中国这一世界第二大经济体发展的担忧……英国银行表示，2013年6月中国汇丰制造业PMI为48.3，低于前值，2012年9月中国汇丰制造业PMI为49.2"[2]，"国际分析人士将油价下跌归因于原油供应增加而需求下降，称中国是世界第二大经济体，但最近中国的制造业产量和原油需求均下降"[3]，这些话语表现出对中国经济担忧、不乐观的态度，塑造了中国"经济繁荣"但"增速放缓"的国家形象。这说明阿富汗主流媒体对中国的经济有一定的担忧和质疑。同时，3篇报道都没有对中国政府面对现实的经济问题所采取的措施进行报道，显示阿富汗主流媒体对中国经济存在一定的误解。

二、社会形象

阿富汗主流媒体有关中国社会议题的报道主要关注中国的社会发展以及存在的社会问题。阿富汗主流媒体对中国社会发展的报道主要体现为对科技进步的报道，而对社会问题的报道主要集中在公共安全事故与自然灾害两个主题上。

（一）发展的中国

科技是价值中立的，与现实的外交博弈和经济纠纷有一定的距离，所以

---

[1] 《国际货币基金组织认为亚洲经济增长低于西方国家》，黎明新闻网，2012年10月9日，https://tolonews.com/pa/business/د-پیسو-نړیوال-صندوق-د-آسیا-اقتصادي-وده-د-لودیخ-په-پرتله-کرار-ګڼي，访问日期：2023年4月20日。

[2] 《6月中国制造业产量创历史新低》，黎明新闻网，2013年6月20日，https://tolonews.com/pa/world/د-چین-تولیدات-په-جون-کی-تر-تولو-ټیټی-کچی-ته-رسیدلی，访问日期：2023年4月20日。

[3] 《长老院议员批评阿富汗油价上涨》，帕支瓦克新闻网，2014年12月28日，https://pajhwok.com/ps/2014/12/28/د-مشرانو-جرګی-غړو-په-هیواد-کی-د-تیلو-د-بی/，访问日期：2023年4月20日。

议题本身不会对中国形象造成负面影响。①相反，中国在科技领域的进步和成就提高了中国的国际地位和声望。阿富汗主流媒体在报道社会新闻时高度称赞了中国在航天、人工智能、计算机、医疗等领域的进步和成就，如"中国今天早上第一次成功发射了探月卫星。中国航天局说，该飞船被称为嫦娥三号，目标是对月球进行实地探测"②，"为了探测月球的背面，周一，中国用长征四号丙运载火箭成功将'鹊桥'号中继星发射升空。这是第一颗位于这一战略位置的国际卫星……中国在卫星发射领域位居世界前列，迄今已向太空成功发射了31颗北斗导航卫星"③，"中国在互联网和通信平台上已经使用了机器人记者"④，"中国研发的'神威·太湖之光'超级计算机是世界上最快的电脑，拥有每秒9.3亿亿次的计算能力"⑤，"中国首次研制成功一台自动医疗器械，能够在很短的时间内完成干细胞的培养"⑥。可以说，阿富汗主流媒体建构了一个科技进步显著、科技实力雄厚的中国国家形象。

（二）存在问题的中国

在601篇阿富汗主流媒体普什图语涉华报道中，对中国社会问题的报道有17篇，负面报道占35.3%，态度均值为1.65，偏消极。阿富汗主流媒体在报道中国社会问题时主要报道中国社会发展过程中的负面新闻，如公共安全、自然灾害、海外公民保护、人口和老龄化问题等社会问题。

一是报道中国的公共安全事故。此类媒体话语有"中国政府表示，由

---

① 周宏刚：《印度英文主流报纸的中国形象研究》，博士学位论文，华中科技大学，2013，第277页。

② 《中国成功向月球发射探测器》，黎明新闻网，2013年12月2日，https://tolonews.com/pa/world/چین-په-بریالیتوب-سره-سپوږمۍ-ته-فضایي-بېړۍ-واستوله，访问日期：2023年4月16日。

③ 《为探索月球的背面，中国已将卫星送入太空》，黎明新闻网，2018年5月23日，https://tolonews.com/pa/science-technology/چین-د-سپوږمۍ-د-بېلې-خوا-د-کشف-لپاره-فضاته-سپوږمکۍ-استولی，访问日期：2023年4月20日。

④ 《中国生产新闻机器人》，黎明新闻网，2018年11月10日，https://tolonews.com/pa/science-technology/چین-د-خبرویاندو-روبات-تولید-کړ，访问日期：2023年4月20日。

⑤ 《中国建造出最快的计算机》，黎明新闻网，2018年6月13日，https://tolonews.com/index.php/pa/science-technology/امریکا-تر-تولو-چټک-کمپیوټر-جوړ-کړی，访问日期：2023年4月16日。

⑥ 《中国制造第一台自动化医疗设备》，黎明新闻网，2018年5月16日，https://tolonews.com/pa/science-technology/چین-لومړنی-اوتوماتیکه-طبي-دستگاه-جوړه-کړی，访问日期：2023年4月20日。

于中国北京跨年庆祝活动的组织无序，导致35人死亡，42人受伤"①，"据报道，昨天中国天津发生一起爆炸，造成50人死亡，700人受伤以及大量财产损失"，②"中国（江苏响水）一家工厂发生爆炸，造成47人死亡，600多人受伤"③，等等。虽然报道议题稍显负面，但阿富汗主流媒体在报道中对中国政府在面对公共危机事件时采取及时、有效的应急措施给予了肯定，比如，"现场发布的图片显示，街上的许多伤员已经得到救治。中国政府表示，这起事件的受伤人员已被送往3所医院"④，"据中国中央电视台报道，国家主席习近平要求为爆炸受害者提供一切帮助，并扑灭大火……当地记者表示，防化部队已被派往该地区……中国政府表示，警方已经控制了当事公司的负责人"⑤。

二是自然灾害方面的报道。阿富汗主流媒体主要援引中国政府和媒体的消息，对"9·7"云贵交界5.7级地震、"4·20"雅安地震、"10·7"景谷地震、"2·6"高雄地震、"6·17"长宁地震以及2016年、2018年中国发生的洪灾进行了报道，主要对自然灾害以及灾害造成的损失进行了客观描写。比如，"据报道，地震中约800人受伤，约7000所房屋倒塌"⑥，"中国政府周六表示，昨天发生的地震造成的死亡人数已上升至160人，24人失踪，已有1.1万人在这次地震中受伤"⑦，"中国政府周三表示，周二晚间发生在中国西南部的地震

---

① 《中国新年庆祝活动的无序已造成35人死亡》，黎明新闻网，2015年1月1日，https://tolonews.com/pa/afghanistan/پەچین-کې-د-نوي-کال-د-جشن-په-لمانځنه-کې-بې-نظمۍ-د-۵۳-تنو-ځخه-ژوند-واخیست，访问日期：2023年4月20日。
② 《加尼总统对中国的爆炸事故表示遗憾》，帕支瓦克新闻网，2015年8月14日，https://pajhwok.com/ps/2015/08/14/ولسمشر-غني-د-چین-پر-چاودنه-خواشیني-څرګ，访问日期：2023年4月20日。
③ 《中国发生的爆炸已造成数百人伤亡》，帕支瓦克新闻网，2019年3月23日，https://pajhwok.com/ps/2019/03/23/چین-کې-چاودنې-سلګونه-کسانو-تەمرګ-ژوبله，访问日期：2023年4月20日。
④ 《中国新年庆祝活动的无序已造成35人死亡》，黎明新闻网，2015年1月1日，https://tolonews.com/pa/afghanistan/پەچین-کې-د-نوي-کال-د-جشن-په-لمانځنه-کې-بې-نظمۍ-د-۵۳-تنو-ځخه-ژوند-واخیست，访问日期：2023年4月20日。
⑤ 《中国发生爆炸，造成17人死亡》，黎明新闻网，2015年8月13日，https://tolonews.com/pa/afghanistan/پەچین-کې-د-یوی-چاودنې-له-امله-۷۱-تنه-ووژل-شوي，访问日期：2023年4月20日。
⑥ 《中国地震中受困群众的救援工作结束》，黎明新闻网，2012年9月10日，https://tolonews.com/pa/world/د-چین-پەزلزله-کې-د-بندو-کسانو-د-ژغورلو-عملیات-پای-تەرسیدل，访问日期：2023年4月20日。
⑦ 《中国地震死亡已上升至160人》，黎明新闻网，2013年4月21日，https://tolonews.com/pa/world/0-چین-کې-د-زلزلي-د-تلفاتو-شمیر-۱۶۰-کسانو-تەلور-شو，访问日期：2023年4月20日。

造成1人死亡，300多人受伤，50000多人流离失所。来自中国官方的消息来源表示，建筑物在几秒钟内倒塌，地震灾区的食品以及电力和通信网络被切断"①，"台湾当局已确认，该地区地震中有7人死亡；在救援行动中，有2名儿童从被毁建筑物中获救"②，"中国昨晚发生的地震中，有13人死亡，超过130人受伤。据中国媒体报道，昨晚的地震发生在四川省，10个村庄严重受损。"③，"暴雨和洪水已造成中国南部和中部地区120人死亡或失踪，并造成巨大的经济损失。该国的媒体报道说，洪水造成1900万人受灾，数百万人无家可归"④，"中国东部的洪水和降雨冲毁了农田，冲断了桥梁"⑤。同时，阿富汗主流媒体还对中国政府在面对灾害时采取的应急救济措施进行了报道，比如，"政府官员表示，四川省的救援行动仍在继续，已向该地区派出6000名士兵实施救援"⑥，"另一位当地官员表示，已经向地震灾区投入了3.2万兵力和600名救援人员"⑦。

此外，阿富汗主流媒体还就中国公民在巴基斯坦、阿富汗、泰国遇险，游戏造成大量青少年视力下降，中国实行的计划生育政策以及二孩政策进行了较客观的报道。例如，"吉尔吉特地区警察部门负责人说，在这场袭击中，

---

① 《中国地震造成1人死亡，300人受伤》，黎明新闻网，2014年10月8日，https://tolonews.com/pa/afghanistan/پہ-چین-کې-د-یوې-زلزلې-پہ-ترڅ-کې-یو-تن-مړ-او-۳۰۰-نور-ټپیان-شول，访问日期：2023年4月20日。
② 《台湾地震造成7人丧生》，黎明新闻网，2016年2月6日，https://tolonews.com/pa/world/تایوان-کې-د-زلزلې-پہ-ترڅ-کې-۷-کسان-ووژل-شوي，访问日期：2023年4月20日。
③ 《数十人在中国地震中丧生》，帕支瓦克新闻网，2019年6月18日，https://pajhwok.com/ps/2019/06/18/پہ-چین-کې-د-زلزلې-لہ-املہ-لسګونہ-کسان-وت，访问日期：2023年4月20日。
④ 《中国洪灾造成120人死亡》，黎明新闻网，2016年7月6日，https://tolonews.com/pa/world/پہ-چین-کې-د-سیلابونو-پہ-پایلہ-کې-۱۲۰-تنہ-ووژل-شوي，访问日期：2023年4月20日。
⑤ 《中国东部的洪灾使人们感到担忧》，黎明新闻网，2018年5月8日，https://tolonews.com/pa/world/د-چین-ختیځو-سیمو-کې-سیلاوونہ-خلک-اندېښمن-کړي，访问日期：2023年4月20日。
⑥ 《中国地震死亡人数已上升至160人》，黎明新闻网，2013年4月21日，https://tolonews.com/pa/world/0-چین-کې-د-زلزلې-د-تلفاتو-شمېر-۱۶۰-کسانو-تہ-لوړ-شو，访问日期：2023年4月20日。
⑦ 《中国地震造成1人死亡，300人受伤》，黎明新闻网，2014年10月8日，https://tolonews.com/pa/afghanistan/پہ-چین-کې-د-یوې-زلزلې-پہ-ترڅ-کې-یو-تن-مړ-او-۳۰۰-نور-ټپیان-شول，访问日期：2023年4月20日。

10名外国游客遇袭身亡，遇害者包括俄罗斯、中国和乌克兰公民"①，"中国驻阿富汗大使馆证实，上周四3名中国公民在喀布尔遇害，另有2名中国人失踪"②，"在星期四晚上，3名中国公民和1名阿富汗警卫在一所公寓楼内遇害，另有2名中国人失踪"③，"同时，中国新华社表示，有中国公民在泰国的炸弹爆炸中遇难"④，"2015年的一份报告显示，中国有5亿人近视……据说中国是全球第一大游戏市场……随着青少年视力问题增多，中国政府实施游戏的控制和监督政策"⑤，"在实行了数十年之后，中国周四取消了充满争议的一孩政策……中国媒体表示，这一历史性变化是为了人口平衡、人口增长以及应对人口老龄化问题……中国实行计划生育少生了4亿人……据说，在这之前，农村居民如果一胎为女孩，可以生育第二个子女；少数民族也可以生育两个孩子"⑥。

阿富汗主流媒体对于中国社会问题的报道，既展示了中国社会的发展与进步，也展现了中国社会存在的问题，可以说建构了一个发展和问题并存的中国社会形象。不过，阿富汗主流媒体报道的中国社会的这些不良现象，其实在每个国家都有可能存在。虽然阿富汗主流媒体采用客观陈述且不加以评论的形式，但选取的这些新闻偏负面，这些负面新闻经过主流媒体聚焦后，给阿富汗受众展示了一个被歪曲的、较负面的中国社会形象。

---

① 《10名外国游客在巴基斯坦遇难》，帕支瓦克新闻网，2013年6月23日，https://pajhwok.com/ps/2013/06/23/ پاکستان-کې-لس-بهرني-سيلانيان-ووژل-شوي ，访问日期：2023年4月20日。

② 《3名中国人在喀布尔被杀》，帕支瓦克新闻网，2013年8月10日，https://pajhwok.com/ps/2013/08/10/ کابل-کې-دري-چينايان-ووژل-شوي ，访问日期：2023年4月20日。

③ 《喀布尔警方找到失踪的中国人》，黎明新闻网，2013年8月11日，https://tolonews.com/pa/afghanistan/ د-کابل-پوليسو-يو-لادرکه-شوی-چينايی-وموند ，访问日期：2023年4月21日。

④ 《泰国警方：曼谷发生爆炸，造成19人死亡》，黎明新闻网，2015年8月18日，https://tolonews.com/pa/afghanistan/ د-تايلند-پوليس-د-بانکوک-په-چاودنه-کې-۹۱-تنه-ووژل-شوي ，访问日期：2023年4月21日。

⑤ 《中国监管本国的手机游戏》，黎明新闻网，2018年9月3日，https://tolonews.com/index.php/pa/science-technology/ چين-په-دې-هواد-کې-ويديويي-لوبې-څاري ，访问日期：2023年4月21日。

⑥ 《中国取消独生子女政策》，黎明新闻网，2015年10月30日，https://tolonews.com/pa/world/ چين-د-يو-ماشوم-د-رلودنې-سياست-ته-د-پای-ټکی-کيښود ，访问日期：2023年4月21日。

三、文化形象

中阿两国水土相连，有着2000余年的文化交流史，近年来两国之间文化交流与人员往来增多。但是，阿富汗主流媒体对中国文化议题的报道甚少涉及中国传统文化以及中阿文化交流，也缺乏对中国当下流行文化的报道。总体上看，阿富汗主流媒体避免建构中国文化大国形象，呈现出的中国文化形象是模糊的，零碎的，片段的。

体育是阿富汗主流媒体中国文化议题中的第一大议题，但报道的内容多涉及中国与阿富汗之间的各种体育比赛。例如，2013年亚洲室内运动会斯诺克比赛中"阿富汗选手萨勒赫·穆罕默德·穆罕默迪淘汰了中国、韩国和印度选手，但输给了另一位中国选手，最终获得比赛的铜牌"[①]，在第22届亚洲跆拳道锦标赛中"阿富汗跆拳道运动员打败了来自中国香港的对手"[②]，在2017年亚洲沙滩足球世界杯预选赛中"阿富汗沙滩足球队击败了中国队"[③]，等等。不过，阿富汗主流媒体的报道比较客观，没有把政治或经济领域的分歧掺杂进来，也没有因为比赛的胜负而影射或者攻击中国。阿富汗主流媒体还对中国南京举办的第二届亚洲青年运动会进行了报道，但主要是与阿富汗有关的事件。例如，"由18名运动员组成的阿富汗代表队今天出发前往中国，参加亚洲青年运动会"[④]，"由18名运动员组成的阿富汗代表队也将参加这次亚青会。据说，他们将参加柔道、田径、游泳和举重比赛"[⑤]，等等。此外，黎明新闻网在报道"阿富汗选手在西亚武术锦标赛中获得铜牌"时，对武术进行了介绍，认为"武术是中国在1949年后为展示中华民族传统艺术创建的一

---

① 《阿富汗斯诺克选手获得铜牌》，黎明新闻网，2013年7月6日，https://tolonews.com/pa/sports/ د-سنوکر-ملي-لوبدلي-په-آسیایي-کي-د-زیرو-مدال-خپل-کړ，访问日期：2023年4月21日。

② 《阿富汗跆拳道运动员击败香港对手》，帕支瓦克新闻网，2016年4月16日，https://pajhwok.com/ps/2016/04/16/ کان-هانګ-خپلي-لوبغاري-افغاني-تکواندو-د，访问日期：2023年4月21日。

③ 《阿富汗沙滩足球队7∶2击败中国队》，黎明新闻网，2017年3月5日，https://tolonews.com/pa/sports/ ماتوموركه-ته-چین-لوبدلي-۲-۷-د-فوتبال-لوبدلي-ساحلي-هیواد-د，访问日期：2023年4月21日。

④ 《由18名运动员组成的代表团启程赴中国》，黎明新闻网，2013年8月14日，https://tolonews.com/pa/sports/ شوه-روانه-ته-چین-کسیزه-۸۱-لوبغارو-افغان-د，访问日期：2023年4月21日。

⑤ 《亚洲青年锦标赛在中国拉开帷幕》，黎明新闻网，2013年8月18日，https://tolonews.com/pa/sports/ شوي-پیل-کي-چین-په-سیالي-خوانانو-تنکي-آسیاد-د，访问日期：2023年4月21日。

项现代中国艺术。武术比赛分为套路和散打两种形式"。①

此外，阿富汗主流媒体仅在少许报道中提及中国文化，比如，"据历史文献记载，丝绸之路有2000多年的历史，起于印度和中国，经阿富汗到达罗马。许多印度的药材和中国的丝绸制品通过丝绸之路运输"②，"中国有佛教、道教、伊斯兰教、基督教四大宗教，50%的人口不信仰任何宗教，但尊重所有宗教……中国共有4万多座清真寺，其中2.5万座在新疆维吾尔自治区"③，"中国被认为是麦秆画的起源地，其历史可以追溯到大约2000年前，麦秆画在中国也被称为农业艺术"④，"一位中国演员要扮演迪士尼电影《花木兰》的主人公……动画片《花木兰》取自中国一个古老的传说。该动画片由托尼·班克罗夫特于1988年执导出品。故事的主人公花木兰是一个聪明、勇敢的女孩。在古代中国，男性统治的社会中，为了保护父亲并保卫国家，花木兰隐瞒自己的性别，穿上男性的衣服，勇敢地试图挽救5世纪的中国王朝"⑤。

---

① 《阿富汗武术运动员在西亚武术锦标赛上获得第三名》，黎明新闻网，2015年2月11日，https://tolonews.com/pa/sports/ د-افغانستان-ووشو-کوونکو-د-آسیا-د-لوېدیځ-ووشو-سیالو-دریم-مقام-ترلاسه-کړ，访问日期：2023年4月21日。武术为中国传统体育项目，报道有误。

② 《法伊齐：阿富汗希望中国修建瓦汗公路》，帕支瓦克新闻网，2012年9月24日，https://pajhwok.com/ps/2012/09/24/ فیضي-افغانستان-له-چینه-د-واخان-لاری-جوړ，访问日期：2023年4月21日。丝绸之路起于中国长安或洛阳。

③ 《中国，当我看到他》，帕支瓦克新闻网，2017年5月11日，https://pajhwok.com/ps/opinion/۴/چین-کله-چې-ما-ولید ，访问日期：2020年3月18日。

④ 《"麦秆画"展览在喀布尔开幕》，帕支瓦克新闻网，2017年7月26日，https://pajhwok.com/ps/2017/07/26/ په-کابل-کې-د-پلالي-نقاشۍ-نندارتون-پرانی，访问日期：2023年4月21日。

⑤ 《一位中国女演员在迪士尼电影〈花木兰〉中扮演主角》，黎明新闻网，2017年12月5日，https://tolonews.com/index.php/pa/arts-culture/ يوه-چيني-سينمايي-لوبغاړي-د-ډيزني«مولان»-فلم-په-اصلي-رول-کې-لوبېږي，访问日期：2023年4月21日。报道有误，动画电影《花木兰》是1998年6月19日在美国上映的。

第四章 阿富汗主流媒体建构中国形象的语境分析

在阿富汗主流媒体的涉华报道中,新闻记者通过语言-符号行为来对中国进行命名和描述。不过,语言并不是一种客观的分类工具,由于受到自身认知能力、思维模式以及知识水平的限制,"人们对事物和经验的不同看法会导致不同的分类原则"。[①] 也就是说,阿富汗主流媒体涉华报道建构的中国国家形象同时包含客观现实和主观现实的内容,反映了阿富汗主流媒体的意识形态,"具有话语的知识与权力两方面的功能"。[②] 换言之,阿富汗主流媒体建构的中国国家形象是由阿富汗主流媒体所处的特定文化、意识形态等观念因素"社会建构"或"社会呈现"的话语幻象,而不是对中国客体形象的镜面投射。因此,本章将对阿富汗主流媒体所处的语境,即特定历史文化、意识形态以及通过这些观念因素起作用的物质力量进行分析。

第一节 国际力量格局的影响

建构主义强调观念因素在国际政治中的重要作用,认为物质性因素只有通过观念因素才能对行为体的行为产生影响。但需要强调的是,"观念因素发挥作用,常常是在客观力量对比发生变动的时候"。[③] 因此,在分析观念因素对阿富汗主流媒体建构中国国家形象的影响之前,我们有必要对当前国际力量格局进行分析。

[①] 辛斌:《批评语言学:理论与应用》,上海外语教育出版社,2005,第66页。
[②] 周宁:《跨文化研究:以中国形象为方法》,商务印书馆,2011,第22页。
[③] 于铁军:《观念与实力:美国"修正主义"对日观的兴衰》,《美国研究》2002年第1期,第68页。

目前美国依然是国际体系中的超级大国，占据国际体系的主导地位。但随着以中国、印度为代表的新兴经济体的力量逐步增强，尤其是中国的相对崛起与美国的相对衰落，国际格局正朝着多极化的方向发展。习近平主席强调，当今世界是一个变革的世界，是一个新机遇新挑战层出不穷的世界，是一个国际体系和国际秩序深度调整的世界，是一个国际力量对比深刻变化并朝着有利于和平与发展方向变化的世界。①

一、国际政治格局保持多极化发展势头

进入21世纪，随着广大发展中国家，尤其是以金砖国家为代表的新兴工业国家的群体性崛起，国际政治格局经历了前所未有的深刻变革。非西方与西方政治力量逐步达到均衡之势，权力在发生历史性转移的同时，也在发生着前所未有的扩散，世界变得越来越多极和多元。

第一，西方政治力量在弱化中维系影响。在当前的世界政治格局中，西方国家在价值取向、制度理念、政治主张、舆论宣传等方面仍具有一定的优势和政治影响。但是，美国频频"退群"（比如先后退出跨太平洋伙伴关系协定、《巴黎协定》、联合国教科文组织、伊朗核问题协议等），以及欧盟深陷分裂危机和治理困境使西方政治力量在政治领导、感召影响、前瞻引导、内部团结等方面的能力和意愿下降。因此，在共处共生大环境下，西方和非西方的政治力量转移在实现了质变之后不是走向相互取代，而是裂变为更加多元多样的政治存在。② 在这样一个多元、多极的世界里，他国人民的命运和世界的前途不再是一个霸权国家可以主导或者几个大国可以决定的。

第二，广大发展中国家成为构建国际政治格局的重要力量。21世纪以来，广大发展中国家掀起了地区和跨地区的政治合作高潮，相继成立了上海合作组织、金砖国家、太平洋联盟（Alianza del Pacífico）等地区和跨地区合作组织。不结盟运动和77国集团等发展中国家的全球性组织也逐步发生形式和性质的变化，非西方国家在全球性的国际组织和机制中的联合自强进入一个

---

① 《习近平出席中央外事工作会议并发表重要讲话》，新华网，2014年11月29日，http://www.xinhuanet.com/politics/2014-11/29/c_1113457723.htm，访问日期：2019年12月13日。

② 杨洁勉：《当前国际大格局的变化、影响和趋势》，《现代国际关系》2019年第3期，第5页。

新阶段。① 同时，中国积极开展并深化与亚非拉各国特别是新兴市场国家的跨地区合作，进一步壮大发展中国家的政治力量，从而增加与发达国家谈判的筹码，进一步促进全球治理机制的变革。

第三，中国道路给广大发展中国家提供了全新选择。鉴于不同的国情，广大发展中国家与西方国家现代化道路不同是很正常的事情，不应苛求一致，更不应强行进行价值观输出。中国道路的政府主导、稳定高效、对社会贫困和民生工程的扶持等，让许多发展中国家从中受到启发，并成为它们学习的榜样。更重要的是，中国强调多样化发展道路、不干涉别国内政，强调互利共赢，这给包括阿富汗在内的广大发展中国家提供了新的选择。②

二、东西方经济力量共同推进世界经济增长和发展

进入21世纪以来，以新兴经济体为代表的广大亚非拉发展中国家在经济领域快速崛起，非西方与西方经济力量共同推进世界经济增长和发展。经济实力对权力分配和格局变化起着决定性作用。③ 东西方经济发展变化的态势，必将推动国际格局朝多极化方向演进，这也是历史发展的必然规律。

首先，美国等发达经济体仍是世界经济的主导力量。随着美国金融危机、欧洲主权债务危机相继爆发，欧美经济发展的矛盾集中呈现，美国、日本、欧洲等发达经济体的经济优势不断呈相对减弱之势，比如美国国内生产总值（GDP）2000年占全球的比重为30.91%，2019年该比重下降到24.42%；日本GDP从2000年占全球比重的14.69%下降到2019年的5.79%；欧盟则深陷债务危机。尽管以美国为首的发达国家经济增速普遍放缓，但这并不意味着美国作为当今世界上经济实力最强大的国家的地位以及它对现行世界经济秩序的主导作用发生了颠覆性的改变。可以说，在世界经济格局中，美国已无法"独霸"，但仍是"一超"，今后世界经济的格局是"一超走弱，多强易位"。

---

① 杨洁勉：《当前国际大格局的变化、影响和趋势》，《现代国际关系》2019年第3期，第4—5页。

② 金灿荣：《观察"当今世界百年未有之大变局"的五个视角》，《东北亚学刊》2019年第3期，第15页。

③ 陈文玲、颜少君：《世界经济格局变化与全球经济治理新结构的构建》，《宏观经济研究》2012年第3期，第8页。

其次，发展中国家成为全球经济的重要力量。近年来，以金砖国家为代表的新兴经济体在经济领域的快速崛起，对以欧美为中心的世界经济格局形成挑战，七国集团在协调世界经济方面的作用逐渐被二十国集团取代。其中，以中国和印度为首的新兴经济体表现尤其亮眼。中国自改革开放以来取得的经济成就令世界瞩目和惊叹，中国的GDP占全球GDP的比重从2000年的3.65%上升到2019年的16.34%。同时，中国"在联合国、二十国集团、亚太经合组织、金砖国家、上合组织等一系列全球性和地区性平台上，已成为发展议题的积极引领者，正在构建新型南南合作，塑造新型国际经济秩序"。[①] 2015年以来，印度连续3年保持7%以上的经济增长，是全球增长最快的主要经济体。2019年，印度GDP为2.875万亿美元，占全球GDP比重的3.28%。2018年，"新兴市场国家和发展中国家对世界经济增长的贡献率已经达到80%。按汇率法计算，这些国家的经济总量占世界的比重接近40%。保持现在的发展速度，10年后将接近世界总量一半。新兴市场国家和发展中国家群体性崛起势不可当，将使全球发展的版图更加全面均衡，使世界和平的基础更为坚实稳固"。[②]

三、全球传播格局依然呈现"西强东弱"的态势

全球传播格局是指世界范围内的信息流通和观念传播的既有形态，具有以国家或国际组织为单位的话语权和话语主导权分配、以媒体介质为考量对象的传播格局两个层面的内容[③]。有学者认为，21世纪的全球传播格局开始发生变化，出现了一极、多强和新兴传播国家多元并存的格局。[④] 不过，"西强东弱"的全球传播格局依然没有改变。

一方面，在当今的全球传播格局中，以美国为首的西方发达国家依然占

---

① 魏玲：《大变局中的中国世界定位》，载张蕴岭主编《百年大变局：世界与中国》，中共中央党校出版社，2019，第208页。
② 《习近平在金砖国家工商论坛上的讲话（全文）》，新华网，2018年7月26日，http://www.xinhuanet.com/2018-07/26/c_1123177214.htm，访问日期：2020年7月14日。
③ 丁柏铨：《全球政治经济格局中中国传播的定位》，《西南民族大学学报（人文社会科学版）》2012年第2期，第151页。
④ 明安香：《略论新世纪的全球传播格局》，《现代传播（中国传媒大学学报）》2006年第6期，第23页。

据核心、主导地位。在传统媒体时代，西方国家，尤其是美国，凭借在经济、政治、军事、科技、文化、语言等诸多方面的超强优势，具备了向全球进行媒体传播并影响全球舆论的超强能力。从数量上看，全球十大跨国传媒集团大多都位于美国，欧美等西方发达国家控制着全球90%以上的媒体。全世界每天96%的国际新闻由西方五大通讯社发布，美国、欧盟和日本控制了全球90%的信息资源，美国控制了世界电视节目流通量中的75%。自称是"世界上历史最长、规模最大的新闻机构"的美联社，每天向全球逾10亿人口提供新闻、图片、视频资料，海外客户遍布全球121个国家。[①] 在以互联网为基础的新媒体时代，美联社、路透社、美国有线电视新闻网（CNN）、英国广播公司（BBC）、《纽约时报》等传统媒体时代的国际传媒巨头凭借超强的信息控制能力，依然处于全球传播格局的霸权位置。目前，全球共有13组根服务器，全部掌握在发达国家手中，其中10组在美国，英国、瑞典、日本各1组。研究发现，美联社、《纽约时报》、美国有线电视新闻网分列全球通讯社、报纸、电视台全球社交网络影响力第一名。[②] 可以说，这些国际传媒巨头凭借传播媒介的巨大优势，建构了以美国等西方国家为主的国际话语体系，主导国际舆论的报道议程，掌控解释新闻的权力。

另一方面，一些发展中国家成为全球传播格局中的新兴跨区域传播国家。随着以社交媒体为代表的新媒介、新技术的迅速发展和普及，经济实力不再是决定一国在全球传播格局中地位和影响力的唯一因素，一国是否善于发挥自身优势通过符合国际传播规律的手法进行媒体运作在一定程度上也可影响一国在全球传播格局中的地位。这一点可以从卡塔尔半岛电视台的崛起得到印证。成立于1996年的半岛电视台，截至2010年已在全球建立了26个办公室，从"一个阿拉伯地区品牌成为全球品牌"，有舆论惊呼，半岛电视台已对CNN构成挑战。[③] 中国、俄罗斯、印度等国家凭借自身特定的文化或语言优势向特定的地域和受众进行跨国界、跨地域的新闻、文化、媒介传播，具备了影响局部舆论的能力，一定程度上改变了西方发达国家垄断全球舆论的局

---

① 孟彦、樊剑英：《怎样看待当今的国际舆论格局》，《军事记者》2010年第11期，第47页。

② 相德宝、张文正：《新媒体时代全球媒体传播格局及其社交网络影响力研究》，《当代传播》2017年第4期，第48页。

③ 孟彦、樊剑英：《怎样看待当今的国际舆论格局》，《军事记者》2010年第11期，第47页。

面。尤其是在基于社交网络的全球媒体传播格局中，中国媒体的全球影响力和国际话语权不断提升，社交网络影响力跃居全球第三位。新华社、《人民日报》在全球通讯社、全球报纸社交网络影响力中分列第三、第二十位，成为具有全球网络影响力的网络节点。[①]

国际力量对比的深刻变化对西方主导的现有国际政治经济秩序以及美国长期以来在世界经济与贸易中保持的支配地位带来严重冲击，世界各国在长期的合作与竞争中所形成的实力与利益稳态被打破，使东西方之间、守成大国与新兴国家之间的战略竞争加剧。大国间竞合关系进一步强化，中美关系趋于"冷和平"，中俄关系处于历史最好时期。对于同样身处现行国际秩序的阿富汗来说，国际力量格局的现实变化，尤其是中国的迅速崛起，必定会影响阿富汗及其民众对中国身份的定位，也会给阿富汗主流媒体的涉华报道带来重要影响。尽管世界趋向多极，但具有西方基因、体现英美等西方国家价值观的西方自由主义在国际规范中仍占主导地位，以美国为首的发达国家仍然是世界经济的主导力量，美国军事综合实力仍独步天下，国际体系结构的根本性变化还将经历一个长期的复杂过程。西方国家仍然垄断着话语权和信息流，其他众多国家在全球传播格局中仍处于依附、边缘和被动接受的地位。互动论已表明，国家间的认知相互作用，而处在强势地位的西方，通过话语体系成功地规训着他国形象。[②] 调查研究显示，当代国际受众对于中国的了解主要借助西方媒体，高达68%的受众通过西方媒体了解中国，仅有22%的受众通过中国媒体了解中国。[③] 西方国家通过强大的全球传播网络，极力强化话语霸权并主导国际舆论导向，肆意发布"中国威胁论"等言论和报道，在一定程度上让世界各国民众形成了对中国带有偏见的、负面的认知和刻板印象，给中国的国际话语表达和传播造成障碍。

[①] 相德宝、张文正：《新媒体时代全球媒体传播格局及其社交网络影响力研究》，《当代传播》2017年第4期，第48页。

[②] 张昆、王创业：《时空维度下的国家形象模型探析——基于认知互动的视角》，《新闻界》2017年第5期，第50页。

[③] 孟威：《改进对外传播，构建"中国话语体系"》，《新闻战线》2014年第7期，第82页。

第二节　中国与阿富汗交往互动的影响

2001年12月阿富汗临时政府成立后，中国立即承认阿富汗新政府，重新恢复了中阿政治关系。此后，中国本着互利共赢、共同发展的精神，不断深化中阿互利合作，但相比该地区其他国家，中国对阿富汗的介入显得低调且有限。不过，随着美国宣布从阿富汗撤军、阿富汗国家重建形势的变化以及中国自身外交战略的调整，中国除了继续保持同阿富汗的经贸往来外，自2014年开始加强了同阿富汗在政治与安全方面的联系，更加积极地介入阿富汗和平进程以及改善阿富汗和巴基斯坦的双边关系中，对阿政策呈现出"政治介入、经济止损"的特点。

建构主义认为，国家间的互动实践产生共有观念，进而建构主体间的国家身份和国家形象。国家间的交往互动对国家形象的建构具有重要的影响。本节将主要考察2012年以来中国与阿富汗的交往互动实践的一系列变化对阿富汗主流媒体涉华报道建构中国国家形象的影响。

一、中阿政治互信不断深化

1950年1月，阿富汗正式承认中华人民共和国，是1950年首批承认中华人民共和国的国家之一。1955年1月20日，中阿正式建立外交关系。此后，中阿关系发展先后经历了"60年代发展睦邻友好关系、70年代双边关系受到意识形态因素的干扰、80年代因苏联入侵阿富汗而走向对抗、90年代因阿富汗内战而逐渐疏远等若干阶段"[①]。自2001年12月阿富汗临时政府成立以来，中国与阿富汗一直保持密切和友好的关系。2006年6月，中阿两国宣布建立全面合作伙伴关系。2012年中阿建立战略合作伙伴关系后，两国在政治方面各层次的友好往来更加密切，就双方关心的政治问题加强战略沟通，同时，中国积极支持"阿人所有，阿人主导"的阿富汗和平进程，政治互信大幅增强。

---

① 王世达：《中阿关系的历史、现状与未来》，《国际研究参考》2013年第9期，第33页。

（一）中阿两国在政治方面各层次交流往来不断

来自中阿两国政府的官方信源占阿富汗主流媒体涉华报道信源的53.6%，这与中阿两国近年来在政治方面不断密切的直接交往互动不无关系。

首先，高层交往密切，政治互信不断加强。中阿建立战略合作伙伴关系至2014年5月，卡尔扎伊总统访问中国一次，与习近平主席会晤三次。[①] 2014年10月，加尼总统就职刚满一个月，首个正式出访的国家就是中国，凸显了阿富汗新政府对发展与中国关系的重视。此后至2019年，中阿两国元首每年会晤一次，[②] 就巩固和发展中阿传统友好关系、稳步推进经贸务实合作项目、共同打击包括"东伊运"在内的"三股势力"达成重要共识，有力保障了中阿战略合作伙伴关系的稳健发展。习近平主席指出，中国视阿富汗为可信赖的好邻居和好朋友，加尼总统表示，中国是阿富汗可以信赖的好朋友。[③] 此外，2015年11月，中国国家副主席李源潮访问阿富汗，出席纪念中国与阿富汗建交60周年招待会。阿富汗首席执行官阿卜杜拉两次到访中国，阿富汗第一、第二副总统以及第一、第二副首席执行官也多次来华访问或出席相关活动，两国外交部长多次实现互访。除了密切的交流访问外，中国与阿富汗高层领导人还经常互致贺电、慰问电，体现了中国和阿富汗政治关系的密切与和谐。

其次，中阿两国政府、政党、立法机构以及地方之间的友好往来不断，为增强相互了解、加深两国关系打下了良好的基础。中国与阿富汗政府往来十分活跃，每年都有各政府部门代表团相互友好访问，合作协商，参加各种活动或出席会议。政党往来方面，中国共产党加强与阿富汗各政党的对话交流，增强阿各政党对中国的认识了解，推动中阿关系不断发展。自中阿战略合作伙伴关系建立以来，阿富汗民族联盟代表团（2015年5月），由阿富汗民

---

① 具体为：2013年9月，卡尔扎伊总统对中国进行国事访问，并出席2013年欧亚经济论坛开幕式；2014年2月，习近平主席在出席索契冬奥会期间会见了卡尔扎伊总统；2014年5月，卡尔扎伊总统来华出席第四次亚信峰会并与习近平主席会面。

② 具体为：2014年10月，加尼总统对中国进行国事访问；2015年7月、2016年6月、2017年6月、2018年6月、2019年6月，上合组织乌法峰会、塔什干峰会、阿斯塔纳峰会、青岛峰会、比什凯克峰会期间，两国元首举行会晤。

③ 《习近平会见阿富汗总统加尼》，人民网，2016年6月24日，http://politics.people.com.cn/n1/2016/0624/c1001-28476479.html，访问日期：2019年9月15日。

族联盟、伊斯兰民族运动党、伊斯兰统一党（哈利利派）、伊斯兰促进会、伊斯兰民族阵线等五党代表组成的阿富汗多党干部考察团（2016年4月），希克马蒂亚尔率领的阿富汗伊斯兰党（古尔布丁派）代表团（2019年1月），阿富汗政党干部考察团（2019年2月）先后对中国进行了访问。2019年5月，中共中央对外联络部副部长王亚军率领的中共代表团对阿富汗进行了访问。① 在立法机构往来方面，阿富汗长老院议长穆斯利姆亚尔两次来华，分别出席博鳌亚洲论坛2017年年会、第6届中国-亚欧博览会。阿富汗人民院议长哈吉·阿卜杜尔·拉乌夫·易卜拉希米两次来华，分别出席2013年国际和平日纪念活动暨中国-南亚和平发展论坛、2017年欧亚经济论坛。阿富汗人民院前副议长萨尔乔奇（2015年4月）、长老院国际关系委员会主席拉蒂夫（2016年7月）、人民院第二副议长艾哈迈德（2017年9月）也曾来华进行访问。地方交流方面，中国新疆维吾尔自治区、甘肃省、河南省的代表团都访问过阿富汗，阿富汗喀布尔省、巴米扬省、巴达赫尚省等地方代表团也访问过中国。2017年9月19日，甘肃省与巴米扬省签署了《建立友好省级关系协议书》，两省在经济、教育和考古等方面的合作不断深化。

（二）中国积极支持和推动阿富汗和平进程

首先，中国深度介入阿富汗事务。中国一贯主张通过政治对话和平解决阿富汗各方分歧，努力在推进"阿人主导、阿人所有"的政治和解进程中发挥建设性作用。2014年7月，中国外交部首次就阿富汗事务设立特使，以加强同阿富汗以及各方的密切沟通。一方面，中国直接在阿富汗政府和塔利班之间进行斡旋。塔利班密使曾于2014年12月到访北京，并向阿富汗政府代表传达了包括修改宪法、取消对阿塔制裁、给予塔利班政府职位等多项要求。② 据巴基斯坦论坛快报（The Express Tribune）报道，2015年5月19日至20日，塔利班前执政委员会副主席、前内政部长和前外交部副部长三名高级代

---

① 《阿富汗民族联盟主席、政府首席执行官阿卜杜拉会见中共代表团》，中共中央对外联络部网站，2019年5月21日，http://www.idcpc.gov.cn/jwdt/201905/t20190523_100454.html，访问日期：2019年9月15日。

② 肖河：《从"发展外交"到深度介入："一带一路"倡议下的中国对阿富汗政策》，《南亚研究季刊》2016年第2期，第28—29页。

表在乌鲁木齐会见了阿富汗国防部代表，商讨了未来直接和谈的前提条件。[①]此后，塔利班多次派出代表团访华，讨论阿富汗局势。2019年，中国一度提出在华举办阿人内部会议，为阿富汗各方对话交流提供平台，助力推进阿富汗和平进程。另一方面，中国同涉阿富汗问题各方保持密切接触。"阿富汗问题"不是"阿富汗的问题"，不是"阿富汗就能解决的问题"。中国一贯支持并积极参与伊斯坦布尔进程、亚信会议、联合国等涉阿国际、地区机制和会议，还努力推动中俄印安全事务高级代表阿富汗问题会晤、中俄巴阿富汗问题三方对话、中美俄阿富汗问题磋商、"上合组织–阿富汗联络组"、中美巴阿四方协调机制等多个阿富汗问题"小多边"机制，帮助各方建立信任，在阿富汗问题上发挥了独特的建设性作用。当然，阿富汗主流媒体在一定程度上肯定了中国在阿富汗问题上发挥的积极的建设性作用，在涉华报道中塑造了中国"负责任大国"的形象。

其次，推动阿富汗和巴基斯坦改善关系。巴基斯坦是阿富汗的重要邻国，由于阿巴两国在反恐、边界等问题上有较大分歧，双边关系近年来起伏不定。阿巴两国均多次表示愿改善两国关系。自2012年2月，在中国的倡议下，三方先后建立了中阿巴三方对话、中阿巴三方副外长级战略对话、中阿巴三方外长对话等机制，旨在帮助阿巴两国建立良好沟通对话平台，推进三方务实合作。尤其是2017年底建立的中阿巴三方外长对话机制，确立了以外长对话为引领，以战略对话、反恐安全磋商和务实合作对话为支撑的"1+3"合作模式，就推进各领域合作达成重要共识，取得许多积极成果。中阿巴三方签署了《合作打击恐怖主义谅解备忘录》，阿巴确定了"阿巴和平与团结行动计划"（Afghanistan-Pakistan Action Plan for Peace and Solidarity，APAPPS），三方同意探讨"中阿巴+"合作，推进喀布尔至白沙瓦高速公路等阿巴联通项目。中国希望通过基础设施和经济合作帮助改善两国之间的关系，促进两国乃至这一地区的安全、和平与稳定。

[①] Tahir Khan, "China Meet-Up: Afghan Taliban Dispute Aziz's Peace Talks Claim," *The Express Tribune*, June 25, 2015, accessed September 17, 2019, https://tribune.com.pk/story/909329/china-meet-up-afghan-taliban-dispute-azizs-peace-talks-claimnational-2-3.

二、中阿经贸合作日益密切

2001年12月阿富汗临时政府成立后,中国就积极参与阿富汗的经济重建,向阿富汗提供了100万美元现汇的政府启动基金以及3000万元人民币的紧急物资援助。2006年6月,中阿两国签署《中阿贸易和经济合作协定》,经贸合作成为中阿全面合作伙伴关系的重要组成部分。2012年之后,中国一直致力于密切同阿富汗的经贸合作关系,一定程度上促进了阿富汗的经济社会发展,给阿富汗人民带来了实实在在的利益。

(一)中阿两国积极推动双边经贸合作的发展

首先,两国高层的密切往来为中阿经贸合作带来强大动力。2014年10月,阿富汗总统加尼访华期间,中阿双方表示将探讨扩大和深化两国经贸投资合作。习近平主席表示,中方将帮助阿方制定国家经济社会发展规划,发展农业、水电、基础设施建设,推动艾娜克铜矿和阿姆河盆地等项目取得实际进展,促进当地经济发展和民生改善。加尼总统表示,阿方愿意积极参与丝绸之路经济带建设,加强双方油气、矿产、基础设施建设、民生等领域合作。[①] 2016年5月,中阿两国签署《中阿共同推进"一带一路"建设谅解备忘录》,旨在加强两国政策协调、基础设施建设、经贸投资、能源等领域的合作。中阿两国领导人在此后的会晤中均表示,要在共建"一带一路"框架内稳步推进经贸务实合作项目,支持两国企业本着互利共赢原则加强合作。

其次,推动中阿经贸合作机制建设。中阿双方于2018年建立了"一带一路"建设安全保障三方沟通协调机制,中国驻阿使馆、在阿中资企业、阿富汗外交部及其他政府部门负责人参加了会议,务实研究如何进一步加强中资企业项目及人员的安全。[②] 在双边经贸磋商机制方面,中国与阿富汗建立了经济和贸易联合委员会机制。中阿经贸联委会是双方开展经贸合作所必需的沟通和协调渠道,对双方经贸合作起着重要的规划和指导作用。截至2017年,中阿经贸联委会已召开了三次会议,就扩大双边贸易、投资、基础设施、互

---

① 《习近平同阿富汗总统加尼举行会谈》,新华网,2014年10月28日,http://www.xinhuanet.com/politics/2014-10/28/c_1113016231.htm,访问日期:2019年9月18日。

② 《中阿携手加强"一带一路"相关项目的安全保障》,中国驻阿富汗大使馆网站,2018年8月15日,http://af.china-embassy.org/chn/sgxw/t1585300.htm,访问日期:2019年9月19日。

联互通等领域的合作达成广泛共识。在金融合作机制方面，2017年阿富汗正式加入了亚洲基础设施投资银行。

（二）中阿双边贸易水平稳步提升

2001年，中阿双边贸易总额仅1742万美元，中国对阿富汗出口1726万美元，阿对华出口16万美元，见表4-1。随着阿富汗国家重建进程的推进，中阿双边贸易迎来发展机遇，双边贸易额由2002年的1999万美元增长到2005年的5272万美元，年均增长率为38.2%。为保持中阿贸易持续稳定增长，自2010年7月1日起，中国给予阿富汗60%的输华产品零关税待遇。受此政策推动，2010年、2011年中国自阿进口同比增长166.7%和19.6%。2012年以来，中阿双边贸易整体保持上升的趋势，不过贸易规模仍较小。中国分别在2016年和2018年同阿富汗签署了藏红花和松子输华议定书，推动阿富汗特色产品进入中国消费市场。2018年，中国自阿富汗进口2408万美元，同比增长6倍多，这主要得益于阿富汗松子通过空中直航的方式进入中国。根据阿富汗中央统计局数据，2018年，阿富汗向中国出口松子917.2吨，出口额1002.2万美元。[①] 2019年，中阿双边贸易额为6.3亿美元，同比下降9%，中国仅次于巴基斯坦和伊朗，继续保持阿富汗第三大贸易伙伴国地位。

虽然中阿双边贸易额大幅度增长，但是中阿双边贸易存在严重失衡的问题。尽管中国政府自2013年起给予原产于阿富汗95%税目输华产品零关税待遇，推动藏红花、松子等阿富汗特色产品进入中国，开行阿富汗—中国集装箱班列，但阿富汗对中国的贸易逆差仍旧不断攀升。因此，逐步缩小阿富汗对华贸易逆差，造福阿富汗更多民众，已成为中阿经贸合作中迫切需要解决的问题。

表4-1　2001—2019年中国对阿富汗贸易统计

年份	金额			增幅/%			贸易顺差	
	进出口/万美元	出口/万美元	进口/万美元	进出口	出口	进口	金额/万美元	增幅/%
2001	1742	1726	16	−31.1	−13.2	−97	1710	18.0
2002	1999	1991	8	14.8	15.4	−50	1983	16.0

---

① 数据来源：阿富汗中央统计局网站，https://nsia.gov.af/services。

续表

年份	金额			增幅/%			贸易顺差	
	进出口/万美元	出口/万美元	进口/万美元	进出口	出口	进口	金额/万美元	增幅/%
2003	2706	2645	61	35.4	32.8	662.5	2584	30.3
2004	5792	5697	95	114.0	115.4	55.7	5602	116.8
2005	5272	5121	151	−9.0	−10.1	58.9	4970	−11.3
2006	10067	10049	19	91.0	96.2	−87.4	10030	101.8
2007	17181	16944	238	70.7	68.6	1152.6	16706	66.6
2008	15432	15163	269	−10.2	−10.5	13.0	14894	10.8
2009	21489	21351	138	39.2	40.8	−48.7	21213	42.4
2010	17895	17527	368	−16.7	−17.9	166.7	17159	−19.1
2011	23441	23001	440	31.0	31.2	19.6	22561	31.5
2012	46924	46405	519	100	101.8	18.0	45886	103.4
2013	33785	32826	960	−28.0	−29.3	85.0	31866	−30.6
2014	41093	39356	1737	21.6	19.9	80.9	37619	18.1
2015	37359	36182	1177	−9.1	−8.1	−32.2	35005	−6.9
2016	43583	43129	453	16.7	19.2	−61.5	42676	21.9
2017	54463	54121	343	25.0	25.5	−24.3	53778	26.0
2018	69167	66759	2408	27.0	23.4	602	64352	19.7
2019	62908	59980	2928	−9.0	−10.2	21.6	57052	11.3

资料来源：作者根据2001—2020年《中国统计年鉴》整理而来。

（三）中阿经济技术合作稳步发展

为了帮助阿富汗发展经济，中国企业从2003年开始参与阿富汗的战后重建，比如新疆国际实业投资公司2003年投资设立了阿富汗-中国甘草制品有限公司。2008年世界金融危机以后，中国逐渐成为全球资本输出的重要源头。随着阿富汗投资环境的改善，中国持续扩大对阿富汗直接投资规模，逐渐成为阿富汗外资最重要的来源国之一。截至2012年，中国对阿富汗直接投资存量约为4.8亿美元，占比达到了2003—2012年阿富汗吸收外资存量的约46.7%，见表4-2。其中，2008年、2011年，中资企业相继在阿富汗获得了艾娜克铜矿项目、阿姆河盆地油田项目的开发权。不过由于上述项目进展不顺，加之阿富汗安全形势持续恶化以及阿富汗的相关产业发展对中资企业的吸引力有限，中国对阿投资逐渐谨慎。2015年，中国对阿富汗直接投资流量同比下降111.7%；2018年同比下降102.9%。截至2019年，中国对阿富汗直接投资存量为4.2亿美元，在中国对南亚国家直接投资额中排第六位。[1] 中国首任阿富汗事务特使孙玉玺指出，"在安全条件允许的前提下，我们将鼓励我国商人、企业家前往阿富汗进行投资，为阿富汗人民创造更加美好的生活"。[2]

表4-2 2003—2019年中国对阿富汗直接投资情况表

单位：万美元

年份	中国对阿富汗直接投资流量	阿富汗吸收外资流量	中国对阿富汗直接投资存量	阿富汗吸收外资存量
2003	30	5780	43	12570
2004	—	18690	45	31260
2005	—	27100	45	58360
2006	25	23800	67	82160
2007	10	18870	77	101030
2008	11391	4600	11469	67830
2009	1639	19750	18132	87580
2010	191	5420	16859	93000
2011	29554	5760	46513	98760
2012	1761	4720	48274	103480
2013	−122	3760	48742	107250
2014	2792	4350	51849	111600
2015	−326	16310	41993	127910
2016	221	8570	44050	137620
2017	543	5390	40364	143020
2018	−16	13900	40444	156900
2019	2408	3900	41894	159500

资料来源：作者根据2003—2019年度《中国对外直接投资统计公报》、2004—2020年

---

[1] 截至2019年，中国对巴基斯坦的直接投资存量为48亿美元，印度36.1亿美元，孟加拉国12.5亿美元，斯里兰卡5.5亿美元，尼泊尔5.4亿美元，马尔代夫0.8亿美元。数据来源：《2019年度中国对外直接投资统计公报》，http://images.mofcom.gov.cn/hzs/202010/20201029172027652.pdf。

[2] 《孙玉玺：中国没有理由驻军阿富汗》，参考消息网，2014年8月7日，http://ihl.cankaoxiaoxi.com/2014/0807/453513.shtml，访问日期：2019年10月7日。

《中国统计年鉴》和2004—2020年《世界投资报告》整理而来。

根据阿富汗的统计，2002—2012年，中国承诺援阿1.39亿美元，在各援助国中位列第21。①中国为阿富汗建设了喀布尔共和国医院、帕尔万水利修复工程、总统府多功能中心等7个成套项目，提供了包括抗旱物资、难民物资、粮食援助、水利清淤设备等15批一般援助物资。②2014年10月，阿富汗总统加尼访华时，中国承诺2014—2017年向阿富汗提供20亿元人民币无偿援助。③尽管这一数字比2001—2013年中国对阿援助的总和还要多三分之一，但与阿富汗自身的期望相比仍有一定差距。

三、中阿加大军事安全合作

中阿两国关系实现正常化后，两国的军事与安全关系也开始迅速发展起来。尤其是2012年以来，中阿两国军事安全部门保持密切往来，在促进两国军事安全交流与合作方面都表现出积极的态度，在反恐、打击跨国犯罪等领域的务实合作不断深化，形成了高层有共识、基层有行动的合作态势。不过，为了避免引起国际恐怖主义组织的注意，重蹈西方国家在阿富汗的遭遇以及在军事上深度介入阿富汗，中国向阿富汗提供了"有限的"安全援助。"有限介入"的政策会对阿富汗在中国试图塑造的"负责任"大国形象方面的认知造成一定的负面影响。

（一）中阿两国保持密切的军事安全往来

2005年10月14日，阿富汗国防部副部长穆罕默德·哈马尤·法兹中将访华，分别受到中共中央军委副主席、中国国务委员兼国防部长曹刚川和解放军副总参谋长吴胜利的接见。这是历经多年两国军事代表团的首次接触，标志着两国军事安全关系开始恢复发展。此后，阿富汗国防部长瓦尔达克于

---

① 钱雪梅：《中印两国对阿富汗援助的比较》，载王缉思主编《中国国际战略评论2017》，世界知识出版社，2017，第150页。

② 《中国真诚无私援助阿富汗浇灌两国友谊之花》，新华网，2010年8月22日，http://news.xinhuanet.com/world/2010-08/22/c_12471641.htm，访问日期：2019年5月22日。

③ 《中阿声明：中国将向阿富汗提供20亿人民币无偿援助》，人民网，2014年10月29日，http://world.people.com.cn/n/2014/1029/c157278-25932790.html，访问日期：2019年9月18日。

2006年10月、2008年1月、2010年3月、2012年7月访问中国，希望继续巩固和发展两军友好关系，进一步加强两国在安全领域的交流与合作，共同维护地区安全与稳定。

2012年以来，中阿两国军事安全部门坚持密切互动，深入沟通，互信基础不断深化。阿富汗总统安全顾问、国防部长、总参谋长、内政部长多次访问中国，与中国军队和安全部门负责人就不断丰富两国军事安全合作形式与内容，持续深化在打击恐怖主义和禁毒、边境管理、执法能力建设等领域合作达成重要共识。2015年8月，中阿举行首届中阿两军战略对话，就加强战略沟通，深化联演联训、情报共享、人员培训、能力建设等务实合作，继续坚决打击"东伊运"等恐怖势力进行了沟通与交流，进一步推动了两军关系向前发展。①

（二）中阿加大在非传统安全领域的合作力度

中国和阿富汗在非传统安全领域面临着共同的困扰，即恐怖主义、极端主义威胁以及毒品走私。阿富汗国内曾经是伊斯兰极端主义的"大后方"，阿富汗极端组织长期帮助"东突"恐怖组织培训人员，协助"东突"恐怖分子在中国新疆和中亚等地区搞暴力恐怖事件，严重威胁了中国和该地区国家的和平与安宁。②据不完全统计，1990—2001年，境内外"东突"恐怖组织在新疆境内至少制造了200余起暴力恐怖事件，造成162人丧生，440多人受伤。③阿富汗境内有大规模的罂粟种植活动，并且每年保持着鸦片的高产量。以阿富汗为核心的"金新月"地区的毒品将中国新疆作为一条对外的主要中转通道，对中国已从潜在威胁变成了现实危害。2005年，新疆公安机关查获通过航空渠道走私入境的"金新月"地区毒品案件9起，抓获外国籍犯罪嫌疑人14名，缴获海洛因14.5千克，破案、缴毒和抓获人数比往年明显增多。④中国

---

① 《首届中阿两军战略对话在京举行》，中国军网，2016年8月5日，http://www.81.cn/jmywyl/2016-08/05/content_7192777.htm，访问日期：2019年9月20日。

② 《外交部：中国与"基地"组织从未有过任何联系》，人民网，2002年8月15日，http://www.people.com.cn/GB/shizheng/3586/20020815/800812.html，访问日期：2019年9月1日。

③ 马品彦：《阿富汗未来局势的发展及其对新疆反恐斗争的影响》，《新疆社会科学》2003年第2期，第73页。

④ 《2006年中国禁毒报告》，新华网，2008年6月26日，http://news.xinhuanet.com/legal/2008-06/26/content_8442102_1.htm，访问日期：2016年8月4日。

积极加强同阿富汗在非传统安全领域的合作力度，试图有效打击"东突"等恐怖主义势力，截断来自"金新月"地带的毒品走私。

首先，中阿积极合作建立双多边安全机制，搭建军事安全合作交流平台。2004年，中国向阿富汗派遣警务联络官，专门负责中阿禁毒和安全合作，在同年的阿富汗问题国际会议上与阿富汗其他五个邻国一道同阿富汗政府签署了《喀布尔睦邻友好禁毒宣言》。2012年7月，中国公安部与阿富汗内政部共同签署了《中华人民共和国公安部禁毒局和阿富汗伊斯兰共和国内政部禁毒警察部队关于加强禁毒合作备忘录》，并于2013年成功实施跨国"控制下交付"行动。中国公安部与阿富汗内政部还建立了部级年度会晤机制，深化双方在执法安全各领域的合作，首次会议于2015年5月在北京举行。[1] 阿富汗、中国、巴基斯坦、塔吉克斯坦四国军队反恐合作协调机制（简称"四国机制"）于2016年8月成立，这是中国与周边国家建立的第一个军队间的多边安全合作机制。"四国机制"先后举行了领导人会议、联合工作组会议，签署了《"阿中巴塔"四国军队反恐合作协调机制协定》及《"阿中巴塔"四国军队反恐情报协调中心议定书》，为推进四国各层次、各领域军事交流与合作，不断加强地区联合反恐能力建设和反恐情报交流，共同维护四国安全利益以及地区和平与稳定作出了积极贡献。[2] 2017年底建立的中阿巴三方外长对话机制搭建了中、阿、巴深化反恐安全合作的磋商平台，落实了《合作打击恐怖主义谅解备忘录》项目清单，就三国加强反恐能力建设、禁毒等领域的合作以及情报共享与执法合作达成重要共识。

---

[1]《中国公安部与阿富汗内政部首次部级年度会晤举行，郭声琨与乌鲁米共同主持》，中国公安部网站，2015年5月13日，http://www.mps.gov.cn/n2253534/n2253535/c4927035/content.html，访问日期：2019年9月20日。

[2]《首届"阿中巴塔"四国军队反恐合作协调机制高级领导人会议联合声明》，中国军网，2016年8月3日，http://www.mod.gov.cn/shouye/2016-08/03/content_4706881.htm，访问日期：2016年8月7日；《国防部："四国机制"第二次联合工作组会议在京举行》，中国军网，2016年11月10日，http://www.mod.gov.cn/action/2016-11/10/content_4762453.htm，访问日期：2016年11月17日；《第二届"阿中巴塔"四国军队反恐合作协调机制高级领导人会议召开》，中国军网，2017年8月27日，http://www.81.cn/jwgz/2017-08/27/content_7732622.htm，访问日期：2019年9月20日；《阿中巴塔"四国机制"联合工作组年终会议在京举行》，中国驻阿富汗大使馆网站，2019年1月27日，http://af.china-embassy.org/chn/sgxw/t1632739.htm，访问日期：2019年9月20日。

其次，中国加大对阿人员培训与军事安全援助力度，帮助阿富汗加强禁毒、反恐能力建设。2006年1月31日，中国外交部长李肇星在伦敦举行的阿富汗问题国际会议上表示，支持阿富汗政府打击恐怖主义的努力，将增加对阿富汗国防、警务执法人员的培训。[①] 2006年6月，中阿双方签署了《中华人民共和国国防部和阿富汗伊斯兰共和国国防部关于中国向阿富汗提供无偿军事人员培训援助的协议》。2002年以来，云南警官学院长期为阿富汗培训禁毒执法官员，2015年招收了来自阿富汗的禁毒警务硕士留学生。[②] 2015年1月，新疆边防总队联合新疆警察学院为来自阿富汗内政部禁毒、反恐、边防部门的50名警官举办了为期1个月的阿富汗禁毒、反恐研修班。[③] 2006年，中国向阿富汗捐赠了包括100辆警用摩托车、橡胶警棍、手铐、反光背心以及电脑、打印机等一批先进的刑侦工具的警用设备。[④] 2016年7月，中国向阿富汗提供了包括军用车零件、弹药和武器在内的军事援助。不过，相比其他一些国家，中国提供的军事安全援助是有限的，目的是避免在军事上深度介入阿富汗。

四、中阿人文交流日趋活跃

在人文交流方面，中阿两国的交流与合作自2014年以来呈蓬勃发展之势，突出体现在教育、文化、学术、媒体、卫生健康等领域。

（一）教育合作成果突出

在语言教学方面，目前，中国传媒大学、云南民族大学开设了普什图语专业，北京外国语大学新增了普什图语、达里语专业并开设了普什图语三外课程，上海外国语大学开设了普什图语入门课程。喀布尔大学孔子学院2008年3月底开始招生，截至2018年底，累计招收421名本科专业学生，大多

[①] 《阿问题国际会议召开，李肇星出席并作四点承诺》，中国驻瑞士联邦大使馆网站，2006年2月1日，https://www.fmprc.gov.cn/ce/cech/chn/xwss/t233464.htm，访问日期：2019年8月27日。

[②] 《云南警官学院，全国首家招收禁毒警务硕士留学生》，2016年6月27日，云南网，http://society.yunnan.cn/html/2016-06/27/content_4406979.htm，访问日期：2016年8月7日。

[③] 《新疆首次承办阿富汗禁毒、反恐研修班》，光明网，2015年2月1日，http://difang.gmw.cn/xj/2015-02/01/content_14706457.htm，访问日期：2016年8月7日。

[④] 《中国公安部向阿富汗捐赠大批警用设备》，国际在线网站，2012年2月17日，http://news.cri.cn/gb/8606/2006/06/11/107@1084873.htm，访问日期：2019年8月28日。

数毕业生都能达到汉语高级水平。①2016年10月24日和11月17日，喀布尔大学孔子学院相继在玛利法特（Marefat）学校、阿维森纳大学（Avicenna University，也称伊本西纳大学）设立汉语教学点，②形成了"一院两点"，从小学到大学的全覆盖教学模式。在留学教育方面，中国从2007年起每年向阿提供30个为期1学年的中国政府奖学金名额，截至2018年9月，中国每年向阿富汗提供近200个各类奖学金名额。③在对阿教育援助方面，截至2014年，中国已为阿富汗培训了1000多名各领域人才，之后5年，还继续为阿培训各类人员3000名。④中国还先后为阿富汗援建了喀布尔大学中文系教学楼和招待所、阿富汗国家职业技术学院等多个教育基础设施项目。阿富汗喀布尔大学校长哈米杜拉·法鲁基（Hamidullah Farooqi）说，"中国的援助拉近了双方的距离"，"中国的帮助给我们带来希望，而不仅仅是硬件设施的改善"。⑤

（二）文化交流丰富多彩

首先，中阿文化交流的内容和形式进一步丰富。借助甘肃省与巴米扬省2017年9月建立的友好省际关系，2018年、2019年，甘肃省杂技团、甘肃省民族乐器代表团分别赴阿富汗进行演出。甘肃省杂技团是2014年来首个在阿

---

① 数据由阿富汗喀布尔大学孔子学院中方院长卫国强提供。

② 《喀布尔大学孔子学院在阿富汗玛利法特学校成立教学点》，亚太日报网，2016年10月25日，http://cn.apdnews.com/XinHuaNews/515262.html，访问日期：2018年1月15日；"Long Steps towards Sagacity," Avicenna University, November 20, 2016, accessed January 15, 2018, http://avicenna.edu.af/?p=391。

③ 2011年起增加到100名，2015年宣布每年为阿富汗新增50个"中阿交流专项奖学金"名额，2016年宣布每年为阿富汗额外增加50个新生国别奖名额。详见：《中国与阿富汗发表联合声明（全文）》，中国外交部网站，2006年6月20日，http://www.fmprc.gov.cn/web/gjhdq_676201/gj_676203/yz_676205/1206_676207/1207_676219/t258881.shtml，访问日期：2018年4月23日；《中国–阿富汗教育人文交往与合作》，中国驻阿富汗大使馆网站，2016年7月25日，http://af.china-embassy.org/chn/zagx/ztgk/t1097559.htm，访问日期：2017年7月11日；《中华人民共和国和阿富汗伊斯兰共和国联合声明（全文）》，中国政府网，2016年5月18日，http://www.gov.cn/xinwen/2016-05/18/content_5074519.htm，访问日期：2018年4月12日。

④ 《李克强：携手促进阿富汗及地区的安全与繁荣》，中国政府网，2014年10月31日，http://www.gov.cn/guowuyuan/2014-10/31/content_2773467.htm，访问日期：2017年7月11日。

⑤ 《中国的帮助给我们带来希望——访阿富汗喀布尔大学校长法鲁基》，新华网，2016年11月29日，http://news.xinhuanet.com/world/2016-11/29/c_1120016323.htm，访问日期：2018年1月15日。

总统府表演的外国文化团组，开创了中阿文化交流的新篇。[①] 在中国政府相关部门以及宋庆龄基金会等机构的支持下，中阿两国举办了阿富汗艺术家画展、阿富汗女摄影师个人摄影展、设计印制阿富汗独立100周年纪念邮票和纪念封等多项文化艺术活动。其次，中国与阿富汗在考古与文物保护方面的合作亮点频出。2015年6月，中国的张昕宇、梁红夫妇及其团队成功对巴米扬大佛进行了光影还原。自2017年以来，中国人民对外友好协会推动阿富汗国家博物馆珍宝展在中国多个城市巡展，参观人数达到120万余人次，进一步增进了中国人民对阿富汗历史文化的了解。2018年3月24日至4月2日，中国敦煌研究院代表团访问阿富汗，首次实地考察了阿富汗多处佛教遗址，实现了两国考古界合作的突破。不过，中阿在影视、图书出版等文化领域的交流还鲜有涉及，双方有代表性的文学、影视作品以及文化品牌项目的双向交流也比较欠缺。尤其是阿富汗缺少介绍当代中国的书籍和节目，这给西方媒体在阿富汗制造"中国威胁论"、妖魔化中国提供了机会。

（三）学术交流更加多元

首先，学术交流的主体更加多元。近年来，中阿学术交流呈现"使馆/政府机构+阿政府机构""使馆+阿智库""高校/行业组织+阿高校/行业组织"等多种办会模式，不仅拓宽了中阿双方学术交流的渠道，也为审视中阿关系、阿富汗问题提供了更加多元的视角。[②] 其次，学术交流的议题更加多元。近年

[①]《中国杂技艺术家在阿富汗总统府的表演感动人心》，中国驻阿富汗大使馆网站，2018年9月28日，http://af.china-embassy.org/chn/sgxw/t1599930.htm，访问日期：2019年1月27日。

[②] 2014年以来，采用"使馆/政府机构+阿政府机构"模式的研讨会包括由中国驻阿富汗大使馆和阿富汗外交部联合主办的"中阿共建'一带一路'"研讨会（2016年5月8日、2017年3月29日，喀布尔）、中国地质调查局和阿富汗矿产与石油部主办的"阿富汗矿业投资论坛"（2018年10月18日，天津）；采用"使馆+阿智库"模式的研讨会包括中国驻阿富汗大使馆和阿富汗–中国友好协会联合举办的两国建交59周年研讨会（2014年1月13日，喀布尔），中国驻阿富汗大使馆、中国国际问题研究院、阿富汗战略研究所联合举办的"中国–阿富汗未来关系发展"研讨会（2014年11月8—12日，喀布尔），中国驻阿富汗大使馆与阿富汗–中国友好协会、阿富汗战略研究所联合举办的主题为"深化务实合作，共谋长远发展"的中阿关系研讨会（2015年3月31日，喀布尔），由中国驻阿富汗大使馆与喀布尔指南针研究所联合举办"感知大美新疆，展望共同发展"研讨会（2016年10月31日，喀布尔）；采用"高校/行业组织+阿高校/行业组织"模式的研讨会包括由中华全国工商业联合会、阿富汗工商会联合主办的"中国–阿富汗工商论坛"（2014年10月31日，北京），太原理工大学和喀布尔大学联合倡导举办的"首届'一带一路'中阿教育论坛"（2016年9月20—22日，太原）。

来，中阿学术交流的议题除了中阿政治关系、阿富汗局势、经贸合作外，逐渐拓展至涉阿地区合作（突出"一带一路"因素）、反恐合作、文化交流、媒体合作、地方发展等领域。尤其是在中阿双方共建"一带一路"现实需求的驱动下，2016年、2017年，中国驻阿富汗使馆与阿外交部联合举办中阿共建"一带一路"研讨会，探讨阿富汗"未来发展（2015—2024）"与"一带一路"倡议对接的可行性。[①]随着中阿学术交流的增多，阿富汗主流媒体的涉华报道中逐渐出现中国学者的声音。不过，中国学术界，尤其是中国的阿富汗研究学者还应该加强同阿富汗媒体的交流，积极通过阿富汗媒体发声，真正扩大中国在阿富汗媒体的话语权。

（四）媒体交流互动频繁

首先，传统新闻媒体仍发挥着重要的主体和舆论引导作用。中国国际广播电台（CRI）是目前中国对阿富汗国际传播和媒体交流的主力军，于1973年7月开展对阿富汗的普什图语广播业务，虽然目前在阿富汗无分支机构，但有8名阿富汗雇员负责当地的内容采编和节目质量监督。[②]通过与阿富汗明月电台合作，CRI先后在坎大哈市和喀布尔市开播整频率落地调频广播，有效覆盖阿富汗当地近千万人口。CRI与喀布尔新闻电视台先后联合拍摄、制作、播出了百集纪录片《您好，中国》普什图语版（2015年）、电视片《我是一个商人》和《中阿经贸关系的过去、现在和未来》（2016年）、五集纪录片《中国与阿富汗"一带一路"故事》（2017年），通过聚焦"一带一路"倡议下中阿友好交往故事，进一步增进两国人民传统友谊。CRI普语部自2015年起，连续三年在北京举办中国-阿富汗媒体论坛，就如何加强两国媒体交流与合作、发挥主流媒体在双边交往中的作用等议题进行了广泛深入的探讨。[③]

其次，新媒体的出现，丰富了中阿媒体交流的手段和方式。2003年12

---

① 《驻阿富汗使馆与阿外交部联合举办中阿共建"一带一路"研讨会》，中国驻阿富汗大使馆网站，2016年5月8日，http://af.china-embassy.org/chn/sgxw/t1361477.htm，访问日期：2019年5月7日；《驻阿富汗使馆与阿外交部联合举办中阿共建"一带一路"研讨会》，中国驻阿富汗大使馆网站，2017年3月30日，http://af.china-embassy.org/chn/sgxw/t1450299.htm，访问日期：2019年5月7日。

② 陈重：《"一带一路"倡议背景下中国对阿富汗传播观察》，《国际传播》2019年第2期，第56页。

③ 席猛：《CRI对阿富汗传播实践与效果分析》，《国际传播》2018年第2期，第72页。

月28日，CRI官方网站国际在线（CRI Online）开设普什图语网站（www.pushtu.cri.cn）。CRI普什图语部于2013年3月28日在脸书上开设了自己的官方账号CRI Pashto，并于同年4月2日正式推出官方专页pushtu.cri.cn，策划推出《古提念诗》《一分钟》《一起学汉语》等广受用户喜爱的品牌微视频。截至2020年4月，CRI Pashto脸书专页粉丝人数达到238.2万，被网民誉为"阿富汗人了解中国的重要窗口"。[1]

不过，中国在阿富汗常驻媒体不多，且功能单一，阿富汗也没有媒体进驻中国。中阿主流媒体间直接合作和信息交流较少，造成中阿人文交流活动的报道主要见于中国媒体，阿富汗主流舆论知之甚少，中国在阿富汗的很多善行义举也不为阿富汗民众所知。这就给谣言制造了传播机会。

（五）卫生健康合作成效显著

早在20世纪70年代，中国在自身非常困难的情况下，援建了坎大哈省米尔瓦伊斯医院。该医院现已成为坎大哈省及周边地区最大最好的医院，当地民众亲切地称之为"中国医院"。近年来，中国援建了喀布尔共和国医院，为阿富汗公共卫生部提供了100辆救护车。自2017年6月，"天使之旅——'一带一路'大病患儿人道救助计划阿富汗行动"一期、二期相继实施，计划分批救助250名阿富汗先心病患儿。阿富汗总统夫人鲁拉·加尼在会见中国红十字援外医疗队时表示，中阿两国是"兄弟与兄弟，姐妹与姐妹"的关系，中国红十字会开展的人道救助项目进一步增进了两国人民的友谊。[2] 此外，自2014年起，中国为阿富汗医疗人员提供了"阿富汗护理人员培训班""中国–阿富汗妇幼卫生培训班"等多期专业培训，不仅提高了阿富汗医疗人员的能力水平，也增强了双方对彼此医疗卫生领域的认识和了解。

如图4–1所示，随着中阿人文交流合作日趋活跃，阿富汗主流媒体正面、中立的涉华报道逐年增多，负面报道有所减少。这说明，人文交流在增进中阿两国人民的相互了解、树立正面的中国国家形象方面发挥了一定的作用。虽然中阿人文交流日趋活跃，两国人民之间仍然"近而不亲"。由于中阿人文交流在机制建设方面的欠缺，交流与合作的深度与广度都不够。中国普什图

---

[1] 席猛：《CRI对阿富汗传播实践与效果分析》，《国际传播》2018年第2期，第71页。
[2] 宗红：《陈竺会见中国驻阿富汗大使刘劲松》，《中国红十字报》2018年11月23日，第1版。

语、达里语人才的匮乏使人文交流在实现民心相通、提升国家形象方面作用有限，体现在阿富汗主流媒体涉华报道的态度上则是正面报道数量增长的幅度以及负面报道下降的幅度都不大。

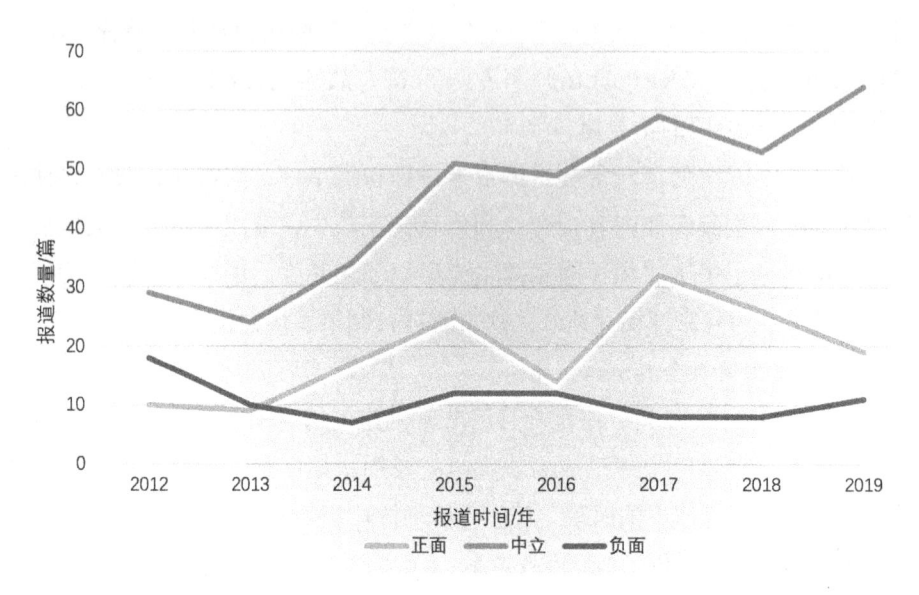

图4-1 阿富汗主流媒体涉华报道态度的年度变化

资料来源：作者自制。

第三节 国家利益的影响

建构主义认为，利益是以身份为先决条件的，没有身份，利益就失去了方向，因为行为体在知道自己是谁之前是不可能知道自己需要什么的。同时，利益是身份形成和变化的动力，没有利益，身份就失去了动机力量。[①] 也就是说，社会互动重塑国家身份，导致国家利益的重新界定，进而引起国家行为的变化，即国家身份塑造国家利益，国家利益决定国家行为。

在当今全球化的进程中，政治、经济、安全等利益诉求已成为影响国家间关系的重要因素，反映在媒体中，体现的就是国家的形象。阿富汗主流媒体对于中国国家形象的建构总体呈现为"迅速崛起的和平大国"形象，这与

---

① 亚历山大·温特：《国际政治的社会理论》，秦亚青译，上海人民出版社，2000，第290页。

西方媒体眼中的"正在崛起的中国、发展与威胁并存的中国"的国家形象存在一定的差异。这种差异形成的主要原因可能还是国家利益率先产生了影响。因为,"对于身处意识形态领域的新闻传媒来说,国家利益至上,无疑是传媒宣传和国际传播中的一面重要的隐性的旗帜"。[1] 阿富汗主流媒体与阿富汗国家利益的互动主要体现在两个方面:一是阿富汗主流媒体的"国家性"。媒体的"国家性",不是指媒体为国家所有,而是指媒体的报道以本国的国家利益为导向。阿富汗的国家利益决定了阿富汗主流媒体对华报道的大方向,而阿富汗主流媒体的涉华报道又进一步彰显和维护了阿富汗的国家利益。二是阿富汗主流媒体的"市场性"。基于阿富汗独特的媒体生态,阿富汗主流媒体不得不考虑市场竞争、自身经济利益以及受众需求等因素。

一、阿富汗国家利益的界定

国家利益是国际关系理论的核心概念之一,也是权力政治的精髓。汉斯·摩根索认为,国家利益包括领土完整、国家主权、文化完整等三个重要方面。[2] 我国学者俞可平认为,国家利益应该包括国家的生存、国家的强盛、国家的制度和国家的价值这四个要素。[3] 由于国家利益的具体实践受到意识形态、历史文化等多方面影响,国内外学界对于国家利益的内容和具体构成没有统一的定论。本书认为,国家利益作为国家生存和发展所坚持的核心理念,可以分为政治利益、经济利益、安全利益和文化利益。

国家利益是普遍性与特殊性的统一,生存、安全、独立、发展等构成了国家利益的普遍性,不同国家主体对国家利益的不同确认、不同排序和不同战略设计则构成了国家利益的特殊性。[4]

(一)争取外来援助、实现"自我造血"的经济利益

国家的经济利益是一个国家生存和发展的物质基础,是一个国家长远的根本的利益,是"在一定社会经济形式中满足主体经济需要的一定数量的社

---

[1] 胡晓明:《国家形象》,人民出版社,2011,第216页。
[2] 转引自倪世雄等:《当代西方国际关系理论》,复旦大学出版社,2001,第252页。
[3] 俞可平:《略论"国家利益"》,《天津社会科学》1992年第5期,第56页。
[4] 潘忠岐:《国家利益的主体性与中美安全关系》,《现代国际关系》2003年第11期,第13页。

会劳动成果"。① 经济利益的范围很广，但主要包括内外两个方面：一方面，对内保障国内经济发展的必要条件，实现国富民强；另一方面，维护国家在世界经济中的相应地位，保障对外贸易、投资、货币金融关系的稳定发展。②

对于阿富汗政府来说，最迫切的经济利益就是争取外国援助和外国投资，恢复国内经济的自我"造血功能"。经历20余年的战乱后，阿富汗的经济状况可谓惨不忍睹。2001—2002年，阿富汗GDP约为26.18亿美元，人均GDP仅为122.4美元（数据均不含毒品产值），通货膨胀严重，食品供应极度紧张，人民生活极度贫困。因此，如何获得更多国际援助，如何吸引外国投资，推动阿富汗国内经济的复兴和发展，是摆在阿富汗政府面前的头等大事。2001年以来，得益于国际社会的大量援助以及阿富汗政府的政策支持，阿富汗国民经济缓慢恢复发展。2018—2019年度阿富汗GDP约为199亿美元，同比增长2.7%，人均GDP为630美元（数据均不含毒品产值）。③ 由于2014年美国和北约撤军、阿富汗国内安全形势严峻、基础设施不健全、缺乏具有吸引力的优惠政策等因素的影响，外商对阿富汗投资积极性不高。截至2018年底，阿富汗外资存量约为15.69亿美元，重点集中在能矿、建筑、航空、电信、媒体和第三产业，加工制造业投资较少，涉农行业基本无人问津。④ 此外，阿富汗财政收入虽然逐年增加，但随着国际社会援助的减少，财政入不敷出的问题依然严重。因此，阿富汗当前和今后面临的经济利益方面的压力是，改善投资营商环境，积极争取外援和外国投资，打造国民经济支柱产业，培养"自我造血"功能，逐步实现财政自立的目标。

（二）挑战严峻、错综复杂的安全利益

安全利益关系到国家的生存，是最核心的利益，也是国家利益的保障。因为，国家如果没有安全保障，其他利益就无从谈起。国家安全利益主要包括：一是维护国家主权和领土完整，防止任何外来侵犯，保证国内的和平发

---

① 薛永应：《社会主义经济利益概论》，人民出版社，1985，第43页。
② 宋新宁、陈岳：《国际政治学概论》，中国人民大学出版社，2000，第116页。
③ 《对外投资合作国别（地区）指南——阿富汗（2019年版）》，中国商务部网站，2019年11月，http://www.mofcom.gov.cn/dl/gbdqzn/upload/afuhan.pdf，访问日期：2020年3月12日。
④ 《对外投资合作国别（地区）指南——阿富汗（2019年版）》，中国商务部网站，2019年11月，http://www.mofcom.gov.cn/dl/gbdqzn/upload/afuhan.pdf，访问日期：2020年3月12日。

展以及人民和平安宁的生活；二是防止卷入战争或军事冲突，防止出现对自身不利的周边环境或国际环境。① 近年来，阿富汗面临的安全压力不断增加，恐怖袭击、毒品走私等非传统安全问题层出不穷，安全利益面临严峻挑战。

一是"基地"组织、"伊斯兰国"等恐怖主义势力威胁不断。联合国驻阿富汗援助团公布的2018年阿境内平民伤亡报告显示，2018年阿富汗共有10993名平民在各类武装冲突和其他暴力事件中伤亡（3804人死亡，7189人受伤），其中，6980名平民伤亡（2243人死亡，4737人受伤）与"伊斯兰国"等反政府武装和恐怖主义势力有关。2018年阿富汗政府"有效控制与影响区域"仅为国土总面积的56%，相比2015年11月的72%大幅下降。② 阿富汗政府主要控制喀布尔市、省会城市、重要城市、县政府所在地以及交通要道。据北约"坚定支持"估计，截至2018年11月，阿富汗政府控制与影响区域人口约占总人口的63%。③ 同时，"伊斯兰国"不断加紧对阿富汗的渗透，在阿富汗的活跃程度明显上升。英国广播公司2017年8—11月所做的调查显示，在调查涉及的399个区域中，"伊斯兰国"活跃在30个区域，但并未完全控制任何一个区域。据联合国驻阿富汗援助团评估，2018年，"伊斯兰国"在阿富汗全国发动了138起袭击，造成2181名平民伤亡（681人死亡，1500人受伤），较2017年增加了118%。④ 可以说，恐怖袭击以及"伊斯兰国"对阿富汗的不断渗透，已经严重危害阿富汗的国家安全。

二是毒品种植和走私问题严重影响阿富汗的国家安全和经济安全。2017年，阿富汗的罂粟种植面积为32.8万公顷，生产鸦片9000吨，均创历史新

---

① 宋新宁、陈岳：《国际政治学概论》，中国人民大学出版社，2000，第116页。

② 王世达：《阿富汗和平进程新态势及前景》，《国际问题研究》2019年第1期，第127页。

③ "Enhancing Security and Stability in Afghanistan," U.S. Department of Defense, December 20, 2018, accessed June 25, 2020, https://media.defense.gov/2018/Dec/20/2002075158/-1/-1/1/1225-REPORT-DECEMBER-2018.PDF；《长期战争日志》(The Long War Journal)评估称，截至2018年11月初，阿富汗政府控制区域人口占总人口的49%，参见："Mapping Taliban Control in Afghanistan," FDD's Long War Journal, accessed November 30, 2018, https://www.longwarjournal.org/mapping-taliban-control-in-afghanistan。

④ "Afghanistan Protection of Civilians in Armed Conflict: Annual Report 2018," United Nations Assistance Mission in Afghanistan, accessed March 15, 2020, https://unama.unmissions.org/sites/default/files/afghanistan_protection_of_civilians_annual_report_2018_final_24_feb_2019_1.pdf。

高。其中，赫尔曼德省的罂粟种植面积占全国的43.9%。这9000吨鸦片可以生产约550—900吨出口品质的海洛因（纯度在50%—70%）或390—450吨纯海洛因碱。[①] 阿富汗严重的腐败问题助长了毒品犯罪，毒品与腐败的结合不仅使阿富汗的禁毒工作困难重重，同时也大大削弱了政府的公信力。毒品贸易成为阿富汗的反政府武装和恐怖组织的重要资金来源。2017年，恐怖组织对阿富汗鸦片生产"征税"1.16亿—1.48亿美元。毒品问题不仅危害阿富汗的国家安全，对阿富汗的经济安全也造成强烈冲击。阿富汗经济严重依赖毒品贸易，罂粟种植成为阿富汗许多农民的重要收入来源。2017年，阿富汗毒品产值为41亿—66亿美元，占当年阿富汗GDP的20%—32%。[②]

面对形势严峻、错综复杂的非传统安全问题，阿富汗政府需要国际社会的援助和支持来打击恐怖主义、极端主义并开展禁毒工作，从而维护自身的国家安全利益。这其中自然也需要邻国——中国的资金和武器援助。

（三）保护文化传统的文化利益

文化利益是国家利益的组成部分，"以其道义目标和理想追求引领国家利益的方向"。[③] 文化利益的核心是文化主权。在全球化背景下，当今世界不存在可以完全不受世界文化浪潮影响的文化孤岛。2001年后，包括联合国在内的国际组织、外国驻阿富汗军队以及大量非政府组织来到阿富汗，帮助阿富汗进行国家重建。随之而来的是西方文化、西方价值观对阿富汗传统文化的冲击。因此，对于阿富汗来说，最迫切的文化利益就是尊重和保护阿富汗的宗教和文化传统，以民族价值观为纽带，培育阿富汗社会共同的价值观，从而维护阿富汗民族团结和社会稳定，提升国家和民族的认同感。

[①] "Afghanistan Opium Survey 2017: Cultivation and Production," United Nations Office on Drugs and Crime, November 15, 2017, accessed May 27, 2020, https://www.unodc.org/documents/crop-monitoring/Afghanistan/Afghan_opium_survey_2017_cult_prod_web.pdf.

[②] "Afghanistan Opium Survey 2017: Challenges to Sustainable Development, Peace and Security," United Nations Office on Drugs and Crime, May 21, 2018, accessed May 27, 2020, https://www.unodc.org/documents/crop-monitoring/Afghanistan/Afghan_opium_survey_2017_cult_prod_web.pdf.

[③] 俞新天:《重视国家利益中的文化利益》，《浙江日报》2006年3月13日，第11版。

二、阿富汗主流媒体的"国家性"

中阿关系自2012年以来保持着健康稳定发展,因此阿富汗主流媒体中的中国国家形象也是以正面为主。为什么阿富汗主流媒体的话语会与国际政治如此密切?因为,"利益是评价和指导政治行动的永恒标准",[①] 国家利益是潜在影响阿富汗主流媒体涉华报道话语表达的最重要因素。换言之,阿富汗主流媒体的涉华报道中体现出的对政治话语的表达和对现实的反映,其实都是围绕阿富汗的国家利益,在世界范围内作出的对中国面貌的反映以及对阿富汗自身思想和价值观的宣传。

(一)阿富汗精英阶层对阿富汗主流媒体的影响

媒体报道中的国家形象,即国家的媒介形象,是国家客体形象在公众舆论中的投影,是社会公众作为主体感知国家客体而形成的意识形态复合体,是一种主观的社会现实。由于是主观反映客观,那么国家的媒介形象就有可能被媒体或媒体背后的某些力量形塑,从而与国家客体形象产生差别。但是,阿富汗两家主流媒体建构的中阿互动中的中国国家形象大体一致,都以正面、中立报道为主。究其原因,不难发现,这股媒体背后的力量来自阿富汗的统治阶层和精英阶层,其最重要的动因之一就是维护阿富汗的国家利益。

首先,阿富汗主流媒体涉华报道的信息源多为政府官员和社会精英。如果说在国内问题和公共政策中,媒体可以采取与政府不同的立场,在国际事务上,媒体报道大部分情况下反映的是政府决策层的声音和看法。[②] 从新闻形成的角度来看,外交政策方面的消息主要呈政府—精英驱动模式。[③] 阿富汗主流媒体获取国际报道信息的渠道本身存在局限,媒体一般按图索骥,主要依赖政府官员、智库、学者等权威人士的信息,同时寻找不同意见。当政府、精英阶层内部或者相互之间存在分歧和冲突时,媒体就会进行更多的报道;反之,媒体主要起"共识"的推广作用,相应的报道也会趋向枯竭。目前,阿富汗一些学者和智库在"中国形象"问题上日益扮演舆论领袖的角色。阿

---

① 汉斯·摩根索:《国际纵横策论——争强权,求和平》,时殷弘等译,上海译文出版社,1995,第11—12页。
② 罗丽娟:《试论美国外交政策中的媒体角色》,《合肥师范学院学报》2013年第1期,第124页。
③ 杜雁芸:《美国政府对中国国家形象的认知》,时事出版社,2013,第204—205页。

富汗主流媒体在向民众进行评论或者报道时，需要借助这些舆论领袖的观点来增强报道的权威性。因此，阿富汗政府官员和社会精英是"借船出海"，以舆论形式传播自身的利益主张；阿富汗主流媒体则"借力而行"，扩大报道的影响力，双方是一种互惠互利的双向依赖关系。

其次，阿富汗统治阶层和精英阶层会设法向媒体施加影响。阿富汗主流媒体可以影响阿富汗大众的意见，但对于大多数阿富汗公众来说，解决温饱问题远比关注政治要现实得多，因此，阿富汗主流媒体对公众舆论的影响仍然有限。相比之下，阿富汗主流媒体对于决策者、有政策影响力的社会政治精英以及关注政治问题的部分公众影响更大。在决策者、媒体和公众舆论的关系中，值得注意的是，决策者总倾向于依赖主流媒体，从主流媒体的报道中快速了解公众舆论。这就导致阿富汗的主流媒体不仅影响公众舆论，其本身在决策者心目中也成为公众舆论。因此，为了在一定程度上影响公众舆论，维护国家利益，阿富汗的统治阶层和精英阶层会利用政府新闻管理制度来设法利用和管理媒体。阿富汗总统办公室以及政府各部门几乎都设有专门的新闻办公室，专门处理与媒体的关系，向媒体分发相关资料，以便影响阿富汗主流媒体。

（二）偏见体现中阿对中国身份定位的差异

一般来说，国家总是根据国家利益行事，国家利益的损益不仅决定着国家战略的走向，也影响着一个国家对另一个国家形象的评价。[①] 因此，阿富汗主流媒体涉华报道中对中国存在的偏见一定程度上反映了中阿两国之间国家利益的偏差。

在政治和安全方面，阿富汗主流媒体在营造一种中国应该对阿富汗塔利班等问题负责的"中国责任论"。[②] 这在一定程度上是基于阿富汗国家利益"指导"的对于中国国家形象的负面刻画。尽管说"阿富汗的和平与稳定，事关中国西部的安全"，中国在阿富汗问题上的出发点以及最大关切是新疆的安全稳定，但是阿富汗的恐怖主义对中国的国家利益尚不构成直接的、紧迫的威

---

① 刘笑阳：《海洋强国战略研究——理论探索、历史逻辑和中国路径》，博士学位论文，中共中央党校，2016，第71页。

② 朱永彪：《阿富汗和谈的现状与前景》，载《2018—2019年南亚形势研讨会论文及摘要》，成都：四川大学南亚研究所，2018，第223页。

胁。因此，中国在阿富汗的政策目标相对有限，不会也不必在阿富汗问题上将自己定位为一个积极的支持者、参与者和推动者，同时又保持低调，为阿富汗打击恐怖主义和开展禁毒工作提供"份内"的帮助和支持。

在经济利益方面，争取外国援助和外国投资是阿富汗实现经济自身"造血"的关键。因此，阿富汗主流媒体极力渲染中国为世界第二大经济体，试图营造中国应当向阿富汗提供更多经济援助、加大对阿投资以改善阿富汗经济的"中国责任论"。阿富汗主流媒体通过放大中国在阿富汗两个最大的投资项目搁浅，负面解读中国国家形象，也是意在向中国施压，使中国加大对阿投资。此外，阿富汗主流媒体极力宣传"一带一路"倡议以及阿富汗独特的地理位置，也是为了争取"一带一路"倡议相关项目尽早落地阿富汗，以推动阿富汗经济发展。中国方面，为了维护和发展自身的经济利益，必须对在阿富汗的部分投资项目及时"止损"，同时谨慎考虑对阿富汗的重大投资项目。这在一定程度上就与阿富汗的经济利益相冲突。

由此可以看出，阿富汗主流媒体涉华报道的偏见体现了中阿两国国家利益的偏差，根源是中阿两国对中国身份定位的差异。在国际体系中，身份是决定一个国际行为体利益、立场和对外政策的基本因素，不同的国家身份在国际互动中有迥异的机制和结果。在中阿两国间的互动中，中国日益表现出了双重身份（dual identity），既自我坚持是发展中国家，又被阿富汗认为是"大国"。[①] 中国随着国力的增强，成为世界第二大经济体，阿富汗仅凭GDP这一个指标就赋予了中国"大国"身份，无故给中国增加了一份不切实际的"国际责任"，即中国应该在帮助阿富汗实现和平与发展方面发挥关键角色的作用。然而，从中国自身目前的发展阶段和实力来看，中国目前以及今后相当长一段时间内仍将是发展中国家。这个身份制约着中国承担国际责任和国际义务的广度和深度，使得中国在阿富汗只能做到量力而行，积极而为。

三、阿富汗主流媒体的"市场性"

阿富汗主流媒体涉华报道的报道方向要以阿富汗的国家利益为导向。但在前述的分析中我们看到，阿富汗两家主流媒体的涉华报道中都在不同程度

[①] 李少军：《论中国双重身份的困境与应对》，《世界经济与政治》2012年第4期，第5页。

上妖魔化了中国,"中国威胁论"等言论有不同程度的存在。这看似与阿富汗国家利益背道而驰,实则因为受经营压力、受众需求等因素的影响,是阿富汗主流媒体自身利益诉求与国家利益之间互动博弈的结果。

(一)阿富汗的媒体生态特征

阿富汗政府奉行相对宽松的新闻管理制度,鼓励独立媒体的发展运营。目前,阿富汗的媒体体制为官方和私营媒体并存,存在国有官方媒体、本土私营媒体以及受国际资金资助的西方媒体等三种类型的媒体。大量的西方媒体进入阿富汗媒体市场在一定程度上促进了阿富汗新闻传媒业的发展,同时也给阿富汗本土媒体带来了经营压力,加剧了阿富汗本土新闻媒体之间的竞争。

1. 私营媒体占主体

在阿富汗媒体市场中,私营媒体占大多数。阿富汗国有媒体有政府资金的支持,西方媒体没有生存压力的问题,而大量阿富汗本土私营媒体的运营资金需要自筹。对于黎明新闻网、帕支瓦克新闻网等大多数阿富汗私营媒体来说,广告收入是其商业收入的主要来源。阿富汗广告市场主要依靠外资企业以及阿富汗本土大型企业的广告投放。近年来,由于外国企业对阿富汗投资越发谨慎,阿富汗主流媒体广告收入也受到一定的影响。因此,阿富汗的私营媒体面临的首要问题是"如何活下去",即利益考量,而不是新闻的独立性。当然,这就给了西方以及阿富汗不同利益集团渗透的机会。

2. 西方主流媒体掌握话语权

阿富汗宽松的媒体政策使得西方媒体纷纷进入阿富汗。美国媒体采取以广播为主,同时采用三种语言和四种口音的方式对阿富汗进行精确传播。VOA(美国之音)1980年开始用达里语播音,1982年创办普什图语广播。2006年,阿史那电视台(Ashna)成立后,两个部门合并为现在的阿富汗传播部。VOA开办有普什图语和达里语网站,并在Facebook、Twitter、优兔(Youtube)和照片墙(Instagram)上开设账户。"自由之声"电台隶属于由美国国会出资运营的"自由欧洲/自由之声"电台(Radio Free Europe/Radio Liberty,RFE/RL),是在阿富汗收听率最高的电台之一。该电台每日播出时间为阿富汗当地时间7点到19点,在阿富汗的喀布尔、贾拉拉巴德、马扎里沙里夫、坎大哈、赫拉特等五个城市设有分台。该台同时使用普什图语和达里语进行播音，节目以时政类为主，还有部分阿富汗本土音乐或文化类节目，在阿富汗具有很强的舆论引导力。"自由之声"电台还创办了犍陀罗之声（Gandhara），使用英语进行播音，内容主要涉及阿、巴地区的新闻报道和评论分析。

BBC（英国广播公司）于1982年8月开办普什图语广播。目前，BBC的普什图语、达里语和英语节目通过短波和中波覆盖了阿富汗全境，其在超过20个大中城市又分别开设了调频广播。BBC的广播节目兼顾时政和科教文化两个方面，既有阿富汗本地新闻和国际新闻，又包含儿童节目、科普类节目以及情景剧。同时，BBC普什图语部每天黄金时段在沙姆沙德电视台（Shamshad TV）播放5分钟的视频新闻节目。

可以说，美英等西方国家媒体是影响阿富汗公众舆论的主要力量。传统媒体是阿富汗影响力最大的媒体形态。在传统媒体中，广播是阿富汗覆盖面最广的媒体形式，电视在阿富汗城市中成为人们使用最多的媒介工具。阿尔泰咨询（Altai Consulting）在2010年进行的调查显示，36%的受访者经常收听广播，而48%的受访者经常看电视。居住在城市的受访者中，87%的受访者拥有或可以使用电视，77%的受访者每天观看电视；在农村地区，只有34%的受访者可以使用电视，22%的受访者每天观看电视。[①]"自由之声"、美国之音、阿史那电视台、英国广播公司等西方媒体已经实现对阿富汗的全媒体、全境、全天覆盖，在阿富汗广播媒体市场中的占有率接近30%。[②]此外，阿富汗媒体的国际新闻主要来自西方世界。《每日瞭望报》国际新闻版的新闻来源主要是美联社、路透社、法新社等。同时，"自由之声"、美国之音在阿富汗全国拥有大量记者、报道员和线人，能够在新闻事件发生时第一时间赶到现场进行报道。很多情况下，美国媒体的信息获取和传播速度比阿富汗当地政府还要快，成为阿富汗政要和专家学者的重要信息来源，自然先入为主

---

① "Afghan Media in 2010: Executive Summary," Altai Consulting, accessed June 24, 2020, http://www.altaiconsulting.com/docs/media/2010/Afghan%20Media%20in%202010%20-%20Executive%20Summary.pdf.

② 陈重:《阿富汗媒体发展现状及中国对阿传播策略初探》,《现代传播》2017年第12期，第162页。

地影响着阿富汗舆论的关注点和立场。① 正如英国广播公司进行的受众调查中一位受访者所说,"我收听、收看阿尔曼电台（Arman FM）和黎明电视台的娱乐、新闻节目是为了消遣,我收听BBC的新闻广播是为了更好地分析和了解新闻"。② 因此,西方国家炮制的一些负面舆论在一定程度上干扰了阿富汗民众的对华认知,导致阿富汗民众对中国产生误解。

（二）阿富汗主流媒体追逐利益的需要

如果说,阿富汗主流媒体"说什么?"更多是基于维护国家利益这一原则的话,那么阿富汗主流媒体"如何说?"就具有一定的多样性了,而且在一定程度上是以自身利益为导向。黎明新闻网和帕支瓦克新闻网由于私营媒体的性质,往往出于追逐利益和竞争的需要,在建构中国国家形象时,会有意地去迎合利益集团或者受众的思想观念与认知习惯,因而在报道中会表现出某种偏向。阿富汗主流媒体涉华报道中的负面新闻正是这种偏向的体现和反映。

一是部分西方国家为了自身在阿富汗的利益,将反华气氛引入阿富汗媒体,强化阿富汗公众的中国反面形象。私营媒体是阿富汗媒体市场的主体,美国等西方国家通过资本渗透的方式,扶持和培育与西方拥有一致价值观的阿富汗本土主流媒体。比如,美国国际开发署（USAID）仅2003年就资助了阿富汗本土商业媒体集团——莫比传媒集团近300万美元。近年来,莫比传媒集团下属的黎明电视台、黎明新闻频道、阿尔曼电台等媒体平台在美国的扶持下,业绩在阿富汗媒体市场中都位居前列。③ 俗话说,得人钱财,与人消灾。黎明新闻网由于与西方国家有很强的利益关系,自然会在阿富汗媒体中充当反华的"桥头堡",极力在阿富汗公众感兴趣或者关注的领域刻画中国的反面形象。这一点从黎明新闻网涉华负面报道比例、援引美国等西方国家信源比例之高就可见一斑。

二是阿富汗主流媒体为了迎合受众需要,有意误读中国形象。在激烈的市场竞争压力之下,阿富汗主流媒体为适应市场压力,突出新闻的消费性特

---

① 席猛:《试析美国在阿富汗的媒体外交及启示》,《国际传播》2020年第3期,第52—53页。

② D-3 Systems, Inc. and Ascor-Surveys, "Afghan Media Survey: Report Prepared for BBC Trust," January 2008, accessed September 15, 2019, http://www.bbc.co.uk/bbctrust/assets/files/pdf/review_report_research/ar2007_08/afghanistan_research.pdf.

③ 席猛:《美国对阿富汗传播现状观察》,《国际传播》2017年第2期,第35页。

征，不断制造新闻"卖点"，迎合受众需求。有争议性的新闻报道不仅能吸引受众的眼球，也可以吸引更多的商家投放广告，增加商业收入。由于国际政治往往远离阿富汗普通民众的日常生活，国外新闻的吸引力明显不如阿富汗国内新闻。因此，为了吸引受众兴趣，阿富汗主流媒体在报道他国新闻时无形中会突出冲突性，倾向于选择高冲突性事件。中国社会问题以及艾娜克铜矿和阿姆河石油盆地项目等是阿富汗民众比较关注的问题。阿富汗主流媒体选择这些议题中的负面新闻进行报道，能够吸引公众眼球。但是这些"有争议"的新闻报道建构起来的中国国家形象毋庸置疑是偏离客观现实的。

第四节　历史文化背景的影响

话语幻象理论认为，单纯的客观现实是无法触碰到的，也就是没有意义的。一定的含义系统确定行为体对周围的物质环境作出一定的反应和理解，"对于人类的行为来讲，只有通过共享的知识结构，物质资源才被赋予含义。"[①]正所谓情境决定认知，由于认知主体受到所处的意识形态、文化、群体等历史文化背景的浸染，面对同一国家的客体形象，不同历史文化背景的认知主体会描绘出不同的国家认知形象。换言之，阿富汗主流媒体建构的中国国家形象是在一定的历史文化背景下被理解的。

从认知过程的一般规律来看，一种意象的产生首先是认知主体在头脑中形成对认知客体的投射映象，然后认知主体有意或无意地、有选择地根据自身历史经验、价值取向、知识、信仰体系等对映象进行加工而形成一种相对固化的认知结果，该结果必然会体现认知主体的主观价值取向。从这一点来说，意象与本书的幻象具有异曲同工之处。从认知原理来看，意象具有固化性和延展性，主要体现为认知主体在主观认知建构中的刻板印象（stereotype）、首因效应（primacy effect）和晕轮效应（halo effect）。

一、对社会主义认知的固化

阿富汗主流媒体对中国国内形象进行了较为片面、负面的刻画。其实，

[①] 倪世雄等：《当代西方国际关系理论》，第224页。

阿富汗主流媒体的大多数从业人员真正有机会接触或者来过中国的是极少数，对中国特色社会主义制度真正了解的更是屈指可数。因此，这些偏见一定程度上是由不自觉的错误所形成的固定化的观念和认知，即无意偏见。从认知的角度来看，历史经验是影响阿富汗主流媒体对中国国内形象无意偏见的重要因素之一，因为"历史会在决策者不知不觉的情况下影响他的知觉倾向"。① 阿富汗对中国国内形象存在的无意偏见，很长程度上来自人们长期以来的认识的积淀，以及由此形成的社会刻板印象。

阿富汗人民民主党（People's Democracy Party of Afghanistan）成立于1965年，作为一个社会主义政党试图在阿富汗建立社会主义国家，实行社会主义制度。1978年4月，在推翻达乌德政权后，阿富汗人民民主党建立了阿富汗民主共和国。该党制定了以改善人民生活为前提的改革纲领，照搬苏联工业化的经验，搞集体农场和合作社，要求农牧民全部定居，但由于缺乏社会经济基础保障，没有得到阿富汗民众的拥护。

阿富汗人民民主党在1978—1992年的执政使阿富汗人民对社会主义制度产生了一定的误解。这种误解使阿富汗对中国形象的认知产生首因效应。这种"首因"致使阿富汗主流媒体忽视中国的政治文化传统和具体国情，片面地按照历史经验来看待中国的社会制度。而且，历史经验和刻板印象还会导致阿富汗民众即使亲身来到中国，也会首先聚焦中国的各种问题。

二、"国强必霸"认识的反映

阿富汗主流媒体的涉华报道把中国刻画为美国霸权的"挑战者"、周边国家的"威胁者"。这种"中国威胁论"的言论与"国强必霸"这一认识对阿富汗不知不觉的影响有关。

"国强必霸"是近代500年来西方大国崛起的普遍道路。16世纪，葡萄牙、西班牙相继建立海洋霸权，瓜分世界；17世纪，荷兰取而代之；18—19世纪的英法争霸，最终成就了"日不落帝国"；德国、日本在19世纪末20世纪初相继崛起，试图通过军事扩张争夺世界霸权，可惜铩羽而归；20世纪的美苏

---

① 罗伯特·杰维斯：《国际政治中的知觉与错误知觉》，秦亚青译，世界知识出版社，2003，第219页。

争霸形成了美国主导的国际霸权体系。时至今日,霸权主义仍然对国际政治发挥着巨大的影响。

面对西方国家近代史上长期的权力争夺,阿富汗必然在观念上产生"国强必霸"的认识,认为国际体系中的国际行为体必然以权力扩张为基本追求,任何国家都不会例外。国际关系中,中小国家对大国的疑虑和戒心是与生俱来的,是根深蒂固的。[①] 受"国强必霸"这一认识的影响,阿富汗很自然地把对国家发展轨迹的这种认知套在中国的头上,对中国国际角色的认知产生晕轮效应。这种"晕轮"致使阿富汗认为,如果说21世纪是中国的世纪,阿富汗有什么理由相信崛起的中国不会图谋扮演霸权国家的角色,不会成为本地区乃至世界的"最大威胁"呢?按照这种理念,阿富汗主流媒体在报道时将中国塑造成一个挑战现行国际秩序的、野心勃勃的"扩张者"。

三、西方价值观的体现

2001年后,阿富汗在美国的主导下开始国家重建,在政治体制、语言、媒体等方面受到西方的深刻影响。在吸收阿富汗自身传统政治的一些因素的同时,阿富汗采用三权分立的美国式总统制。

英语作为国际通用语在阿富汗得到了广泛传播和应用,很多阿富汗人还把英语作为自己的第二语言。阿富汗前总统哈米德·卡尔扎伊、加尼以及政府机构的许多官员都能说一口流利的英语,一些官员还曾在西方生活或学习过。英语也成为阿富汗国家安全部队人员的一项重要技能。因为,掌握英语不仅有利于同为阿富汗安全部队提供培训、咨询和协助的外国军人和培训人员进行沟通和交流,也使其更有希望得到去美国、英国等西方国家军事院校深造的机会。一位说着一口流利英语的阿富汗人就表示:"阿富汗不只有说英语的外国军队,连阿富汗士兵都开始上英语课了。"[②] 同时,越来越多的英语广告、横幅、路标、菜单出现在喀布尔的街头,一些商店的招牌、非政府组织的办公室标识,甚至一些政府办公室的标识(比如阿富汗外交部各办

[①] 周方银:《周边外交新形势与我国外宣新要求》,《对外传播》2019年第4期,第37页。

[②] Freshta Sediqi, "A Sociolinguistic Profile of English in Afghanistan: The Perspectives of Kabul Academics" (MD diss., Purdue University, 2010), p. 51.

公室的标牌）都是纯英文的。英语对阿富汗当地语言的使用也产生了一定的影响。阿富汗人在说达里语或普什图语时，会使用一些英语单词，mood、excuse me、funny、enjoy、play、song、personality、yes、no、control、authority、capacity building、license、agenda、program、meeting、strategy、plan、file、chart、table、change、highlighter等英文单词已经成为阿富汗人日常会话的一部分。① 有时，英语词汇与达里语或者普什图语词汇结合在一起使用。比如，普什图语单词"gadwad"意思是混乱的，阿富汗人有时使用"gadwadation"来指代混乱的情况。②

　　大众传媒是英语在阿富汗全国范围内传播的主要渠道。不但西方媒体在阿富汗兴办媒体，而且大多数阿富汗本土媒体对英语的使用没有任何禁令或者限制。随着阿富汗互联网，尤其是移动互联网的发展，三语网站③、英语图书、英语电视节目、英语电影、英语广播电台以及英文报纸对阿富汗人的生活方式产生了巨大的影响。许多城市里的阿富汗人都有卫星电视，能收看英语频道，阿富汗一些当地电视台也提供英语节目。比如，太阳电视台为想学习英语的阿富汗观众提供一个一小时英语课程的节目。

　　新闻信息的传播依赖语言，而语言不仅仅是一种沟通工具或者客观透明的传播媒介，还是一种思维方式和世界观。英语是西方文化的载体，随着英语在阿富汗的不断推广，阿富汗的媒体从业人员必定受到西方文化的影响，"在传播方式及传播理念上追随西方媒体"。④ 因此，阿富汗主流媒体在涉华报道中或多或少会掺杂西方对中国的认识，使得涉华报道打上西方价值观和思维模式的印记。此外，阿富汗两家主流媒体参与报道中国的绝大多数记者或编辑极少真正有机会了解中国，西方媒体是其获得有关中国信息的主要渠道。同时，阿富汗的媒体从业人员大多有在欧美国家接受新闻教育培训或者

---

① Mariam Alamyar, "Language Controversy in Afghanistan: The Sociolinguistics of Farsi Dari and Pashtu at Kabul University" (MD diss., Purdue University, 2010), p. 54.

② Dawood Azami, "English Takes Hold in Afghanistan," BBC News, January 12, 2009, accessed November 3, 2019, http://news.bbc.co.uk/2/hi/south_asia/7493285.stm.

③ 阿富汗所有政府部门以及大多数公司、学校、媒体等机构的官方网站都有达里语、普什图语、英语三个版本。

④ 席猛：《试析美国在阿富汗的媒体外交及启示》，《国际传播》2020年第3期，第50页。

工作的经历，比如，阿富汗国家广播电视台台长伊斯玛仪·米亚海勒（Ismail Miakhail）就曾长期在BBC任职。这些媒体从业人员的媒体运营理念、报道方针多沿袭西方的新闻价值观和传播理念，热衷于把揭露阴暗面、追逐和报道负面新闻作为媒体的主要责任。而且，由于阿富汗普通受众的媒体素质是由西方媒体逐步培育起来的，多数受众对媒体职责定位的认识也趋同于西方的意识形态。[1] 因此，阿富汗的普通受众、媒体从业人员对中国的印象、观念、态度会受到西方媒体的影响，处在失衡螺旋当中，其中的偏见或成见会在相互作用中不断循环放大，造成传播内容的偏颇与失衡。[2]

阿富汗主流媒体涉华报道对中国国家形象的负面建构，在某种程度上是西方话语霸权影响的结果。从这个角度讲，阿富汗主流媒体建构的中国国家形象某种程度上是西方中国形象的一种延伸和再现，体现的是西方式的权力和知识。

---

[1] 席猛:《试析美国在阿富汗的媒体外交及启示》,《国际传播》2020年第3期, 第53—54页。
[2] 刘肖、董子铭:《媒体的权利和权力的媒体：西方媒体在国际政治中的角色与作用》, 中国社会科学出版社, 2017, 第27—31页。

第五章 进一步提升中国在阿富汗的国家形象的策略

在国际社会中,国家间的互动和传播行为会不断地再造国家身份与形象。[①] 由于中国本着互利共赢、共同发展的精神,不断深化中阿互利合作,随着美国宣布从阿富汗撤军、阿富汗国家重建形势的变化以及中国自身外交战略的调整,中国除了继续保持同阿富汗的经贸往来外,自2014年开始加强同阿富汗在政治与安全方面的联系,积极与各国一起推动阿富汗和平进程,阿富汗主流媒体普什图语涉华报道对中国形象的建构正面占主流。

但由于各种各样的原因,阿富汗主流媒体普什图语涉华报道对中国形象也有一定的误读甚至歪曲。基于阿富汗主流媒体对于中阿交往互动的强烈关注以及对中国国情认知的偏差,我们有必要通过优化中国与阿富汗的直接交往活动模式来进一步增强两国间的互信,通过加强中国对阿富汗国际传播话语体系构建来主动引导阿富汗受众对中国国家形象的认知,努力实现"自我认知形象""他者认知形象""自我期待形象""他者期待形象"的动态平衡,从而提升中国国家形象在阿富汗的认可度和认同度。

第一节 优化中国与阿富汗的直接交往活动模式

国家形象的改善并不完全取决于国家自我的定位、塑造、构建和传播等作为,而在更大程度上取决于国家间关系的优化。[②] 国家间直接交往活动是一种建立在政治家、商人、普通民众等个人乃至群体认同度基础上的关系建立

[①] 李智:《中国国家形象:全球传播时代建构主义的解读》,第46页。
[②] 李智:《中国国家形象:全球传播时代建构主义的解读》,第146页。

型的沟通和对话，这种立体化的直接交往会为国家间沟通奠定共同的认知基础和理解背景，进而作用于人们的知觉、评价和情感，最终影响一个国家形象的形成。① 因此，要实现进一步提升中国在阿富汗的国家形象的目标，就必须适时调整对阿外交政策，优化现有同阿富汗的直接交往活动模式，从而催生并强化新的共有观念，实现国家身份的重构。

"信任是国际关系中最好的黏合剂。"② 国家间信任能够增信释疑，缓和分歧矛盾，促进国家间共同利益、共有观念的生成，是国家间维持友好关系、达成互利合作、建构良好形象的基础。因此，优化中国同阿富汗之间的直接交往活动模式，最重要的也是最根本的就是要在中阿双边关系领域采取持久努力，通过一系列措施不断深化中阿两国间的互信。

学术界认为国家间信任的形成有三个维度：一是国家间（战略）利益的计算，认为国家间信任是国家在权衡利益得失后作出的理性选择，是在多次理性选择的互动基础上建构起来的；③ 二是国家间建立的长期的双边或多边制度安排，认为国家间信任是"理性的国家为确保自身利益的最大化、为不可预测的未来行动赋予良好期盼的一种制度安排，是解决不可控制的、复杂的国际和地区问题的一种重要策略"；④ 三是国家间一种相对固化的心理状态，认为国家间信任是"在地缘因素、文化因素、民族因素、共同的经历等影响下建立起的心理信任态度"，⑤ 是"一种心理倾向，即组成民族国家的个体民众对另一个国家是否可信的心理判断"，⑥ "这种判断不以理性的知识和信息为基

---

① 丁磊：《国家形象及其对国家间行为的影响》，第115页。
② 习近平：《为建设更加美好的地球家园贡献智慧和力量——在中法全球治理论坛闭幕式上的讲话》，中国政府网，2019年3月26日，http://www.gov.cn/gongbao/content/2019/content_5380351.htm，访问日期：2019年9月13日。
③ 刘昌明、杨慧：《社会网络视角下的东亚国家间信任建构：理论框架与现实路径》，《国际观察》2016年第6期，第3页。
④ 李淑云：《信任机制：构建东北亚区域安全的保障》，《世界经济与政治》2007年第2期，第33—34页。
⑤ 刘昌明、杨慧：《社会网络视角下的东亚国家间信任建构：理论框架与现实路径》，《国际观察》2016年第6期，第3页。
⑥ 刘昌明、杨慧：《社会网络视角下的东亚国家间信任建构：理论框架与现实路径》，《国际观察》2016年第6期，第3页。

础，而是来源于过去的，渗透着信任或不信任关系的历史"。① 这三个维度既相互区别，又相互联系和相互建构。

国家间信任还存在一种互动的双层结构，即影响国家间互信建构的核心角色——政府这一权力要素层次以及包括政党、利益集团、媒体、智库、民众等在内的非权力性的社会要素层次。这两个层次可以说既相互影响，又相互独立，对国家间信任建构产生直接或间接的影响。一方面，权力要素对社会要素具有引导和牵制作用，政府可以引导政党、利益集团、媒体、民众等社会要素对另一国家的态度；另一方面，社会要素对权力要素层次的信任构成制约，媒体、民众等可以影响政府的决策和外交行为。因此，在一国内部，（不）信任可在权力要素和社会要素两个层次之间"流动"，信任扩散呈现出自上而下（从权力要素层次扩散到社会要素层次）的趋向，不信任扩散呈现出自下而上（从社会要素层次扩散到权力要素层次）的传播特点。②

国家间信任的建构往往不是整体完全交付给对方，而是逐步地付出信任，打消不信任；不是一次互动，而是反复多次互动产生信任的集合。根据国家间信任结构以及层次要素的"流动"规律，深化中阿两国间互信需要从两个方面入手：一是深化两国间的信任。从权力要素层次着手，致力于搭建中阿两国政府之间的信任机制，为双方获取信息提供便利，从而增加付出信任的可能性。二是化解两国间的不信任。从社会要素层面着手，通过改进对阿经贸与援助模式，倡导互利合作、共同发展的观念，减少影响信任建立的消极因素；通过加强中阿人文交流，增进非政府组织、学者、民众等民间的友好往来，化解两国之间的不信任。随着社会要素层面不信任的逐步化解，两国政府间的不信任也会慢慢消解，两国间的互信会不断深化，中国在阿富汗的国家形象也会得到进一步提升。

一、不断深化中阿间的政治互信

中阿两国的政治互信，指的是"彼此包容和合作的心理基础和共同承

---

① 刘昌明、杨慧：《社会网络视角下的东亚国家间信任建构：理论框架与现实路径》，《国际观察》2016年第6期，第9页。

② 刘昌明、杨慧：《社会网络视角下的东亚国家间信任建构：理论框架与现实路径》，《国际观察》2016年第6期，第6页。

诺"。① 在一个无政府状态的国际体系中，国家间信任的建构是一个充满挫折、需要坚韧和善意的过程。因此，要让阿富汗具有"包容和合作的心理基础和共同承诺"，形成关于中国积极的"他者期待"，就需要通过搭建多层次互信机制、加强观念和制度的变革、加强中美关系的良性互动，在政府这一权力要素层面上构建并不断深化中阿两国间的政治互信。

（一）推动中阿互信的制度机制建设

国家间的理性信任是"对交往关系中的利益相关方可能采取的对各方都有利的合作性策略行为的一种概括化的期望、稳定性的期望，从而也是人们理性选择的结果"，② 是国家基于理性选择的一种外交策略。中阿战略合作伙伴关系是建立在中阿之间互不构成威胁、不存在根本利害冲突、具有广泛的共同利益基础之上的，是中阿两国互信合作的结果。但是，作为国家间政治互信的保障，制度化与机制化的要求是必不可缺的。有效的制度建设和制度参与能够减少不确定性因素、降低风险、提高透明度，从而培育信任，建立合作。③ 因此，应该推动中阿两国间政治互信机制的建设，搭建多层次多领域的对话平台，从而确保中阿两国间的互信沿着健康方向不断发展深化。

一是推动中阿两国领导人定期会晤机制的建立。国家领导人之间的定期会晤在规划、指引、推动国家关系发展方面有着至关重要的作用。但自2014年以来，中阿两国领导人互访较少，④ 多是在参加上合组织峰会的间隙举行会晤。由于历史文化、经济社会发展水平以及社会制度的差异，中阿两国之间难以避免会存在一些分歧和矛盾，比如合作反恐的方式问题、对阿投资与援助问题、对人权认识的分歧等。已有的其他领导人定期会晤机制的经验表明，率先在"高层进行及时有效的沟通并寻求谅解，有助于更有效地缓解或消除分歧，增加信任"。⑤ 因此，有必要推动中阿领导人定期会晤机制的建立，通

---

① 刘国深：《增进两岸政治互信的理论思考》，《台湾研究集刊》2010年第6期，第11页。
② 沈惠平：《两岸互信的巩固与深化：理论视角与实现路径》，《台湾研究集刊》2014年第5期，第10页。
③ 王正：《信任的求索——世界政治中的信任问题研究》，北京时代华文书局，2017，第76页。
④ 2014年阿富汗总统加尼、2016年阿富汗首席执行官阿卜杜拉分别访华；2015年中国国家副主席李源潮、2019年全国人大常委会副委员长陈竺分别访问阿富汗。
⑤ 房乐宪：《中欧首脑会晤机制对中欧关系的政策含义》，《国际关系学院学报》2008年第2期，第35页。

过加强两国领导人的直接交往和沟通协商，为两国关系发展总体定调，为从战略高度建立广泛的共识或寻求谅解，不断增进两国的相互理解和信任，为中阿战略合作伙伴关系的不断深化创造有利条件。

二是积极拓展其他各级别对话渠道，不断充实和完善多层次中阿政治对话与磋商机制。自2006年以来，中阿两国曾建立了外交部官员会晤制度、中阿经贸联委会、中阿两军战略对话等对话机制。此外，中阿两国曾参与了多渠道的多边性对话机制的沟通与协调，比如中阿巴三方战略对话，阿中巴塔四国军队反恐合作协调机制。一些领域的对话机制正走向制度化，比如中阿巴三方外长对话机制，而一些领域的对话机制由于某些原因没有走向制度化，比如中阿两军战略对话。政治与军事战略对话对于拉近彼此距离、增进相互了解具有积极意义。因此，中国应克服一定困难，恢复并不断充实和完善各级别、多层次、多渠道的中阿政治与军事对话和磋商机制，从而构筑更加稳固的理性信任，减少战略误判，稳定两国战略关系。

（二）展示负责任大国形象

国家间的交往互动塑造国家形象，但有时对国家形象的误读是自身的问题造成的。中国可以通过改变自己来为减少阿富汗对中国国家形象的认知偏差，减少因意识形态、国内政治等观念和制度性因素对中阿双边关系的冲击。

1. 转变参与国际事务的观念

"国际制度是国家积极声誉的培育场所。参与国际制度中的国家会逐渐取得认同，积极地改变身份，重新界定利益和目标。"[①] 积极参与国际事务是树立良好国家形象的有效途径。

一方面，中国要主动履行能力范围内的国际责任，展示负责任的大国形象。"在无政府状态的国际关系中，国家拥有权力就要负相应的责任。"[②] 英国学者赫德利·布尔的这个论述虽然过于粗略，但说明了大国在享有特权的同时也必须担负特殊的国际义务。因此，中国要更多地承担国际责任，树立负责任的大国形象，取得国际社会的信任。

---

① 李正国：《国家形象构建》，中国传媒大学出版社，2006，第45页。

② Hedley Bull, *The Anarchical Society: A Study of Order in World Politics* (London: Macmillan, 1977), pp.206-209.

另一方面，中国也要坚持并积极倡导"共同但有区别的责任"原则，避免"中国责任论"成为中国发展的"负担"。气候变化等全球治理问题是世界各国共同的责任，只有各国都自觉地承担与自己国家实力相称的国际责任，提供自己能力范围内的公共产品，才能有效解决全球治理过程中出现的一系列问题。同时，通过加强国际合作来共同承担国际责任，也可以给中国自身争取一定的缓冲空间和回旋余地。在阿富汗，越来越多的人开始认为中国对巴基斯坦有足够大的影响力，且中国在巴基斯坦有特殊利益，因此中国在一定程度上应该对阿富汗塔利班等问题负责。[1] 对此，中国务必保持警惕，因为一旦这种"中国责任论"的论调成为"共识"，很容易让越来越多的阿富汗人对中国抱有不切实际的期待。这样的期待会给中国带来"国际责任"的负担[2]。

2. 坚持"以人为本"的核心理念，展示亲民、诚信、法治的政府形象

我国是一个人口大国，公共安全问题任何时候都不能掉以轻心。中国每年因各类公共安全问题造成的经济损失占GDP总量的6%。[3] 预防和处理公共安全事件过程必然涉及人民群众的生命财产安全问题。以人为本是现代政府的基本价值观，它要求政府尊重人的生命价值，通过政府权威、政策和行为确保公众生命安全。[4] 中国政府在"5·12"汶川地震中的救灾表现以及在利比亚战争前夕组织的大规模撤侨行动，都体现出了人道主义精神和对生命的尊重，成为"最好的国家形象宣传片"。"生命至上，人性关怀"，不仅是人类共同话语与价值观，也是我国政府的态度与追求。[5] 中国政府，尤其是各级地方政府应通过各种方式展示自身奉行"以人为本"的理念，以及对人的尊重和对生命的关爱，在各类危机事件中把人的生命和健康放在第一位，以具体鲜活的事实展现政府亲民、诚信、法治的一面。

---

[1] 朱永彪：《阿富汗和谈的现状与前景》，载《2018—2019年南亚形势研讨会论文及摘要》，四川大学南亚研究所，2018，第223页。

[2] 朱永彪：《阿富汗和谈的现状与前景》，载《2018—2019年南亚形势研讨会论文及摘要》，四川大学南亚研究所，2018，第223页。

[3] 尹占娥：《城市自然灾害风险评估与实证研究》，博士学位论文，华东师范大学，2009，第51页。

[4] 牟明福：《发达国家应急管理理念探析》，《中共贵州省委党校学报》2015年第2期，第101页。

[5] 杜雁芸：《美国政府对中国国家形象的认知》，时事出版社，2013，第252页。

3. 对外宣传中国政府建设人民满意的服务型政府的努力

改革开放以来，我国政府进行了若干次规模较大的改革和各种局部调整，经济社会制度和权力结构发生了巨大变化，初步形成了具有中国特色、与社会主义市场经济相匹配的行政管理体制。中国不断推行行政体制改革，重新塑造政府形象，不仅解决了"国内问题"，也在一定程度上减少了西方国家对中国认知偏差带来的"国际影响"。中国各级政府应该通过各种渠道大力宣传政府始终秉持执政为民、依法行政的宗旨和原则，使民众"满意度"不断提高，来增强"中国声音"，提升中国国家形象。

（三）加强中美在阿富汗问题上的良性互动

美国虽非地理意义上阿富汗的周边国家或者中亚、南亚国家，却是影响中阿政治互信关系发展的重要力量。对实现中阿经济互利与政治互信的良性互动来说，美国的理解和支持非常重要。为此，中国应进一步加强同美国在阿富汗问题上的协调与合作。

作为中国的邻国，阿富汗局势发展事关中国西部的安全稳定，还牵涉中国—中亚—西亚经济走廊和中巴经济走廊的建设，阿富汗对中国的意义显而易见。美国长期主导阿富汗的国家重建进程，对阿富汗有着重要的影响。中美双方必须相互理解，尊重和照顾彼此的重要利益和关切。在2015年9月习近平主席对美国进行的国事访问中，中美就阿富汗问题达成共识，双方认为彼此在支持阿富汗邻国和平、稳定和繁荣上拥有共同利益。① 阿富汗驻中国大使贾楠·莫萨扎伊也表示，阿富汗是该地区唯一与中美建立三边合作机制的国家，而世界上没有其他国家可以发挥如此独特的作用。② 因此，作为阿富汗问题的利益攸关方，中美双方管控分歧，就阿富汗问题进行了切实有效的沟通、协调与合作，携手推动阿富汗的和平与稳定，具体举措之一是共同推动阿富汗和平进程。中美发起成立了中美巴阿四方协调小组机制，举行中美俄三方、中俄美巴四方阿富汗问题会议，共同探寻有效推进阿富汗和平进程

---

① 《习近平主席对美国进行国事访问中方成果清单》，人民网，2015年9月26日，http://politics.people.com.cn/n/2015/0926/c1001-27637504.html，访问日期：2019年12月23日。

② 《莫萨扎伊：中美应该合作而不是在阿富汗竞争》，帕支瓦克新闻网，2017年5月13日，https://pajhwok.com/ps/2017/05/13/کي-په-افغانستان-د-امریکا-او-چین-زی-موسی，访问日期：2022年9月27日。

的办法。[①]另一举措是共同提升阿富汗政府的治理能力。阿富汗政府的治理能力在国家重建过程中十分重要。中美两国联手在这一领域建立对阿富汗培训的合作项目,如2012年启动的中美联合培训阿富汗外交官项目,截至2019年底已经举办了8届,还把联合培训扩展至阿富汗医护人员和农业技术人员领域。未来,探索"丝绸之路经济带"与"新丝绸之路"计划之间可行的合作途径与方式,实现中美阿地区合作议程的对接;开展联合执法行动,打击毒品走私、贩运武器等跨国犯罪,可成为加强中美在阿富汗问题上的合作与协调,共同推动阿富汗的稳定与发展,携手做大共同利益蛋糕的重要途径。

二、改进对阿经贸与援助模式

国家间互信的定义是指一国对另一国行为的一种预测,认为对方会把本方的国家利益考虑进它对自身利益的寻求中。[②]信任是国家之间进行经贸合作的必要元素,而相互依赖是合作的基础。因此,改进中国对阿富汗的经贸与援助模式,不断提高中阿经济相互依赖度,促进两国共同利益的生成,减少在社会要素层面影响信任建立的消极因素,从而增强中阿两国的互信,进一步提升中国在阿富汗的国家形象。

（一）探索多层次合作模式

需要认识到,中阿两国国情有差异,经济发展模式不同,政治法律环境有别,在推进两国经贸合作时,应探索多层次的经贸合作模式,切实做到互利共赢。为此,中阿两国可探索"编制规划—政府协议—市场运作—沟通协调"的多层次合作模式,该模式既可以为企业提供良好的服务,也可实现合作的市场化和商业化运营。

首先,加强中阿经贸合作的需求互动。鉴于阿富汗对于"一带一路"倡议的欢迎和支持,在未来的中阿经贸合作中,中国在产业布局、项目投资、合作领域等方面应充分考虑阿富汗的合作需求、市场结构、消费能力等,共同研究、制定经贸合作蓝图,既促使双方经贸合作相向而行,也扩大双向贸

---

① 截至2019年底,中美巴阿四方协调小组机制已举行了六轮会议,中美俄三方、中俄美巴四方阿富汗问题会议分别举行了第四次磋商和第二次会议。

② 陈丽颖:《国家间互信形成与维持的理论探索》,《南京社会科学》2016年第4期,第74页。

易和投资规模。

其次，中阿两国签署协议，为经贸合作提供政策保障。由于受阿富汗安全形势恶化、基础设施条件差、法制不健全等因素影响，在阿富汗进行经贸活动面临很大的政治、安全、经济风险。因此，中阿两国应结合编制的合作规划，磋商并签署相关领域合作的政府间协议，制定相关的合作政策，从而为企业实施项目合作规避风险与障碍提供政策保障，提升中国企业赴阿投资的积极性。

再次，坚持市场化和商业化运营原则。中阿两国政府可仅就合作提供政策上的便利支持，具体项目的投资与合作应由企业按照商业原则进行自主决策。企业在综合考虑投资风险、投资回报、社会效益、社会责任、环境保护等多方面因素的基础上，可根据中阿两国政府协议商定的条件，就项目合作内容和具体条件等进行磋商并签署项目合同，实现合作的互利共赢。同时，为保证合作的顺利进行，可实行"产业和金融的全方位合作模式"[①]，让金融保险机构全程参与经贸合作的规划编制与协议谈判以及具体的项目合作，提出专业建议，这样做一方面可在一定程度上保障项目合作资金的安全，另一方面也能很好地满足项目的融资需求。

最后，充分发挥中阿双边经贸合作沟通与协调机制的作用。由于政策、法律、理念等有所差别，中阿经贸合作难免出现各种问题。中阿双方应充分利用中阿经贸联委会等官方会晤机制来规划、指导双边经贸合作，同时，可根据合作领域组建相应的工作组，为政府、企业、机构搭建沟通、协商、解决机制，保障双方经贸合作的顺利开展。此外，还应该充分发挥民间经济外交机制对双方经贸合作的积极作用，利用中国–南亚博览会、中国–南亚商务论坛、中国–阿富汗工商论坛等一系列合作平台，来加强中阿两国的相互理解与信任，密切经贸联系，从而推动两国经贸合作相关项目的落实。

（二）推动中阿经贸合作的全面发展

目前，中国是阿富汗第三大贸易伙伴，但中阿双边贸易总体上还处于较低的水平，使得中国在阿富汗的国家形象受到影响。因此，为了消除影响阿

---

① 张玉清:《"一带一路"能源合作模式探讨——以中巴经济走廊能源项目为例》,《国际石油经济》2017年第12期，第15页。

富汗社会要素层面对中国形成信任的消极因素，中国可进一步扩大中阿两国经贸合作的领域和规模，提升中阿经济相互依存度，打造利益相关的中阿命运共同体。

1. 提升中阿双边贸易的规模和质量

双边贸易是经贸合作的基础，中阿两国经济结构和资源禀赋有很强的互补性，双边贸易还有很大发展潜力。因此，中阿两国要加大市场开发力度，努力实现两国市场对接，推动中阿贸易便利化，扩大贸易规模，优化贸易结构，实现中阿双边贸易规模和质量的"双提升"。

首先，大力推进中阿贸易便利化，密切中阿经贸往来。"一带一路"倡议为中阿双边货物贸易发展注入了新动力。鉴于跨境贸易成本过高严重影响中阿双边贸易和投资，应加快落实已签署的《中阿海关合作与互助协定》中的相关便利化措施，提升中阿两国贸易便利化水平；努力推动多地区增开中国—阿富汗货运班列，扩大跨境货运服务规模，降低跨境运输成本；着手启动中阿自由贸易区建设进程，吸引更多企业参与中阿经贸合作，扩大中阿经济合作规模。

其次，进一步优化中阿贸易结构。在目前的中阿双边贸易合作中，中阿贸易商品结构单一，阿富汗对中国的贸易逆差不断攀升。阿富汗对中国的产品出口以资源型为主，如松子、甘草、紫羔羊毛、松果等农产品；中国对阿富汗的出口产品以工业制成品和半成品为主，如化工原料、电器及电子产品、医药、机械设备和纺织服装等。双方应借助中国进口国际博览会、中国—南亚博览会、中国—亚欧博览会等平台，积极宣传藏红花、松子、石榴、大理石、地毯等阿富汗特色产品，进一步提高阿富汗优势商品在华的知名度。同时，除藏红花、松子外，加紧阿富汗其他特色产品的准入评估工作，推动水果、干果等阿富汗商品早日实现对华出口，从而改善中阿贸易结构，缓解阿富汗对华贸易逆差不断增长的情况。

2. 不断扩大中阿经贸合作的领域

一是推动中巴经济走廊向阿富汗延伸。毫无疑问，面对国内的困境，阿富汗与中国扩大经贸合作的愿望比较强烈。因此，充分发挥中巴经济走廊的辐射作用，推动中巴经济走廊项目以适当的方式向阿富汗延伸，促进阿富汗尽快融入区域经济发展，对于推进中国与南亚地区的区域合作具有重要的积极意义。笔者注意到，在2017年12月26日，中巴阿三方就中巴经济走廊向阿富汗延伸达成了共识，愿意积极探讨在共建"一带一路"框架下的三方合作。尽管中巴阿三方的态度是明确和积极的，但时至今日，关于中巴经济走廊向阿富汗延伸仍然没有实质性的大动作。笔者建议，在巴基斯坦开普省拉沙卡伊特别经济区规划建设中巴阿跨境经济合作区，进一步推动和深化"一带一路"框架下中巴阿经济合作。

二是大力扶植重点领域合作。首先，继续推动两国在能矿开发领域的合作。阿富汗国内有大量未被开发的能矿资源，同时能矿产业也是阿富汗政府确立的战略重点产业。中阿双方可就艾娜克铜矿和阿姆河盆地油田项目开展友好协商，推动项目取得实际进展，为帮助阿富汗经济发展发挥积极作用。同时，两国可探索在能矿勘探方面开展合作，带动阿富汗相关产业发展。其次，深化两国在基础设施建设方面的合作。由于常年战乱，阿富汗基础设施遭到严重破坏，直接制约了阿富汗的经济发展，而中国在基础设施建设方面经验丰富。在"一带一路"框架下，中国可给予阿富汗关注的互联互通项目大力支持。中国可在丝路基金、亚投行等框架下积极支持阿富汗战略通道建设，加快推进中国—吉尔吉斯斯坦—塔吉克斯坦—阿富汗—伊朗五国铁路、奎达至坎大哈铁路、喀布尔至白沙瓦高速公路、"丝路光缆"等跨境基础设施项目的研究与建设，提升中阿互联互通水平，为两国的经贸合作提供良好的基础设施保障。

三是支持阿富汗加强经济自立能力，进一步拓展经贸合作领域。双边贸易讲究互补性，目前阿富汗本身没有多少能力向中国出口更多的大宗商品，一个重要原因就是其农业、工业能力薄弱。中国帮助阿富汗增强农业、工业能力，使其经济实现自力更生，可进一步释放中阿经贸合作的潜力。具体来说，在农业方面，中国可在修建和修复水利灌溉工程、毒品原植物替代种植、农业技术与农业人才交流培训等领域同阿富汗开展合作，提升阿富汗农业生产条件与经营管理水平，为扩大农产品贸易奠定基础。目前中国民营企业家已在阿富汗投资藏红花种植，帮助阿富汗农户致富。[1] 在工业方面，鼓励中国

---

[1] 刘岚雨：《"一带一路"背景下阿富汗安全风险研究》，《新疆大学学报（哲学·人文社会科学版）》2019年第6期，第58页。

企业参与阿富汗的太阳能、风能、水能等清洁能源的开发利用，带动阿富汗相关产业发展，推动中阿经贸合作规模、质量、效益齐升。

3. 秉承"发展有效性"的对阿援助理念与实践

2014年以后，中国大幅提高了对阿援助规模，不过中国的援助规模与阿富汗的期待相比仍有一定的差距。因为，中国作为发展中国家的现实国情决定了中国只能逐步提升对阿富汗援助的力度。但是，来自阿富汗方面要求中国承担更多国际责任的声音仍然不绝于耳。一般说来，一个国家的对外援助行为与其国家形象的建构具有正相关关系。[①]然而中国在对阿援助上却在一定程度上陷入了"吃力不讨好""越干越错"的国家形象建构的困境。"发展有效性"理念是一个进可攻、退可守的道义制高点，是我国海外形象突围的战略突破口。[②]我国在对阿援助方面应秉承"发展有效性"理念，即"坚持帮助受援国提高自主发展能力。尽力为受援国培养本土人才和技术力量，帮助受援国建设基础设施，开发利用本国资源，打好发展基础，逐步走上自力更生、独立发展的道路"。[③]

一是加强阿富汗政府的应急能力建设。目前，阿富汗仍有恐怖组织活动，时常发生暴力袭击事件，地震、洪水、雪灾等自然灾害频发，对应急能力建设存在较大需求。因此，中国可加强对阿应急能力建设援助，通过人员培训、援助救援设备等方式，帮助阿政府提升应急救援水平。同时，在自然灾害造成的人道主义灾难发生时，中国应及时向阿富汗提供紧急人道主义援助，帮助阿富汗减轻灾害影响。

二是转变对阿富汗的援助重心，更加关注民生领域。阿富汗农业技术落后，医疗卫生条件较差，基础教育设施落后，加之严寒、地震、干旱和洪水等自然灾害，使得阿人民生活面临严峻挑战，民生领域的援助是当地人民获益最快、最直接的方式。因此，中国对阿援助重点应放在农业和农村发展、

---

① 孙明霞:《中国国家形象建构的困境与突围——以中国对外援助领域为例》，《中央社会主义学院学报》2018年第4期，第65页。

② 孙明霞:《中国国家形象建构的困境与突围——以中国对外援助领域为例》，《中央社会主义学院学报》2018年第4期，第70页。

③ 《中国的对外援助》，中国国务院新闻办公室网站，2011年4月21日，http://www.scio.gov.cn/zfbps/ndhf/2011/Document/896983/896983_1.htm，访问时间：2018年6月12日。

医疗卫生、教育等方面，使中国对阿援助更加深入民心。中国可发挥传统农业大国的优势，向阿富汗援建农业技术示范中心，提供替代性农作物种子及示范工程，解决农产品储藏问题，开展农业管理与技术培训，从而促进阿富汗农业发展；通过援建医院、提供药品和医疗设备、派遣医疗队、培训医疗人员等方式，支持阿富汗加强公共卫生能力以及医疗卫生条件的建设；通过改善教学条件、培养师资力量、支持职业技术教育发展、增加来华留学政府奖学金名额等方式，帮助阿富汗提升教育水平。

三是加大社会力量在援助工作中的参与程度，形成多元主体协同参与的对阿援助格局。长期以来，中国的对外援助中缺少民间活力，社会力量在外援机制中参与程度有限，使得中国对阿援助一定程度上显得"不接地气"。首先，中国应考虑在以政府为主导的框架内加大民间力量的参与程度。中国政府或者国有企业主导"修大路"，民营企业、社会组织、志愿者专攻"修小路"，即政府主导、国有企业承担大型援阿项目，民营企业、社会组织、志愿者承担更广泛的基层援助项目。可向中国红十字会、中华慈善总会、中国扶贫基金会等成熟的非政府组织提供资金支持，让其承担基层援助项目的具体执行，既缓解政府援助人力不足的窘境，又使中国的对阿援助直达基层民心。其次，可与阿富汗当地非政府组织合作，借助其人脉和影响力，使援助项目更加深入民心。最后，可通过联合国及其附属机构、世界银行、亚洲开发银行等国际组织向阿提供援助，利用这些国际组织的援助经验和渠道，进一步提高中国援助的效率和水平，有效缓冲和"稀释"双边援助的政治性。

四是加强援阿工作的舆论宣传。加强援阿工作的舆论宣传并不是为自己"树碑立传"，而是为在尊重事实的基础上维护国家形象。首先，向阿富汗人民宣传中国的援助举措，以树立中国援助的正面形象。向民众宣传中国的援阿行为，是得到民众对中国援助行为理解与支持的重要途径。其次，注意宣传内容。阿富汗人民族自尊心较强，对自身名誉很看重，宣传内容应尊重受援者的心理感受，否则宣传效果将会适得其反。

五是鼓励对外援助与投资相结合。阿富汗经济发展前景较为严峻，资金和技术缺口大，对外部资源的依赖性较强。然而，仅靠援助远远无法满足阿富汗的实际需求。因此，中方应鼓励援助与投资相结合，通过援助项目带动中国企业"走出去"，弥补阿富汗的资金缺口，并形成技术外溢，提高当地的技术水平,使援助项目更好地在阿富汗发挥作用。

三、加强中阿人文交流

中阿两国在政治制度、意识形态、发展水平、宗教信仰等方面存在着巨大差异,所具有的内生亲缘性程度较低。这使中阿两国之间难以形成共有观念,因而两国之间就失去了心理信任和文化信任的建构基础和条件。但是,"在国家间内生亲缘性较低的情况下,通过社会要素之间的积极互动,形成地区共有观念,也可建立起地区国家间的文化信任"。[1] 文化相异的国家在互惠规范的驱动下公民的心理认同感将提升,在频繁的互动交往过程中,民间信任更易于形成,从而进一步促进国家间信任的构建与稳定。[2]

"国之交在于民相亲,民相亲在于心相通。"人文交流有助于加强中阿两国民众之间的相互容忍和理解,是沟通中阿两国人民心灵的最佳途径。因此,不断深化中阿两国间的人文交流,不断加强两国在情感和心理上的融合、在文化上的认同,可构建中阿认知的共有观念,从而夯实中阿关系健康发展的社会基础,实现两国间的深层次互信,提升和优化中国国家形象。正所谓"以势交者,势倾则绝;以利交者,利穷则散";以权交者,权失则弃;以情相交,情断则伤;唯以心相交,方能成其久远。[3]

(一)完善中阿人文交流战略布局

首先,建立中国–阿富汗人文交流双边机制。人文交流双边机制是指两个国际行为主体之间通过正式的定期部长级以上的官方人文交流互动或协调,形成的双边人文交流机制。[4] 高级别人文交流机制的建立与有效运行是中国与阿富汗人文交流深入发展的根本保障。中阿双方应尽快签署双边文化交流合作协定,替代1965年签署的《中华人民共和国和阿富汗王国政府文化合作协

---

[1] 刘昌明、杨慧:《社会网络视角下的东亚国家间信任建构:理论框架与现实路径》,《国际观察》2016年第6期,第11页。

[2] 戴薇薇、罗会钧:《"一带一路"背景下国家间信任建构探析——基于社会关系网络视角》,《江西社会科学》2020年第4期,第205页。

[3] 前两句出自隋代王通《中说·礼乐篇》,后三句为后人演绎。

[4] 乌兰图雅:《"一带一路"背景下中国与周边地区的人文交流机制》,《东北亚学刊》2016年第5期,第18页。

定》;整合现有中阿双边机制的人文交流功能,从战略高度进行政治引领和顶层设计,建立中阿高级别人文交流机制,统筹协调中阿人文交流各个领域的工作,协商制定中国与阿富汗人文交流合作的中长期宏观规划和具体的年度执行计划,使中阿人文交流更加系统,减少零散和突击式的文化交流传播活动。

其次,条件成熟时,在阿富汗设立中国文化中心。2006年底,伊朗在喀布尔建成了一个规模巨大的文化中心。[①] 2007年印度在喀布尔建立了印度文化中心。[②] 相比之下,中国在阿富汗的文化交流机构只有喀布尔大学孔子学院,而且其更侧重于语言教学。因此,有必要在阿富汗设立中国文化中心,围绕中国国情介绍、文化活动、教学培训、思想交流、信息服务五大基本职能,策划并开展内容丰富、形式多样的高品质文化交流活动,为阿富汗普通民众开启了解中国的另一扇窗口。

最后,科学规划人文交流的评估机制。由于影响力、感情、形象感知等抽象元素难以量化,要做到对人文交流项目的绩效进行全面精确的评估有一定难度。但在中阿人文交流活动中,我们必须有绩效评估的意识,逐步建立和完善行之有效的人文交流评估机制,对交流项目的风险和实际效果以及交流各个环节的运作情况进行科学评价,从而保障中阿人文交流工作正常有序开展。

(二)发展主体多元、渠道多样的交流模式

建议建立政府示范引导、社会参与、多种方式并存的人文交流活动模式,从官方到民间、从学界到产业界,鼓励社会团体、民间企业、非政府组织和民众积极参与中阿人文交流活动,激发民间社会的创造力和活力,充分调动各方力量进行相互协作,实现中阿各领域人文交流的合力效应。

首先,发挥政府机构、政党在人文交流中的示范引领作用。应进一步发挥中国驻阿富汗使馆在中阿人文交流中的引导和先锋作用,有针对性地开展相关交流活动。中国人民政治协商会议、中共中央对外联络部等机构应该利

---

① 韩继伟:《伊朗在阿富汗重建中的影响和作用探析》,《兴义民族师范学院学报》2010年第4期,第27页。

② 赵国军:《印度对阿富汗的软实力战略》,《现代国际关系》2011年第1期,第29页。

用"请进来""走出去"的机遇，向阿富汗相关政府机构、政党介绍中国政治理念、政治制度的特色。此外，视情准许阿富汗记者、学者对中国党政军群等部门采访或拜访，挖掘中阿人文交流的潜力。

其次，政府应鼓励和引导宋庆龄基金会、中国对外文化集团公司、中国图书进出口总公司、中国电影集团公司、中国国际电视总公司、中国东方歌舞团等基础条件良好的机构主办交流项目或采用"政府购买服务"的方式由其实际承办交流项目的组织工作，真正扩大中阿人文交流的覆盖面，使交流深入民间，使阿富汗民众逐步建立对华认知，形成对华认同，为建设更加密切的中阿命运共同体奠定广泛的民意基础。

再次，构建地方政府的对话机制，充分发挥地方政府区位优势作用。应充分发挥与阿富汗毗邻的新疆以及拥有与阿富汗有效合作平台的云南、甘肃等省份的优势，以这些省区为重点和桥梁，深入开展与阿富汗的地方和民间人文交流活动，实现优势互补。

最后，把驻阿人员和中资企业纳入对阿人文交流的行为主体。对于阿富汗人来说，"每一个中国人都是有13亿页的《中国读本》的一页，他们往往只能通过阅读其中的几页、几十页来认识中国和中国人；而直接接触中国和中国人就有可能避免只依赖于媒体而存在的片面性和被诱导性"。[1] 应加强驻阿工作人员与当地政要、学者、媒体的涉外接触，"将中国所承诺的不同于西方大国崛起之路的新理念、新思路予以具体的实践与呈现"。[2] 同时，中国政府应引导在阿富汗的相关中资企业积极扮演"国家名片"的新角色，坚持正确的义利观以及互利共赢的经营理念，避免损人利己、涸泽而渔的做法，从而争取阿富汗当地群众发自心底的支持。

（三）增强中阿民众的亲身文化交流与体验

改变阿富汗民众对中国国家形象认知偏差是一个长期的系统工程，必须在实现"民心相通"上狠下功夫。社会心理学的众多研究成果表明，"拥抱"是改变认知的一种有效途径。[3] 增强中阿民众的亲身文化交流与体验，也是一

---

[1] 赵启正：《讲自己的故事，丰满国家形象》，《公共外交季刊》2014年第2期，第2页。
[2] 姚遥：《新时代中国公共外交与民间外交理论与实践》，世界知识出版社，2019，第208页。
[3] 张昆、王创业：《时空维度下的国家形象模型探析——基于认知互动的视角》，《新闻界》2017年第5期，第50页。

个有效途径。

首先，进一步拓展中阿人文交流的领域，扩大双向交流的规模。在文化领域，应借助亚洲影视交流合作计划，着力打造符合两国民众社会习俗和接受度的文化产品，如联合制作电影、举办影视节，展现两国人民的文化观、历史观和价值观；以阿富汗"珍宝展"为依托，加强双方在考古挖掘、文物保护和修复等方面的合作，让两国民众透过文化的面纱，感知到一个更真实的对方。在教育领域，应适时在坎大哈、贾拉拉巴德、马扎里沙里夫、赫拉特、巴米扬等城市新建孔子学院，协商增加孔子课堂以及开设中文专业的阿富汗高校数量，鼓励中国学生赴阿富汗留学，增加阿富汗留学生奖学金以及高校教师来华访学的名额，进一步推动中阿教育合作向合作办学、职业教育等领域拓展。在图书出版领域，应借助亚洲经典著作互译计划，实施中阿经典著作互译工程，使双方民众彼此了解对方的文学和哲学，充分发挥经典著作尤其是文学作品在加强两国人民的相互理解方面的潜移默化作用。在青年领域，应通过青年大联欢、青年夏令营、青年创业论坛等形式，为两国更多优秀青年提供相互沟通和了解的机会。同时，在拥有阿富汗留学生资源的中国高校开设相关课程，设立相关联合研究项目，搭建中阿青年学生对话和交流的平台，增进两国青年的相互认知。

其次，突出人文交流的品牌效应。在文化、教育等重点领域，应打造一批具有中国特色，针对性、实效性、包容性强的人文交流品牌项目，实现中阿人文交流逐步从"大而全"向"少而精"转变。阿富汗民众崇尚习武，中国功夫、少林寺以及李小龙、成龙等功夫明星在阿富汗家喻户晓。应通过在阿富汗合作开办武术学校、在喀布尔大学孔子学院开设武术课程的方式，为喜爱武术的阿富汗民众提供更多学习机会，借助武术向阿富汗民众宣扬崇德向善的社会风尚、武以化人的教化思想等中华文化核心内容，让更多的阿富汗青年接触、了解、认同中国传统文化，为中阿友谊培养接班人。此外，喀布尔大学孔子学院作为目前中国在阿富汗唯一的文化交流机构，应以其为基础打造一所不仅仅教汉语的中国综合学院。

第二节　加强中国对阿富汗国际传播话语体系构建

作为一个大国，中国大有大的样子，还应有大国的心态。大国的心态应当是一种自信的心态，因为只有自信才能使人感到可信。习近平总书记指出："文化是一个国家、一个民族的灵魂。""文化自信，是更基础、更广泛、更深厚的自信，是更基本、更深沉、更持久的力量。"[①] 文化是塑造国家形象的核心和灵魂，文化自信是展现国家形象的前提和基础。[②] 展现中国形象，就是要"坚守中华文化立场，提炼展示中华文明的精神标识和文化精髓，加快构建中国话语和中国叙事体系，讲好中国故事、传播好中国声音，展现可信、可爱、可敬的中国形象"。[③]

在新时代背景下，"向阿富汗说明中国"，让阿富汗民众更好地认知和理解中国式现代化的中国特色和本质要求，成为当下中国对阿富汗国际传播的重要任务。"向阿富汗说明中国"，塑造、展现和传播新时代的中国形象，必须尊重国际传播规律，开展好跨文化传播，既要能说出去，又要知道说什么，还要清楚该怎么说，逐步构建中国对阿富汗国际传播的话语体系。

目前，国内学者对于对外传播话语体系的构成要素意见不一。江时学认为对外话语体系包括话语权、话语力、传递话语的工具及方式方法；[④] 邵鹏、陶陶认为国际话语体系主要由话语者、话语内容、话语对象、话语方式、话语渠道五个要素构成；[⑤] 王璟璇等认为话语体系应包含话语权、话语要义、话

[①] 《习近平：在中国文联十大、中国作协九大开幕式上的讲话》，新华网，2016年11月30日，http://www.xinhuanet.com/politics/2016-11/30/c_1120025319.htm，访问日期：2020年4月18日。

[②] 教育部习近平新时代中国特色社会主义思想研究中心：《充分发挥文化自信在展现中国形象中的作用》，《光明日报》2019年1月29日，第6版。

[③] 《习近平：高举中国特色社会主义伟大旗帜　为全面建设社会主义现代化国家而团结奋斗——在中国共产党第二十次全国代表大会上的报告》，中国政府网，2022年10月25日，http://www.gov.cn/xinwen/2022-10/25/content_5721685.htm，访问日期：2022年12月18日。

[④] 江时学：《进一步加强中国对外话语体系建设》，《当代世界》2016年第12期，第27页。

[⑤] 邵鹏、陶陶：《新世界主义图景下的国际话语权——话语体系框架下中国国际传播的路径研究》，《新疆师范大学学报（哲学社会科学版）》2018年第2期，第106页。

语传播媒介、话语传播方式、话语影响力五个核心要素。① 针对目前阿富汗的舆论环境和媒体生态，借鉴传播学中的拉斯韦尔5W模式② 以及理查德·布雷多克补充完善的7W模式③，围绕中国对阿富汗国际传播话语由谁说、对谁说、说什么、怎么说、在什么情况下说、通过什么渠道或者媒介说、取得什么效果等问题，笔者认为应从话语主体、话语内容、话语表达、话语传播、话语影响等五个方面来加强中国对阿富汗国际传播话语体系的构建，着力打造既具有"中国价值""中国经验""中国风貌""中国气派"，同时又向阿富汗"讲得通""讲得清"，阿富汗也能"听得到""听得懂""听得进"的传播话语体系，使中国的制度、理念、政策得到阿富汗社会的普遍理解和认可，从而进一步提升中国在阿富汗的国家形象。

一、完善中国对阿富汗国际传播话语主体格局

话语主体是"谁来说？"，在于明确话语者的身份定位。国际传播主体或国际传播者是指，处在一定的国家传播制度环境下，拥有一定的可被利用的传播手段，将某种信息跨国界传送给特定或不特定对象的人或组织。④ 当前，随着我国对外交流的不断深入以及信息通信技术的发展，中国国家形象的建构与传播已进入全民塑造的时代。在目前的阿富汗媒体生态中，"自由之声"、美国之音、英国广播公司等西方媒体基于强大的资金和技术支撑以及传播布局完善、受众广泛的多年经营基础，在话语权和传播影响力方面都处于优势甚至垄断地位。在短期内提升中国媒体在阿富汗传播领域的影响力，建立良好的舆论氛围，仅仅通过媒体"走出去"还不够。⑤

---

① 王璟璇、刘琦、潘玥：《"一带一路"对外传播话语体系建构初探》，《对外传播》2020年第5期，第48页。

② 1948年，哈罗德·拉斯韦尔提出了传播过程的五个要素或五个环节，即：谁（Who）、说什么（Say What）、通过什么渠道（In Which Channel）、对谁说（To Whom）、产生什么效果（With What Effect）。

③ 理查德·布雷多克在5W模式的基础上增加了传播环境（What Environment）与传播动机（What Aim）两部分，得出"7W模式"。

④ 李智：《国际传播（第二版）》，中国人民大学出版社，2020，第107页。

⑤ 陈重：《"一带一路"倡议背景下中国对阿富汗传播观察》，《国际传播》2019年第2期，第58页。

我国应当改变长期以来对阿富汗国际传播以官方角色为主的"独角戏"式的主体格局，积极倡议和协调民间力量参与对阿富汗的国际传播，构建"政府、媒体、社会（公众）"多元主体协同参与的"大合唱"式的国际传播主体格局，通过汇聚更多的资源和力量，达到增强对阿国际传播效果的目的。

（一）提升话语主体的国际传播意识

首先，增强官方角色的国际传播意识。随着国际交往的日益紧密以及互联网传播的发展，我国的国内新闻"国际化"色彩越来越明显。除了一些重大事件的发生具有国际新闻性外，一些细小的国内新闻事件也可能成为外国媒体报道或者转载报道的对象，引发越来越多的国际关注，对中国的国家形象造成不可预测的影响。因此，中国政府机构，尤其是中国驻阿富汗使馆，由于其了解阿富汗的舆论动向以及当地社会各阶层对中国的看法，应进一步增强国际传播意识，及时发出权威声音，发挥对阿富汗国际传播的正面引领作用。中国新闻工作者也需要增强国际传播意识，在国内新闻的报道中也应通过世界的眼光来审视新闻事件，考虑报道可能引起的国际影响以及对国家形象产生的效应。

其次，提升民众的国际传播意识。国家形象是一种超越国家意志主导的公共产品，决不能仅仅依靠政府的公共权力运作——媒体公关和官方单一声音来建构，必须有全社会各领域和层面的主体的普遍参与，以获得最为广泛而深厚的社会基础与全面共识。[①] 随着移动互联网技术的进步和自媒体时代的来临，智能手机等现代化的通信设备成为普通民众的标配，许多人使用微信、微博、脸书、推特等移动社交媒体，可以随时随地、自由地传递信息、图片、视频等，甚至跨越国界传播信息。也就是说，普通民众也拥有了传播媒体，成为主动的信息发布者。因此，每一个普通民众都应发挥国际传播的主体作用，以塑造中国形象、传播中国文化为己任，积极传播真实、正面的信息，做中国国家形象的维护者、塑造者和受益者。

（二）进一步完善对阿富汗国际传播的媒体布局

由于大多数阿富汗受众很难通过实际感知、人际传播等途径了解中国，对中国议题缺乏丰富的直接经验，他们对于中国议题的关注和理解极大地依

---

① 李智：《中国国家形象：全球传播时代建构主义的解读》，新华出版社，2011，第146页。

赖新闻媒体的报道重点和叙述性质。那么，中国媒体的形塑功能在对阿富汗国际传播中就显得十分重要，应充分利用和发挥这一媒介功能。

过去，中国的国际传播只是简单地充当了外宣的角色。近年来，中国的国际传播体制与机制进行了大幅度的改革，发生了巨大的变化，尤其是根据《深化党和国家机构改革方案》，为"增强广播电视媒体整体实力和竞争力，推动广播电视媒体、新兴媒体融合发展，加快国际传播能力建设，整合中央电视台（中国国际电视台）、中央人民广播电台、中国国际广播电台，组建中央广播电视总台"。① 不过，与加强中国国家形象在阿富汗更加合理有效构建与传播这一现时代要求相比，仍然有待进一步完善。

首先，应加快建立对阿富汗新闻报道工作快速反应机制。随着中央广播电视总台的组建，应积极推进中央电视台驻喀布尔记者站、中国国际广播电台普什图语调频广播、中国国际电视台普什图语电视新闻节目等驻外机构、外宣业务的深度融合与优势互补，加快建立完整畅通的对阿富汗新闻报道快速反应机制，"实现组织架构、管理机制、业务流程的重塑，节目制作本土化、节目形态直播化，实现广播、电视和新媒体的全媒介形态传播覆盖"，② 努力实现涉阿富汗重要新闻的自采率以及涉中国重要新闻在阿富汗的落地率与西方主流媒体不相上下，占领阿富汗舆论的制高点，掌握阿富汗媒体涉华议题设置的主导权。

其次，应尽快增设达里语传播机构。阿富汗是一个多民族、多语言国家，普什图语和达里语为阿富汗的官方语言。普什图语是阿富汗最大民族普什图族（约占总人口的40%）的母语，达里语既是阿富汗境内塔吉克族（约占总人口的25%）、哈扎拉族（约占总人口的10%）、基希尔巴什族、艾马克族的主要语言，也是阿富汗不同族群交往的媒介。普什图语和达里语都是阿富汗基础教育阶段的必修课程。③ 达里语简单易学，相比之下，普什图语由于语法

---

① 《中共中央印发〈深化党和国家机构改革方案〉》，新华网，2018年3月21日，http://www.xinhuanet.com/2018-03/21/c_1122570517_3.htm，访问日期：2020年1月23日。

② 陈重：《"一带一路"倡议背景下中国对阿富汗传播观察》，《国际传播》2019年第2期，第57页。

③ 阿富汗小学1—3年级开设一门官方语言（根据当地语言使用的实际情况来决定）课程，4—12年级同时学习两门官方语言课程。

复杂，不易掌握。据统计，阿富汗说普什图语的人有90%都懂或者能说达里语，但说达里语的只有50%—65%懂普什图语。[①] 然而，目前中国对阿富汗实施的是普什图语单语传播。鉴于达里语在阿富汗的地位，增加达里语传播机构，可有效提升中国对阿富汗国际传播的覆盖面和影响力。考虑到目前国内达里语人才极度匮乏，可暂时由中央广播电视总台亚洲非洲地区语言节目中心波斯语部、普什图语部合作实施达里语传播。

（三）发挥社会力量在对阿富汗国际传播中的作用

第一，发挥阿富汗的中资机构和个人正面塑造中国形象的作用。由于企业、社会组织、个人之间的交流已成为国际传播中的重要元素，企业、社会组织和个人成为国家形象塑造的传播载体和报道客体，不仅向阿富汗传递中国国家形象的信息，而且成为阿富汗感知中国国家形象的民间渠道。因此，在阿中资机构要树立品牌意识，模范履行社会责任，不断提升自身管理水平和影响力，用产品质量和服务塑造良好的中国国家形象；在阿富汗的华人应从自身做起，意识到自己是一张"中国名片"，时刻注意自己的气质、修养和举止，积极参与正面的中国国家形象的构建。

第二，让专家学者成为中国的形象品牌。专家学者"代表着国家的科技水平和人文精神，也代表着中国的理想人格，是中国国家形象的一张名片"。[②] 同时，政治家的言论常常被贴上为政府利益服务的标签，而专家学者的言论在公众的心目中常被认为具有一定的公正性和合理性，可以让中国的理念和声音更为阿社会接受，为提升中国的国际话语权发挥重要作用。因此，要积极鼓励中国的专家学者加强同阿富汗的学术交流，通过走进阿富汗大学的课堂、在阿富汗的学术刊物或主流媒体上发表科研成果等形式在阿富汗发声。同时，中国的专家学者在与阿富汗的学术交流中，应充当中国国家形象的使者，向阿富汗阐释推介更多具有中国特色、体现中国精神、蕴含中国智慧的优秀文化，引导阿富汗社会树立正确的中国观。

第三，发挥国际意见领袖的作用，正面引导舆论导向。《中国互联网发展

---

① Johnathan Krause, "Afghan Languages (Dari and Pashto) as a Source of Unity Rather Than Division" (paper presented at the 1st Conference on Central Asian Languages and Linguistics, Bloomington, May 16-17, 2014).

② 漆谦：《中国国际话语体系的建构策略》，《新闻战线》2017年第4期，第19页。

报告（2019）》显示，截至2018年底，中国网民规模达8.29亿，手机网民规模达8.17亿。①但是，网民人数的规模优势没有完全有效转化为国际社会的民意优势，"国际意见领袖的缺位依然是中国国家形象修辞中的一大软肋"。②可以鼓励我国商业巨子、非政府组织领袖、著名政论家、知名记者、文体明星开通国际通用社交网站专门账户，主动发布有关中国文化、中国故事、中国生活的内容和资讯，正面引导阿富汗网民，塑造良好的中国国家形象。同时，在华阿富汗留学生也是阿富汗民众了解中国的一扇重要窗口。中国可借助"青年汉学家研修计划""丝绸之路奖学金计划"等教育培训合作，加强对知华、亲华的阿富汗留学生和汉学家的资助和培养，凝聚共识，统一价值。他们在阿富汗的有效发声，可大大减少阿富汗民众对中国的误解。

二、构建中国对阿富汗国际传播的话语内容

话语内容是"说什么？"，是中国对阿富汗国际传播话语体系的内容基石，重在厘清话语表达的核心内容以及议题的设置。在国际话语传播中，"说什么？"是整个话语体系的核心要素，其本质关乎一个主权国家根本利益、国家形象、国际责任和义务等国际事务中的基本观点和立场。③因此，中国对阿富汗国际传播话语内容不能简单复制西方的或者对其他国家国际传播的话语内容，应构建一套蕴含"中国价值""中国经验""中国风格"的国际传播话语内容知识体系，结合阿富汗的实际需求进行议程设置，进而加工形成更加生动鲜活的"中国故事"。

（一）话语内容的建构理念

首先，话语内容要反映人类共同的价值追求。国家实力并不必然能转化为话语权，国际话语权也从来不是按国家实力大小来分配的。④价值观是国际

---

① 《中国互联网发展报告（2019）精华版》，中国互联网协会网站，2019年7月11日，https://www.isc.org.cn/editor/attached/file/20190711/20190711142249_27113.pdf，访问日期：2020年3月23日。
② 胡范铸、薛笙：《作为修辞问题的国家形象传播》，《华东师范大学学报（哲学社会科学版）》2010年第6期，第38页。
③ 邵鹏、陶陶：《新世界主义图景下的国际话语权——话语体系框架下中国国际传播的路径研究》，《新疆师范大学学报（哲学社会科学版）》2018年第2期，第107页。
④ 韩方明主编《公共外交概论（第二版）》，北京大学出版社，2012，第112页。

传播中话语权设置和争夺的基础，没有价值观支撑的话语权是难以持久的。[①] 中国要在对阿富汗的国际传播中争夺和掌握国际话语权，话语内容就必须拥有全人类共同价值的支撑。全人类共同价值包括和平、发展、公平、正义、民主、自由。民主、自由等价值观并不为西方发达国家所专有，中国对阿富汗国际传播的话语内容也要关注这些全人类共同价值，要争夺并掌握民主、自由等涉及当代人类基本价值观的核心概念的定义权、使用权和话语权。这是提升传播效果、改善中国国家形象的有效途径，也是追寻与中国综合国力相适应的国际话语权的道义基础和保障。

其次，话语内容要为阿富汗发展提供中国智慧。当前，中国正日益走近世界舞台中央，前所未有地成为世界关注的中心。中国和阿富汗同为发展中国家，对饱受战乱、亟须重建的阿富汗而言，中国最大的吸引力就是"中国模式"。发展是硬道理，发展是解决一切问题的"总钥匙"。"中国成功故事"为阿富汗提供可资借鉴的经验，这是阿富汗受众愿意听、听得懂的内容，也应是中国对阿富汗国际传播的核心内容之一。因此，对阿富汗国际传播的话语内容，应将建立在中国文化和中国道路基础上的"中国经验"上升为普遍性的理论话语体系和知识话语体系，为阿富汗这样的发展中国家所面临的发展和治理问题提供中国方案和中国智慧，从而展现中国话语的魅力，并将这一话语的吸引力转化成阿富汗对中国道路、中国文化的认同与尊重。

再次，话语内容要多元化。目前，中国对阿富汗国际传播的话语内容在话题设置上多是围绕中国的新理念、新思想、新战略来进行的，高度倚重政治话语。然而，要打造真实立体全面的中国形象，需要更加多元的话语内容。在对阿富汗的传播中适当加入阿富汗普通受众广泛关注的"家庭生活""宗教生活""中国武术"等民间话语议题，不仅可使传播的内容更具有可读可视性，也会增加阿富汗普通民众对中国话语的互动参与度和理解认同度，从而有效避免中国对阿富汗国际传播出现"传播对象过窄""回应能力不足"等问题。

最后，话语内容应具有一致性。由于阿富汗对中国国家形象的建构是意识形态、文化价值差异长期作用下的产物，对阿富汗进行国际传播、塑造良

---

① 陈枫：《构建中国国际话语体系 提升国际传播能力》，《中国广播电视学刊》2015年第8期，第76页。

好国家形象将是一项长期的工程,其作用力的沉淀和发挥也需要经过时间的长期作用,通常定位为几年到几十年。因此,话语内容虽然处于不断完善、修复和调整的过程中,但应具有一致性。一方面,话语内容所蕴含的价值体系、制度体系以及社会生活伦理道德体系三个体系之间要保持一致;另一方面,话语内容也要同我国周边外交理念以及对阿富汗政策的精神保持一致。一旦话语内容出现不一致或者不相适应,那么,国际传播话语体系在争夺国际话语权时就会受到限制,国家形象的塑造和国家利益的实现也会受到影响。

(二)话语内容的知识体系

为实现中国话语在阿富汗的有效国际传播,应当不断提升话语内容的文化含量,针对阿富汗对中国认知的偏差以及关注点,提炼出一套既恰当、简洁、易懂、易译,又能展示"中国价值""中国经验""中国风貌""中国气派"的话语内容知识体系,即话语内容的"理论架构"和"精髓理念"。该话语内容知识体系主要包括以下两大元素。

一是中国特色社会主义。文化、政治价值观以及被认为合法和拥有道德权威的对外政策是软实力的重要来源。[1] 由于话语权具有社会性,话语不可避免地带有价值观和意识形态色彩,话语权在一定意义上就是话语所包含的价值观和意识形态被认同的程度。[2] 中国特色社会主义遵循"崇正义、尚和合""美人之美、美美与共"等中华文化优秀的传统价值观,同时顺应时代潮流,倡导以人为本,与和平、发展、公平、正义、民主、自由的全人类共同价值高度吻合,符合时代发展的潮流和人类进步的价值追求。[3] 这是我们构建对阿富汗国际传播话语体系的灵魂和基础。可以说,中国特色社会主义既是人类文明进步事业的一部分,也是既具中国特色又蕴含世界意义的中国话语体系,更是一套发展中国家可以结合本国国情而运用的科学理论。作为一个负责任的大国,中国有义务、有责任,也应该有自信将中国特色社会主义嵌入国际传播话语体系,将当代中国政治话语故事化和案例化,使之从"地方

---

[1] 杨文静:《重塑信息时代美国的软权力——〈软权力:在世界政治中的成功之道〉介评》,《现代国际关系》2004年第8期,第61页。

[2] 张志洲:《话语质量:提升国际话语权的关键》,《红旗文稿》2010年第14期,第22页。

[3] 左凤荣:《构建融通中外的对外传播话语体系》,《中国党政干部论坛》2019年第3期,第48页。

性语言"升格为全球性话语,成为解决人类社会生存与发展问题以及发展中国家实现独立自主平等发展的可接受、借鉴和运用的科学理论指导和行动指南。具体到对阿富汗的国际传播话语内容,应该对中国共产党执政理念与治国方略、中国道路的正确性、社会主义核心价值观、中华民族伟大复兴的中国梦等内容进行知识构建,打造让阿富汗受众乐于接受、易于理解的新概念和新表达,使对阿富汗国际传播话语既紧扣中国国情,又使中国的理论和经验内化为阿富汗建设发展的指导理论,进而提高传播的叙事力和同化力,引导阿富汗民众树立正确的中共观、中国观,使其在不知不觉中理解并认同"理论中的中国""文化中的中国""发展中的中国"。

二是中国特色大国外交理念和实践。党的十八大以来,中国顺应外交实践新形势探索出合作共赢的发展观、"义利兼顾、以义为先"的正确义利观、平等互信的新型权力观、共商共建共享的全球治理观、新型国际关系、"一带一路"倡议、人类命运共同体等一系列外交新理念、新思想、新战略,逐步形成了具有中国特色、中国风格、中国气派的中国特色大国外交。中国特色大国外交是中华优秀传统文化、当代中国意识形态和外交实践经验的集中体现,[1] 不仅回答了中国外交实践面临的新课题,也有利于解决当今时代面临的共同问题。因此,我们应当对中国特色大国外交的指导思想、理论内容、战略规划与政策实施进行知识构建,形成一个层次清晰、结构科学、内容全面的话语内容知识体系,通过客观、系统、规范地向阿富汗讲述中国的国家战略文化、意识形态、重大利益、外交政策等内容,让阿富汗社会了解"中国想要什么?""中国如何使用崛起了的力量?""中国追求一个什么样的世界?",产生一种"我懂你"的感觉,从而扩大中国影响、提升中国形象,进而更好地维护中国在阿富汗的正当权益。

(三)话语内容的议程设置

"议程设置"理论的基本思想是,"媒介的议程不仅与受众的议程吻合,而且受众的议程就来自媒介的议程"。[2] 我们有必要在对阿富汗的国际传播中进

---

[1] 卢静:《中国特色大国外交话语体系的基本特征》,《中国社会科学报》2019年3月14日,第1版。

[2] 李彬主编《大众传播学》,中央广播电视大学出版社,2000,第250页。

行议程设置,重点应该是中国的真实国情,包括制度理念、国内外政策、人民生活、社会发展以及阿富汗对中国感兴趣的问题等。因为从本源上来看,真实国情是客观实在,是国家形象的基础。①为此,中国对阿富汗国际传播应主动讲述"蹄疾步稳的民族复兴故事、博大精深的中华文化故事、情意绵长的国际交往故事、方兴未艾的和平发展故事",通过宏大的背景、动人的事例、真实具体的情节的展示,将故事承载的理念、思想传递给阿富汗受众,让阿富汗受众从不同角度、不同侧面感知一个真实、全面、立体的中国。②

一是讲述中国故事。中国目前正在迅速崛起,但这并没有改变中国仍将长期处于社会主义初级阶段、是发展中国家的基本国情。看中国,必须先看到这一基本点;说中国,也要先说明这一基本点。首先,既要讲实现中国式现代化这一当代中国最精彩、最宏大的故事;也要讲鲜活个体的"中国故事",从改变个人生活命运的小故事展现完整宏大的"中国故事",增强"中国故事"的说服力和感召力。其次,既要讲我国发展成就的硬实力的故事,讲清楚我们成功的根本原因是坚持中国共产党的领导和中国特色社会主义制度,要跟阿富汗受众说,"我成功了,你也能,但需要自己摸索,找到一条适合自己国情的发展道路,要成为自己";也要讲软实力的故事,让阿富汗民众听到中国人讲的有关自己的民主、自由、法治等社会主义核心价值观的故事,增强中国特色社会主义的吸引力。最后,既要讲"好中国"的故事,也要讲"真中国"的故事。中国故事并非只是成功的故事,也包含挑战和困难,要告诉阿富汗民众,中国既有发达的大城市,也有落后地区;中国经济发展取得了一系列显著成就,但仍然面临发展失衡、环境污染等问题的制约,在社会结构、经济结构、人民生活水平等方面仍然具有明显的发展中国家特征。

二是讲述与阿富汗相关的故事。中国对阿富汗国际传播话语内容的议题设置,不应局限于中国故事,还要讲述与阿富汗相关的故事。所谓与阿富汗相关的故事包括两个方面:一是与阿富汗相关的中国故事。通过选取中国救

---

① 赵启正:《讲自己的故事,丰满国家形象》,《公共外交季刊》2014年第2期,第2页。
② 董晓彤:《跟习近平学习"讲好中国故事"》,《思想政治工作研究》2016年第11期,第34—36页。

治阿富汗先心病患儿、阿富汗松子"飞上"中国人餐桌[①]、阿富汗留学生在中国学有所成报效国家等事例，讲述中阿之间互利合作、共同发展的故事，向阿富汗受众传递中国"亲诚惠容"的周边外交理念以及与阿富汗发展政治互信、经济互利、文化互鉴、国际互助的新型伙伴关系的意愿，表明中国愿成为阿富汗国家重建与发展的建设者。二是与阿富汗相关的国际故事。中国故事是中国与世界携手共进的故事。中国在讲述坚持和平发展、合作共赢的故事时，可通过选取中外交往历史上的佳话，中国军队积极参与国际维和、远海护航、人道主义救援行动，"一带一路"建设拉动当地经济发展、改善当地基础设施条件、推动当地产业转型升级、促进当地就业、保护当地环境等进行表达，将中华传统文化中"兼容并蓄，和而不同""以义为利"等利于世界和平发展的理念传递给阿富汗受众，同时展现中国在维护世界和平、解决经济增长动能不足等全球治理问题中的责任担当和现实贡献，使阿富汗民众感受到中国发展的世界意义，让命运共同体意识在阿富汗落地生根。

三、创新中国对阿富汗国际传播的话语表达

面对西方国家强大的话语霸权，中国当前在阿富汗的国际传播效果不佳，不是我国的投入不够，而是传播的话语内容不能被阿富汗受众所理解和认同，仍存在"中国故事很精彩，中国话语很贫乏""说了记不住，说了听不懂"等话语困境。创新中国对阿富汗国际传播的话语表达，并不意味着忽略话语内容、降低核心价值内涵，而是要实现官方话语与民间话语互联互通、政治话语与学术话语相辅相成，通过运用物质与多模态等多种话语表达形式，将抽象难懂的中国理念和中国概念寓于生动鲜活的表现形式，形成一套融通中阿的话语言说方式，把中国话语"讲"得更有亲和力和穿透力，从而强化中国话语对阿富汗的传播效果。

（一）丰富话语表达方式

一是实现官方话语与民间话语互联互通，提高中国话语在阿富汗的社会影响力和认同度。首先，官方话语要"放下身段"，打造以民间叙事为基础的

[①] 阿富汗松子通过"空中直航"的方式出口到中国，大大推高了阿富汗松子的价格，使得阿富汗民众从中获利。

多样化表达方式，说出阿富汗民众想听、愿意听、听得懂的话，使用阿富汗民众会用、正在用、喜欢用的话语符号，使官方版中国话语贴近阿富汗民众的生活实际，更容易为阿富汗民众所理解、接受并产生共鸣。其次，撰写一些普及型读物，将抽象、复杂的政治概念简单明了化，将核心政治话语形象化、故事化和案例化，有效拉近讲话者与阿富汗民众之间的距离。

二是着力构建对阿富汗国际传播的学术话语，实现政治话语与学术话语相辅相成，促进阿富汗社会对中国话语的理解和认同。要让具有鲜明中国特色的政治话语在阿富汗有效传播并为阿富汗社会所认知和理解，刚性的政治话语应改变生硬的口气，实现向柔性的学术话语的拓展，借助学术话语严密的逻辑推演和充分的论证为构建中国话语提供学理支撑，增强其说服力和感召力。可以与阿富汗的出版社合作出版发行关于中国特色社会主义、中国特色大国外交理念的普什图语、达里语学术著作，召开相关专题的学术会议，或者在阿富汗媒体上发表学术文章，以严谨和理性的态度全面而深入地向阿富汗学者介绍中国特色社会主义、中国特色大国外交理念和实践，力求使他们全面而客观地理解中国话语的内涵、特征和重要意义。

（二）改进话语表达策略

一是改善中国话语的译介策略。首先，从翻译的视角构建中国话语。我们在对话语进行建构时，往往会受到自身语言文化以及背后隐藏的意识形态和利益诉求的制约和影响，而较少从翻译的视角进行思考分析，过分强调"原汁原味"和"中国元素"，常用一些本土色彩浓厚的术语，增加了翻译方面的困难。因此，我们在向阿富汗对中国话语进行构建、译介和传播时，应坚持求同存异、开放包容的理念，既要从自身文化传统出发，考虑所构建的话语能否体现中国特色、中国价值和中国风格，也要避免使用"中国主导""战略""海外利益"等带有政治色彩的话语，使话语符合阿富汗受众的历史文化背景和语言习惯，以赢得阿富汗社会对中国话语的认可。同时，建立和完善话语构建、翻译、传播机构的统筹协调工作机制，从翻译和传播的视角探讨中国话语构建的原则、形式和方式，有效解决构建、翻译与传播之间相互脱节的问题。其次，要加强对中国特色语汇翻译策略的研究。在话语权确立的过程中，重要理念和政策概念翻译的准确程度不仅关乎译者的学术声誉，有时候还会关乎国家形象。[①] 话语翻译的核心是政治语汇的翻译，而关键之处在于标准化、规范化。[②] 中国政治概念比较多，但有不少重大政治概念和理念在普什图语和达里语中无对应概念，硬译会使阿富汗受众不好理解。因此，有必要研究并建立国家主导的重要政治词汇普什图语、达里语翻译标准，使得"人类命运共同体""韬光养晦""协商民主"等概念翻译得既简练准确又符合阿富汗受众的语言文化习惯。同时，还要通过访谈、问卷调查等方式，调查阿富汗受众对话语译名的理解和接受程度，探索更容易被阿富汗人接受的译法。

二是以轻松诙谐的话语表达方式吸引更多的阿富汗普通受众主动关注和倾听中国声音。传统的叙事方式往往注重道德说教，罗列大量中国概念，很难有效获得受众心理上的认同和认可。巧妙地将中国话语寓于生活化、通俗化的平民故事当中，采用娓娓道来的"亲民"叙事风格和融真情与"故事性"为一体的话语表达方式，最大限度地调动起阿富汗受众的"胃口"，中国故事的亲和力、吸引力和感染力自然会得到显著提高。这种淡化政治色彩和意识形态的软传播方式，不随意作出价值判断，更多采用协商性的话语，既能有效避免给人以"强行灌输"的不良印象，也能以"润物细无声"这种潜移默化的方式使阿富汗受众从心理上对中国话语产生认同感。

三是充分发挥隐喻性话语在中国对阿富汗国际传播中的积极作用。我国的对外话语常使用"朋友""兄弟""伙伴"等"亲缘化定位"策略来隐喻性地展现、塑造和建构彼此间亲近、友好的身份关系。[③] 这说明隐喻性话语已成为中国对外话语体系的重要组成部分。没有隐喻的政治就像没有水的鱼。由于隐喻所具有的跨域映射特性，恰当使用新颖别致的隐喻性话语不仅可以生动传神地传递信息，还可以使阿富汗受众有新鲜感，对话语信息留下生动、深刻的印象，从而提高中国话语的传播效力。比如，在描述中国与阿富汗关系时，可以使用"夫妻"的认知框架，将中阿关系议程框定在推进合

---

① 王瑛、阮青：《建设中国话语的国际传播体系》，《青年记者》2016年第36期，第60页。
② 安丰存、王铭玉：《政治话语体系建构与外译策略研究》，《外语教学》2019年第6期，第5页。
③ "亲缘性隐喻"的话语策略，是指在国际交往中，交际主体国家把人与人之间的"亲缘化定位"策略，通过隐喻的方式即"国家是人"，应用到其与交际受体国家间身份关系的塑造和建构过程中。详见闫亚平：《国家身份之话语建构策略》，《北京化工大学学报（社会科学版）》2017年第4期。

作共赢方面，而不是寻找分歧。此外，还可在隐喻性话语中有意识地调用阿富汗受众所熟知的文化意象，引导其产生联想，这样做有助于弥合文化隔阂，拉近双方的心理距离，从而增进阿富汗受众的跨文化理解，提升中国话语的跨文化传播效力。比如，在阐述中国参与阿富汗国家重建时，使用"中国和阿富汗都是对方的黑羊，中国是为阿富汗把家建得更好而来的"，①表达了"中阿是朋友、兄弟，中国的援助是朋友、兄弟的帮助"之意，可有效拉近说话主体和阿富汗受众之间的心理距离；还可引用阿富汗的谚语"په بل موچنې نه خې"（穿别人的鞋走不了路）来阐述摸索一条适合自己国情的发展道路的话语，使用"وروري تر منخه، حساب په کوو"（亲兄弟，明算账）来阐述中阿关系务实、理性的一面。

（三）拓展话语表达形式

通常，话语的表达形式可分为物质形式和符号形式。前者是指双边或多边国际会议、记者招待会、高层论坛或学术会议等，后者包括口头形式和书面形式在内的语言文字形式以及包括影像资料和图片资料在内的多模态形式。相比较而言，物质形式更加直观、生动，更容易让受众接受，往往能在较短时间内产生影响。符号形式中的文字形式间接、抽象，所产生的影响往往滞后一些，不过更为持久；而多模态形式则比较直观，但对相关问题的阐述没有文字形式那么深刻、全面。②

目前，中国对阿富汗国际传播的话语表达形式以符号形式为主，比如，2018年12月18日，中国驻阿富汗大使馆在阿富汗主流媒体《每日瞭望报》（英文）、《马塞尔日报》（普什图语）、《世界日报》（达里语）发表中国改革开放40周年专刊，以鲜活的数据、形象的图表、感人的照片，生动、直观地展示了40年来中国经济社会发展成就和中阿关系发展历程。③ 同日，《每日瞭望报》发表的评论文章《中国发展对阿富汗的启示》（Lessons for Afghanistan

---

① 阿富汗有两句谚语，分别是："زه هغه تور هوزه یم چی د لالی کره قیزه یم"（我是拴在朋友家里的黑羊），意思是"为朋友，我准备做任何事情"；"کور ودان د ورور ودان"，意思是"得到兄弟的帮助，房子（家）才能建得好"。

② 胡开宝：《积极构建中国特色大国外交话语》，《中国社会科学报》2019年5月19日，第1版。

③ 《驻阿富汗使馆在阿主流媒体刊发庆祝改革开放40周年专刊》，中国驻阿富汗大使馆网站，2018年12月19日，http://af.china-embassy.org/chn/zagx/t1623141.htm，访问日期：2020年5月13日。

from China's Development）表示，阿富汗应借鉴中国成功的发展经验，根据本国的历史、文化和社会具体情况，走符合本国国情的发展道路。阿富汗不仅应将中国视为贸易伙伴，更应把中国视为发展之师。[①] 近年来，围绕中国话语的一些短视频、专题纪录片也在阿富汗播出，但运用多形式话语表达进行对阿富汗国际传播的效果还需进一步提升。

通过前文的分析发现，阿富汗主流媒体对"一带一路"的报道以及"一带一路"译名"یوی لاری, یو کمربند"主要集中在2017年5月召开"一带一路"国际合作高峰论坛前后，而阿富汗主流媒体有关"中国特色社会主义"的报道很少出现。显然，我们在采用符号形式表达中国话语的同时，还可以借助召开双边或多边会议、论坛等主场外交平台来拓展中国话语的表达形式，充分发挥不同话语表达形式的优势，取得中国对阿富汗国际传播话语表达的最佳成效。具体而言，我们可以积极组织以中国新理念、新思想、新战略、新实践为主题的各种专题论坛或会议；在阿富汗报刊或网络上发表相关系列文章、视频博客（Vlog）；选取有代表性的人和事，与阿富汗有影响力的媒体合作打造普什图语和达里语的专题纪录片、短视频和微视频、影视作品，通过声光配合、音画协调，全面、立体、深入、生动地向阿富汗社会呈现核心内涵，增强话语传播的感染力。

四、提升中国对阿富汗国际传播力

中国自身的国际传播以及传播机构的运作对于在国际传播环境中的中国国家形象建构的作用是不可忽视的。[②] 国际传播力是一国所具有的国际传播的能力和效力，[③] 是综合国力的一部分。在国际传播中，这种能力和效力通常是统一的，成正比的，即一国的国际传播能力越强，其效力越大，则整体的国

---

① "Lessons for Afghanistan from China's Development," Daily Outlook Afghanistan, December 18, 2018, accessed May 13, 2020, http://www.outlookafghanistan.net/assets/epaper/December%2018,%202018/EDITORIAL%20P3.pdf.

② 刘继南、何辉：《中国形象：中国国家形象的国际传播现状与对策》，中国传媒大学出版社，2006，第229页。

③ 刘继南、周积华、段鹏等：《国际传播与国家形象——国际关系的新视角》，北京广播学院出版社，2002，第88页。

际传播力就越强。[①] 当前，中国在阿富汗的媒体生态中仍处于较边缘位置，在阿富汗的国际传播力不强，缺乏议程设置能力，没有掌握话语权，面临"有理说不出，说了传不开"的尴尬现实，进而影响阿富汗社会对中国的认同。加强我国对阿富汗国际传播力的建设，"不能简单理解为到国外建电台、电视台、网站和办报纸"，[②] 除了不断拓展新的媒体传播渠道，还应提升公共危机事件传播能力以及主流媒体公信力，进一步加强人才队伍建设。

（一）拓展对阿富汗国际传播的渠道

第一，建立中阿主流媒体对话合作机制。首先，探索建立中阿主流媒体定期对话交流机制。应坚持"走出去、请进来、开门干工作"的思路，在中国-阿富汗媒体论坛的基础上，定期举办中阿媒体高端论坛，促进两国政府新闻传播机构、主流媒体、记者的交流，更好地认识双方新闻传播和媒体运作机制，进一步发挥主流媒体在增进两国关系发展及人民相互了解中的重要作用。其次，探索建立中阿主流媒体的新闻交换与合作机制。内容合作是国际合作传播的基础，也是合作传播中最基本、最直接的形式。[③] 应借助新华社与巴赫塔尔通讯社的合作平台，加强互联互通建设，探索建立中阿主流媒体的新闻交换与合作机制，两国主流媒体可互相为对方开辟版面，对两国的一些重大项目、重要事件、热点问题进行联合报道，联合制作有关两国互利合作的宣传片，让两国人民听到对方真诚的声音。

第二，疏通阿富汗当地传播渠道，提高中国对阿富汗国际传播的本土化程度。信源对传播效果产生着重要影响，人们往往更愿意选择相信自己熟悉的媒体传达的信息。[④] 因此，应进一步加强同明月电台、喀布尔新闻电视台等阿富汗本土媒体在节目内容、播出平台、人员交流等方面的合作，适当增加在阿富汗开设整频率广播电台的数量，通过合作拍摄纪录片、译制优秀影视

[①] 刘肖、董子铭：《媒体的权利和权力的媒体：西方媒体在国际政治中的角色与作用》，中国社会科学出版社，2017，第28页。

[②] 李希光、郭晓科：《主流媒体的国际传播力及提升路径》，《重庆社会科学》2012年第8期，第9页。

[③] 王翔：《媒体如何开展国际合作传播——以中国报道社与东盟地区媒体的合作传播实践为例》，《对外传播》2019年第8期，第35页。

[④] 李纲、王怡冉：《"一带一路"倡议下中国话语国际传播渠道建设探析》，《传媒观察》2020年第6期，第24页。

剧等方式共同打造精品音视频节目，扩大广播、影视覆盖范围，借助阿富汗本土媒体平台发出中国声音，阐释中国立场，让更多接地气、贴人心的"中国声音""中国信息"直接进入阿富汗各类用户终端，提升中国对阿富汗国际传播的影响力和效果。同时，可适当考虑通过商业运作或者市场化模式并购阿富汗当地有影响力的媒体集团或媒体公司，从而完成顺利落地阿富汗的目标，加快中国主流媒体在阿富汗的本土化发展进程，为阿富汗受众提供更具针对性、贴近性、感染力和吸引力的广播、电视和新媒体产品。

第三，充分发挥新媒体在中国对阿富汗国际传播中的活力。要强化新媒体国际传播意识，运用不同媒介载体，推进中国对阿富汗国际传播话语的互动传播。一方面，可以通过APP新闻终端、手机电视、国际在线普什图语网站等新媒体，构建视听交互、优势互补的对阿富汗国际传播格局。另一方面，中央广播电视总台亚洲非洲地区语言节目中心普什图语部应强化其在脸书、推特等国际网络社交平台上的影响力和阵地建设，使用碎片化的传播途径，生产互动性强的、贴近阿富汗受众接受习惯的融媒体产品，充分调动阿富汗受众参与评论、转发相关内容的积极性，从而进一步扩大中国话语的影响力。同时，推动TikTok、微信等中国互联网产品加大对阿富汗市场的投入，实现中国对阿富汗国际传播的"协同增效"。

（二）提升中国主流媒体的公信力

媒体公信力是指新闻媒体本身所具有的一种被社会公众所信任的力量，是衡量媒体权威性、信誉度和社会影响力的标尺，也是媒体赢得受众信赖的能力。[1]优秀的媒体会有助于国家形象的传播。在涉华重大新闻事件发生时，阿富汗主流媒体大多引述或直接采用西方媒体的报道，较少使用新华社、中央广播电视总台等中国媒体的报道。这在一定程度上是我国主流媒体公信力不强所导致的，国际传播信息量的增长未能带来国际传播效果的提升。由此可见，我国对阿富汗国际传播力建设的关键是提升主流媒体的公信力。

一是坚守新闻报道的真实性、全面性。真实性是新闻媒体公信力的基础。在对阿富汗国际传播语境下，新闻报道应客观公正，全面呈现事实的真相或

---

[1] 李希光、郭晓科：《主流媒体的国际传播力及提升路径》，《重庆社会科学》2012年第8期，第7页。

相关事件的原貌以及与此有关的国家政策、历史事实和相关人员的观点，积极回应阿富汗社会对于相关事件的关切。为此，我国主流媒体应加强对新闻工作者的求真意识的培养，通过媒体的自我审查机制以及第三方机构对媒体的监控机制，加强对新闻内容和新闻来源的真实性审核。同时，在报道内容上避免"家丑不可外扬""报喜不报忧"的传统思维的影响，力求客观全面，从而维护我国主流媒体的公信力。

二是善于使用权威信源。我国负责对阿富汗国际传播的主流媒体可经常对中阿两国政要、著名商人进行独家专访。由于名人的观点往往具有公信力，这样做不仅能大大提高中国主流媒体报道的新闻价值和吸引力，也可在反击西方媒体蛊惑人心的报道时发挥正面的引领作用。同时，我国驻阿富汗的主流媒体应在阿富汗发生重大新闻事件时及时采访事实性信源、核心信源，使报道真正具有新闻性，提高阿富汗媒体的转载率和引用率，增强我国主流媒体在阿富汗的影响力和公信力。

（三）提升公共危机事件传播能力

所谓公共危机事件传播（简称"危机传播"），是指针对公共危机事件，运用大众传媒及相应手段，对社会进行有效控制的信息传播活动。其目的在于通过及时、有效的信息传播对公共危机事件进行干预和影响，使其向好的方向转化。[①] 随着中国国际地位的提高和国际影响力的不断增长，近年来中国发生的公共安全事件已逐渐成为阿富汗舆论关注的焦点。在这一背景下，加强危机传播能力建设，在传播内容、传播方式、传播渠道等方面实施有效可行的方法和策略，对塑造好中国国家形象具有重要意义。

一是掌握危机传播的主动权，报道内容做到真实、快速、全面、立体。在危机传播中，针对民众的普遍关注或焦虑，中国国际广播电台、中国国际电视台等对阿富汗国际传播媒体务必做到"内外"相统一，相结合，第一时间发布权威信息，第一现场进行连线持续跟进报道，以事实真相和及时、翔实的数据回应关注，实施反击，争夺国际话语权，掌握舆论营造的主动权。

二是加强与阿富汗主流媒体合作，实现"借台唱戏、借筒传声、借嘴发

[①] 郑保卫、邹晶：《论公共危机事件中的新闻传播及其策略》，《新闻爱好者》2008年第1期，第9页。

声"。在重大新闻事件或者涉及中阿两国的相关公共危机事件发生后，可策划并组织相关官员、学者、记者、主持人"走进"阿富汗主流媒体，通过发表署名文章、接受采访、参与直播访谈类节目、开展视频连线等方式，向阿富汗传递中国的权威信息，全景展现中国应对危机事件的处理情况，实现"借台唱戏"。中国对阿富汗国际传播的媒体应策划、采编、译制相关视频产品和稿件，主动、及时向阿富汗主流媒体推送，通过"借筒传声"的方式扩大中国声音传播范围；积极采访国际组织权威人士以及阿富汗的资深政要、智库专家、主流媒体和新媒体意见领袖等，形成放大"中国声音"的"海外军团"，通过"外嘴"客观叙述，公正评判，避免中国国家形象被"恶意"丑化。

（四）加强人才队伍建设

人才是第一资源。习近平总书记在党的新闻舆论工作座谈会上强调，媒体竞争关键是人才竞争，媒体优势核心是人才优势。[①]拥有一流的人才队伍，才能产生影响阿富汗的一流国际传播力。我们应当有计划地培养对阿富汗国际传播的应用型和研究型人才，为更好地"联结中阿"提供人才和智力支持。

一方面，亟须加强对阿富汗国际传播应用型人才的培养。在新媒体时代背景下，要充分发挥媒体融合的国际传播效果，新闻传播人才不仅要具备采访报道能力，还要具备一定的运用现代通信技术、外语沟通、拍摄录像、制作网络视频等多项技能。因此，应改革人才考评体系，推动现有编辑记者向全媒体转型。更为关键的是，要适当增加国内开设普什图语和达里语专业的高校数量，推动开设达里语专业的高校尽快招生，联合相关媒体共同设立"普什图语、达里语国际新闻传播实验班"，培养更多掌握阿富汗官方语言、通晓阿富汗规则、具备新闻传播理论与技术的全能型编辑、全能型记者。

另一方面，还须重视培养具有扎实理论功底的对阿富汗国际传播研究型人才。加快推动1—2家实体在阿富汗设立研究中心，加强对阿富汗历史、语言文化、社会发展等方面课题的研究，通过媒体调研、田野调查、大数据分析等方式，增强对阿富汗的全面认识和了解，评估和预判阿富汗相关舆情，为中国对阿富汗国际传播提供咨政服务。

---

① 《习近平：坚持正确方向创新方法手段 提高新闻舆论传播力引导力》，新华网，2016年2月19日，http://www.xinhuanet.com//politics/2016-02/19/c_1118102868.htm，访问日期：2020年4月13日。

五、健全中国对阿富汗国际传播评价机制

中国对阿富汗国际传播话语体系构建除了话语主体、话语内容、话语表达、话语传播的建设外,还必须有合理有效的话语效果评价机制。这既是综合评价、检验中国对阿富汗国际传播话语体系是否发挥作用的重要标尺和关键环节,也可有效避免中国话语的不恰当表达引起阿富汗社会的戒备和敌视心理。为此,我们可以从评价主体、评价内容、评价标准、评价手段等三个方面,进一步健全中国对阿富汗国际传播的评价机制。

(一)坚持以阿富汗受众作为话语影响的评价主体

长期以来,中国话语的对外传播采取的是一种单向度的外宣策略。话语主体不自觉地承担了评价主体的角色,自弹自唱、自说自话的印迹非常明显。这实际上严重忽略了话语受众的"体验性"和"代入感"。在当下中国对阿富汗的国际传播过程中,阿富汗受众所发挥的评价作用绝非可有可无。从用户思维和传播心理学的角度考察,那些能触发价值认同、情感共鸣、共同兴趣、好奇心态、互动参与欲望以及与受众利益关联度、工作生活关联度高的内容,往往蕴含着最佳传播发力点。[1]

在对阿富汗国际传播过程中,我们应当强化对话思维、受众思维,坚持以阿富汗受众作为国际传播评价机制的评价主体。当阿富汗受众表示对中国话语不能理解时,话语主体需要及时反思,是否话语内容的议程设置没有区分话语对象,对阿富汗普通民众设置了较为艰涩的话题?是否选择的话语表达形式过于单一,充斥在阿富汗受众耳边的都是抽象的政治话语或者学术话语?阿富汗受众的评价与反馈应成为改进中国对阿富汗国际传播的关键环节。

要了解阿富汗受众的评价与反馈,需要加强对阿富汗受众的调查研究,建立定期的阿富汗受众调研工作机制。从已知的情况来看,中国对阿富汗国际传播的受众调查仍显不足,仅2016年进行了一次对CRI普什图语各媒介平台受众的人口统计学特征以及媒介使用行为的调查。[2] 因此,需要加大针对阿富汗受众的调研,了解阿富汗受众的思维习惯、信息需求以及中国对阿富汗

---

[1] 徐蒙:《内容"自带流量"激活最佳传播》,《新闻战线》2019年第11期,第121页。
[2] 陈重:《CRI普什图语受众小规模网络调查及分析》,《国际传播》2017年第4期。

传播的效果，深层细分阿富汗受众市场，做到专业化、精准化的国际传播。

（二）及时调整更新评价指标

中国对阿富汗国际传播评价机制评价什么？这涉及中国对阿富汗国际传播话语主体、话语内容、话语表达、话语传播等内容的具体评价指标，包括以下四个方面：第一，话语主体是否多元化，是否协同参与对阿富汗的国际传播，在阿富汗的中资机构和个人、专家学者、国际意见领袖等社会力量在传播中的作用发挥如何；第二，话语内容的话题设置是否做到多元化并合理区分话语对象，能否做到让不同层次的阿富汗受众从不同角度、不同侧面感知一个真实、全面、立体的中国，并且有力回击阿富汗社会的错误论调；第三，话语表达方式和形式是否丰富，话语表达策略是否贴近阿富汗受众的文化背景；第四，移动电视、媒体、社交媒体等新媒体传播媒介是否得到灵活运用，阿富汗网民的诉求与困惑是否得到及时回应。当然，这些评价指标是基础性的，应当随着形势的发展变化进行及时的调整和更新，从而保证评价效果的科学有效。为此，我们应当建立话语体系的监测机制，根据相关评价指标对传播工作进行及时评估，从多个角度监测、排查、排除对阿富汗国际传播过程中的隐患和失误。

（三）制定科学合理的评价标准

中国对阿富汗国际传播的话语效果的检验需要有相应的评价标准以及相适应的舆情采集能力。就中国对阿富汗国际传播的话语主体来说，"说出去的话就像泼出去的水"，话语效果在一定程度上不受话语主体的控制。中国对阿富汗国际传播在阿富汗是否产生了社会影响力？话语权是否有效建构？预期的效果是否达到？可能出现的结果至少有三种：积极的效果——"说一句顶两句"；没有出效果——"说了等于白说"；消极的效果——"说了不如不说"。如果产生了积极的效果，说明中国对阿富汗的国际传播是有效的，应根据阿富汗舆论形势变化不断完善中国对阿富汗国际传播话语体系，让阿富汗受众形成路径依赖。如果没有出效果或者产生的是消极的效果，那么说明中国对阿富汗的国际传播是无效的，既没有对阿富汗受众的思想和认知产生影响，也没有在阿富汗获得话语权，甚至使阿富汗受众站在了中国话语的对立面。出现这种情况时我们需要对照评价指标及时查找对阿富汗国际传播话语体系存在的问题，及时更改调整受众不易接受的、不能引起异质文化共情的、引起受众反感或敌对情绪的话语，如此不断完善，最终构建阿富汗受众可接受、可理解的话语模式，从而增强我国对阿富汗国际传播的效果。

为及时了解中国对阿富汗国际传播的话语效果，可以考虑首先提高我国媒体和相关研究机构对阿富汗舆情的采集与分析能力。通过研发阿富汗舆情监测系统，做好对阿富汗政府、媒体、普通民众态度的分析，尤其是做好阿富汗主流媒体针对中国热点问题、重大突发事件的报道动向大数据的收集与研判，在此基础上采取更加有针对性的对阿富汗国际传播策略，从而为我国传播和塑造良好国家形象营造良好的舆论环境。

在全球化时代，良好国家形象的建构与传播绝非一蹴而就，是一个系统工程。国家存在与国家行为是客观实在，是国家形象的基础，是第一性的；国家形象是意识内容，是国家存在与国家行为的主观反映，是第二性的。物质决定意识，意识反作用于物质。对于中国国家形象在阿富汗的建构与传播而言，国家形象的基础性要素——客体形象的提升，也就是综合国力的提升才是重要的力量来源。同时，国家形象对国家综合国力，尤其是"软实力"的提高和发展也具有反作用。"你若盛开，蝴蝶自来"。中国只有不断推动国家和社会的全面发展与进步，进一步增强综合国力，同时坚定"四个自信"，将构建人类命运共同体与建构理想的国家形象的"软实力"建设进行统筹协调、共同推进，中国国家形象才能进一步提升。

参考文献

一、中文参考文献

[1] 安东尼·吉登斯:《社会的构成:结构化理论大纲》,李康、李猛译,生活·读书·新知三联书店,1998。

[2] 安丰存、王铭玉:《政治话语体系建构与外译策略研究》,《外语教学》2019年第6期。

[3] 陈枫:《构建中国国际话语体系 提升国际传播能力》,《中国广播电视学刊》2015年第8期。

[4] 陈丽颖:《国家间互信形成与维持的理论探索》,《南京社会科学》2016年第4期。

[5] 陈文玲、颜少君:《世界经济格局变化与全球经济治理新结构的构建》,《宏观经济研究》2012年第3期。

[6] 陈重:《"一带一路"倡议背景下中国对阿富汗传播观察》,《国际传播》2019年第2期。

[7] 陈重:《阿富汗媒体发展现状及中国对阿传播策略初探》,《现代传播》2017年第12期。

[8] 丁柏铨:《全球政治经济格局中中国传播的定位》,《西南民族大学学报(人文社会科学版)》2012年第2期。

[9] 丁磊:《国家形象及其对国家间行为的影响》,知识产权出版社,2009。

[10] 东方晓:《阿富汗的伊斯兰教》,《西亚非洲》2005年第4期。

[11] 董青岭:《国家形象与国际交往刍议》,《国际政治研究》2006年第3期。

[12] 杜雁芸:《美国政府对中国国家形象的认知》,时事出版社,2013。

[13] 杜幼康:《中巴战略合作伙伴关系:相互认知、特点及发展前景》,《南亚研究季刊》2011年第2期。

[14] 冯若谷:《"身份互塑"与"关系文化"——建构主义国际关系理论视野下的对外传播观》,《现代传播(中国传媒大学学报)》2015年第5期。

[15] 富育红:《美国在阿富汗的困境》,中国社会科学出版社,2020。

[16] 管文虎:《国家形象论》,电子科技大学出版社,2000。

[17] 汉斯·摩根索:《国际纵横策论——争强权,求和平》,时殷弘等译,上海译文出版社,1995。

[18] 汉斯·摩根索:《国家间政治:权力斗争与和平》,徐昕、郝望、李保平译,北京大学出版社,2012。

[19] 何英:《美国媒体与中国形象》,南方日报出版社,2005。

[20] 贺梦依:《政治隐喻中的意识形态》,《当代外语研究》2014年第9期。

[21] 胡春阳:《话语分析:传播研究的新路径》,上海人民出版社,2007。

[22] 胡范铸、薛笙:《作为修辞问题的国家形象传播》,《华东师范大学学报(哲学社会科学版)》2010年第6期。

[23] 胡开宝:《积极构建中国特色大国外交话语》,《中国社会科学报》2019年5月19日,第1版。

[24] 胡晓明:《国家形象》,人民出版社,2011。

[25] 江时学:《进一步加强中国对外话语体系建设》,《当代世界》2016年第12期。

[26] 金灿荣:《观察"当今世界百年未有之大变局"的五个视角》,《东北亚学刊》2019年第3期。

[27] 康俊英:《基于及物系统的中国国家形象"他塑"批评性分析解读——以美国官方文件涉华话语为例》,《山西师大学报(社会科学版)》2019年第5期。

[28] 李纲、王怡冉:《"一带一路"倡议下中国话语国际传播渠道建设探析》,《传媒观察》2020年第6期。

[29] 李青燕:《中美在阿富汗的合作与竞争》,《印度洋经济体研究》2016年第1期。

[30] 李少军:《论中国双重身份的困境与应对》,《世界经济与政治》2012年第4期。

[31] 李诗隽:《"9·11"后阿富汗民族和解进程探析》,硕士学位论文,新疆大学,2016。

[32] 李希光、郭晓科:《主流媒体的国际传播力及提升路径》,《重庆社会科学》

2012年第8期。

[33] 李正国:《国家形象构建》,中国传媒大学出版社,2006。

[34] 李智:《中国国家形象:全球传播时代建构主义的解读》,新华出版社,2011。

[35] 李智:《国际传播(第二版)》,中国人民大学出版社,2020。

[36] 梁晓波:《国家形象的概念隐喻塑造研究》,《湖北大学学报(哲学社会科学版)》2013年第2期。

[37] 廖益清:《时尚话语中的隐性社会性别身份:以小句过程类型分析为例》,《中国外语》2019年第3期。

[38] 刘昌明、杨慧:《社会网络视角下的东亚国家间信任建构:理论框架与现实路径》,《国际观察》2016年第6期。

[39] 刘丹凌:《论国家形象的三重内涵——基于三种偏向的分析》,《南京社会科学》2014年第5期。

[40] 刘继南、何辉:《中国形象:中国国家形象的国际传播现状与对策》,中国传媒大学出版社,2006。

[41] 刘继南、周积华、段鹏等:《国际传播与国家形象——国际关系的新视角》,北京广播学院出版社,2002。

[42] 刘继南:《大众传播与国际关系》,北京广播学院出版社,1999。

[43] 刘朋:《国家形象的概念:构成、分歧与区隔》,中国传媒大学出版社,2009。

[44] 刘肖、董子铭:《媒体的权利和权力的媒体:西方媒体在国际政治中的角色与作用》,中国社会科学出版社,2017。

[45] 刘啸虎:《帝国的坟场:阿富汗战争全史》,台海出版社,2017。

[46] 刘英杰、关恒:《齐泽克精神分析视域下的"幻象"》,《学习与探索》2020年第1期。

[47] 娄伟:《中国与印度在阿富汗问题上的合作:动因与模式》,《新疆师范大学学报(哲学社会科学版)》2014年第6期。

[48] 卢静:《中国特色大国外交话语体系的基本特征》,《中国社会科学报》2019年3月14日,第1版。

[49] 罗伯特·杰维斯:《国际政治中的知觉与错误知觉》,秦亚青译,世界知识出

版社，2003。

[50] 罗丽娟：《试论美国外交政策中的媒体角色》，《合肥师范学院学报》2013年第1期。

[51] 吕耀军：《国外伊斯兰人权研究的历程及态势》，《西北第二民族学院学报（哲学社会科学版）》2007年第4期。

[52] 马品彦：《阿富汗未来局势的发展及其对新疆反恐斗争的影响》，《新疆社会科学》2003年第2期。

[53] 门洪华、刘笑阳：《中国伙伴关系战略评估与展望》，《世界经济与政治》2015年第2期。

[54] 孟威：《改进对外传播，构建"中国话语体系"》，《新闻战线》2014年第7期。

[55] 孟彦、樊剑英：《怎样看待当今的国际舆论格局》，《军事记者》2010年第11期。

[56] 明安香：《略论新世纪的全球传播格局》，《现代传播（中国传媒大学学报）》2006年第6期。

[57] 倪世雄等：《当代西方国际关系理论》，复旦大学出版社，2001。

[58] 诺曼·费尔克拉夫：《话语与社会变迁》，殷晓蓉译，华夏出版社，2003。

[59] 潘忠岐：《国家利益的主体性与中美安全关系》，《现代国际关系》2003年第11期。

[60] 彭增军：《媒介内容分析法》，中国人民大学出版社，2012。

[61] 漆谦：《中国国际话语体系的建构策略》，《新闻战线》2017年第4期。

[62] 钱雪梅：《阿富汗的大国政治》，中国社会科学出版社，2017。

[63] 钱雪梅：《普什图社会的政治生活》，中国社会科学出版社，2019。

[64] 钱雪梅：《中印两国对阿富汗援助的比较》，载王缉思主编《中国国际战略评论2017》，世界知识出版社，2017。

[65] 乔舒亚·库珀·雷默等：《中国形象：外国学者眼里的中国》，沈晓雷等译，社会科学文献出版社，2008。

[66] 秦亚青：《国际体系的无政府性——读温特〈国际政治的社会理论〉》，《美国研究》2001年第2期。

[67] 秦亚青：《建构主义：思想渊源、理论流派与学术理念》，《国际政治研究》2006年第3期。

[68] 秦亚青:《权力·制度·文化:国际关系理论与方法研究文集》,北京大学出版社,2005。

[69] 邵鹏、陶陶:《新世界主义图景下的国际话语权——话语体系框架下中国国际传播的路径研究》,《新疆师范大学学报(哲学社会科学版)》2018年第2期。

[70] 施旭:《文化话语研究:探索中国的理论、方法和问题》,北京大学出版社,2010。

[71] 施旭、谢秀婷:《探索中国国家安全话语体系》,《浙江传媒学院学报》2018年第3期。

[72] 石宇:《中国负责任大国战略研究》,硕士学位论文,南开大学,2015。

[73] 宋新宁、陈岳:《国际政治学概论》,中国人民大学出版社,2000。

[74] 孙宝国、沈悦:《以"污名"为视角探究中国形象的生成与传播机制——兼论"中国威胁论"与"中国梦"的话语博弈》,《东岳论丛》2019年第8期。

[75] 孙吉胜:《国际政治语言学:理论与实践》,世界知识出版社,2017。

[76] 孙吉胜:《语言、身份与国际秩序:后建构主义理论研究》,《世界经济与政治》2008年第5期。

[77] 孙吉胜:《语言、意义与国际政治:伊拉克战争解析》,上海人民出版社,2009。

[78] 孙吉胜等:《"中国崛起"话语对比研究》,世界知识出版社,2015。

[79] 孙明霞:《中国国家形象建构的困境与突围——以中国对外援助领域为例》,《中央社会主义学院学报》2018年第4期。

[80] 孙宁宁:《布尔迪厄的实践语言观》,《河海大学学报(哲学社会科学版)》2010年第4期。

[81] 孙有中:《国家形象的内涵及其功能》,《国际论坛》2002年第3期。

[82] 托德·吉特林:《新左派运动的媒介镜像》,张锐译,华夏出版社,2007。

[83] 汪徽、辛斌:《美国媒体对中国形象的隐喻建构研究——以"美国退出TPP"相关报道为例》,《外语教学》2019年第3期。

[84] 王健:《国际政治语言学视域下对于国家形象概念的探讨》,《东北亚外语研究》2017年第2期。

[85] 王璟璇、刘琦、潘玥:《"一带一路"对外传播话语体系建构初探》,《对外传

播》2020年第5期。

[86] 王世达:《阿富汗和平进程新态势及前景》,《国际问题研究》2019年第1期。

[87] 王雪玉:《中菲南海争端中的话语幻象建构——基于〈马尼拉时报〉》,《解放军外国语学院学报》2017年第4期。

[88] 王瑛、阮青:《建设中国话语的国际传播体系》,《青年记者》2016年第36期。

[89] 温都尔卡·库芭科娃等:《建构世界中的国际关系》,肖锋译,北京大学出版社,2006。

[90] 席猛:《CRI对阿富汗传播实践与效果分析》,《国际传播》2018年第2期。

[91] 席猛:《美国对阿富汗传播现状观察》,《国际传播》2017年第2期。

[92] 席猛:《试析美国在阿富汗的媒体外交及启示》,《国际传播》2020年第3期。

[93] 相德宝、乐文婉:《基于社会网络分析的全球政治领导人社交网络影响力研究》,《新闻记者》2019年第4期。

[94] 相德宝、张文正:《新媒体时代全球媒体传播格局及其社交网络影响力研究》,《当代传播》2017年第4期。

[95] 肖河:《从"发展外交"到深度介入:"一带一路"倡议下的中国对阿富汗政策》,《南亚研究季刊》2016年第2期。

[96] 谢剑南:《国家的身份属性与身份退化》,《东方论坛》2013年第2期。

[97] 辛斌:《批评语言学:理论与应用》,上海外语教育出版社,2005。

[98] 邢悦:《文化如何影响外交政策:以美国为个案的研究》,北京大学出版社,2011。

[99] 许家金:《语料库与话语研究》,外语教学与研究出版社,2019。

[100] 亚历山大·温特:《国际政治的社会理论》,秦亚青译,上海人民出版社,2000。

[101] 闫亚平:《国家身份之话语建构策略》,《北京化工大学学报(社会科学版)》2017年第4期。

[102] 杨洁勉:《当前国际大格局的变化、影响和趋势》,《现代国际关系》2019年第3期。

[103] 杨雪艳:《系统功能语言学视角下的话语分析》,《外语教学》2012年第2期。

[104] 杨洋、董方峰:《当代中国媒体话语中的战争隐喻现象研究》,《外国语文研究》2017年第2期。

[105] 姚遥：《新时代中国公共外交与民间外交理论与实践》，世界知识出版社，2019。

[106] 尤泽顺：《话语、身份建构与中国东盟关系：〈人民日报〉新闻标题分析》，《东南学术》2011年第5期。

[107] 于铁军：《观念与实力：美国"修正主义"对日观的兴衰》，《美国研究》2002年第1期。

[108] 王正：《信任的求索——世界政治中的信任问题研究》，北京时代华文书局，2017。

[109] 余红、王琨：《国家形象概念辨析》，《中州学刊》2014年第1期。

[110] 余劲草：《国家形象的研究新视角——批判性话语分析》，《电子科技大学学报（社科版）》2016年第5期。

[111] 俞可平：《略论"国家利益"》，《天津社会科学》1992年第5期。

[112] 俞新天：《重视国家利益中的文化利益》，《浙江日报》2006年3月13日，第11版。

[113] 约翰·米尔斯海默：《大国政治的悲剧》，王义桅、唐小松译，上海人民出版社，2014。

[114] 曾润喜、杨喜喜：《国外媒体涉华政策传播的话语框架与语义策略》，《情报杂志》2017年第6期。

[115] 詹德斌：《试析中国对外关系的差序格局——基于中国"好关系"外交话语的分析》，《外交评论（外交学院学报）》2017年第2期。

[116] 詹全旺：《话语分析的哲学基础——建构主义认识论》，《外语学刊》2006年第2期。

[117] 张安：《睦邻外交视阈下的中国与阿富汗关系研究（1949—1979）》，世界知识出版社，2020。

[118] 张吉军：《阿富汗人民民主党研究》，硕士学位论文，兰州大学，2011。

[119] 张昆、王创业：《时空维度下的国家形象模型探析——基于认知互动的视角》，《新闻界》2017年第5期。

[120] 张昆、徐琼：《国家形象刍议》，《国际新闻界》2007年第3期。

[121] 张昆：《当前中国国家形象建构的误区与问题》，《中州学刊》2013年第7期。

[122] 张昆：《国家形象传播》，复旦大学出版社，2005。

[123] 张蕾:《隐喻研究的批评话语分析视角》,《山东外语教学》2011年第5期。

[124] 张清敏:《解读新时代中国外交理念》,五洲传播出版社,2020。

[125] 张蕴岭:《百年大变局:世界与中国》,中共中央党校出版社,2019。

[126] 赵国军:《印度对阿富汗的软实力战略》,《现代国际关系》2011年第1期。

[127] 赵华胜:《中国与阿富汗——中国的利益、立场与观点》,《俄罗斯研究》2012年第5期。

[128] 赵启正:《讲自己的故事,丰满国家形象》,《公共外交季刊》2014年第2期。

[129] 郑保卫、邹晶:《论公共危机事件中的新闻传播及其策略》,《新闻爱好者》2008年第1期。

[130] 周方银:《周边外交新形势与我国外宣新要求》,《对外传播》2019年第4期。

[131] 周勇、胡玮、陈慧茹:《谁在控制西藏问题的话语:涉藏报道的路径依赖与效果生成》,《国际新闻界》2014年第4期。

[132] 朱炳元:《全球化与中国国家利益》,人民出版社,2004。

[133] 朱永彪:《阿富汗和谈的现状与前景》,载《2018—2019年南亚形势研讨会论文及摘要》,四川大学南亚研究所,2018。

[134] 朱永彪:《撤军后美国在阿富汗问题上的地位与影响》,《南亚研究》2013年第4期。

[135] 左凤荣:《构建融通中外的对外传播话语体系》,《中国党政干部论坛》2019年第3期。

二、英文参考文献

[1] Aditi Bhatia, *Discursive Illusions in Public Discourse: Theory and Practice* (London and New York: Routledge, 2015).

[2] "Afghanistan Annual Report on Protection of Civilians in Armed Conflict: 2018," United Nations Assistance Mission in Afghanistan, accessed March 15, 2020, https://unama.unmissions.org/sites/default/files/afghanistan_protection_of_civilians_annual_report_2018_final_24_feb_2019_1.pdf.

[3] "Afghanistan Opium Survey 2017: Cultivation and Production," United Nations Office on Drugs and Crime, November 15, 2017, accessed May 27, 2020, https://www.unodc.org/documents/crop-monitoring/Afghanistan/Afghan_opium_

survey_2017_cult_prod_web.pdf.

[4] Alexander Wendt, "Anarchy Is What State Make of It: The Social Construction of Power Politics," *International Organizations* 46, no. 2 (1992).

[5] Alexander Wendt, "The Agent-Structure Problem in International Relations Theory," *International Organizations* 41, no. 2 (1987).

[6] "Afghan Media in 2010: Executive Summary," Altai Consulting, accessed June 24, 2020, http://www.altaiconsulting.com/docs/media/2010/Afghan%20 Media%20in%202010%20-%20Executive%20Summary.pdf.

[7] Annita Lazar and Michelle M. Lazar, "The Discourse of the New World Order: 'Out-Casting' the Double Face of Threat," *Discourse & Society* 15, no. 2-3 (2004).

[8] "Annual Report on the Protection of Civilians in Armed Conflict in Afghanistan for 2011," The United Nations Assistance Mission in Afghanistan, accessed September 27, 2019, https://unama.unmissions.org/sites/default/files/unama_poc_report_final_feb_2012.pdf.

[9] "Annual Report on the Protection of Civilians in Armed Conflict in Afghanistan for 2012," The United Nations Assistance Mission in Afghanistan, accessed September 27, 2019, https://unama.unmissions.org/sites/default/files/2012_annual_report_eng_0.pdf.

[10] "Annual Report on the Protection of Civilians in Armed Conflict in Afghanistan for 2013," The United Nations Assistance Mission in Afghanistan, accessed September 27, 2019, https://unama.unmissions.org/sites/default/files/feb_8_2014_poc-report_2013-full-report-eng.pdf.

[11] Asta Olesen, *Islam and Politics in Afghanistan* (Richmond: Cruzon Press, 1995).

[12] Chas Freeman, *Arts of Power: Statecraft and Diplomacy* (Washington D.C.: United States Institute of Peace Press, 1997).

[13] "China Leader Warns Corruption Could Trigger 'Collapse'," *Tolo News*, November 8, 2012, accessed March 18, 2020, https://tolonews.com/world/china-leader-warns-corruption-could-trigger-collapse.

[14] "Continuity and Change: A Manifesto," Office of Dr. Ashraf Ghani, March 2014, accessed June 15, 2020, http://en.ashrafghani.com/wp-content/uploads/2014/06/

AGA-Manshor-English-Version1.pdf.

[15] D-3 Systems, Inc. & Ascor-Surveys, "Afghan Media Survey: Report Prepared for BBC Trust," January 2008, accessed September 15, 2019, http://www.bbc.co.uk/bbctrust/assets/files/pdf/review_report_research/ar2007_08/afghanistan_research.pdf.

[16] David de Cremer, "Relations of Self-Esteem Concerns, Group Identification, and Self-Stereotyping to In-Group Favouritism," *Journal of Social Psychology* 141, no. 3 (2001).

[17] Dawood Azami, "English Takes Hold in Afghanistan," BBC News, January 12, 2009, accessed November 3, 2019, http://news.bbc.co.uk/2/hi/south_asia/7493285.stm.

[18] "Enhancing Security and Stability in Afghanistan," U.S. Department of Defense, December 20, 2018, accessed June 25, 2020, https://media.defense.gov/2018/Dec/20/2002075158/-1/-1/1/1225-REPORT-DECEMBER-2018.PDF.

[19] Freshta Sediqi, "A Sociolinguistic Profile of English in Afghanistan: The Perspectives of Kabul Academics" (MD diss., Purdue University, 2010).

[20] George Lakoff and Mark Johnson, *Metaphors We Live By* (Chicago: University of Chicago Press, 1980).

[21] George Lakoff, *Women, Fire, and Dangerous Things: What Categories Reveal about the Mind* (Chicago: University of Chicago Press, 1987).

[22] Hafizullah Emadi, *Culture and Customs of Afghanistan* (London: Greenwood Press, 2005).

[23] Hedley Bull, *The Anarchical Society: A Study of Order in World Politics* (London: Macmillan, 1977).

[24] Helen Davis, *Understanding Stuart Hall* (London & New Delhi: Sage Publications, 2004).

[25] Henri Tajfel, *Human Groups and Social Categories: Studies in Social Psychology* (Cambridge: Cambridge University Press, 1981).

[26] Ivan Leudar and Jiri Nekvapil, "Practical Historians and Adversaries: 9/11 Revisited," *Discourse & Society* 22, no. 1 (2011).

[27] Ivan Leudar, Victoria Marsland and Jiri Nekvapil,"On Membership Categorization: 'Us', 'Them' and 'Doing Violence' in Political Discourse," *Discourse & Society* 15, no. 2-3 (2004).

[28] Janice Bially Mattern, *Ordering International Politics: Identity, Crisis, and Representational Force* (New York: Routledge, 2005).

[29] Johnathan Krause,"Afghan Languages (Dari and Pashto) as a Source of Unity Rather Than Division" (paper presented at the 1st Conference on Central Asian Languages and Linguistics, Bloomington, May 16-17, 2014).

[30] Jonathan Charteris-Black, *Corpus Approaches to Critical Metaphor Analysis* (New York: Palgrave Macmillan, 2004).

[31] Jonathan Charteris-Black, *Politicians and Rhetoric: The Persuasive Power of Metaphor* (New York: Palgrave Macmillan, 2005).

[32] Judith Goldstein and Robert O. Keohane, *Ideas and Foreign Policy: Beliefs, Institutions, and Political Change* (Ithaca: Cornell University Press, 1993).

[33] Kate Clark,"Afghanistan, the United States and the BSA: Who Blinks First," Afghanistan Analysts Network, November 27, 2013, accessed September 21, 2019, https://www.afghanistan-analysts.org/afghanistan-the-united-states-and-the-bsa-who-blinks-first/.

[34] Laurel E. Miller and Jonathan S. Blake,"Envisioning a Comprehensive Peace Agreement for Afghanistan," RAND Corporation, accessed February 24, 2020, https://www.rand.org/content/dam/rand/pubs/research_reports/RR2900/RR2937/RAND_RR2937.pdf.

[35] Lee Suman, "A Theoretical Model of National Image Processing and International Public Relations"(PhD diss., Syracuse University, 2004).

[36] Lena Jayyusi, *Categorization and the Moral Order* (Boston: Routledge & Kegan Paul, 1984).

[37] Ludwig Wittgenstein, *Philosophical Investigations* (Oxford: Blackwell, 1958).

[38] Lutfiye Oktar, "The Ideological Organization of Representational Processes in the Presentation of Us and Them," *Discourse & Society* 12, no. 3 (2001).

[39] "Mapping Taliban Control in Afghanistan," FOD's Long War Journal, accessed

November 30, 2018, https://www.longwarjournal.org/mapping-taliban-control-in-afghanistan.

[40] Mariam Alamyar, "Language Controversy in Afghanistan: The Sociolinguistics of Farsi Dari and Pashtu at Kabul University"(MD diss., Purdue University, 2010).

[41] Marina A. Llorente, "Civilization vs. Barbarism," in *Collateral Language: A User's Guide to America's New War*, eds. John Collins and Ross Glover (New York: New York University Press, 2002).

[42] Michel Foucault, *The Archaeology of Knowledge* (London: Routledge, 1989).

[43] Mohammed Ali, *A Cultural History of Afghanistan* (Lahore: Punjab Educational Press, 1964).

[44] Musa Khan Jalalzai, *The Foreign Policy of Afghanistan* (Lahore: Sang-e-Meel Publication, 2003).

[45] Noam Chomsky, "What Makes Mainstream Media Mainstream," Z Magazine, October, 1997, accessed September 15, 2017, https://chomsky.info/199710.

[46] Norman Fairclough, *Critical Discourse Analysis* (Singapore: Longman, 1995).

[47] Peter Ford,"Why China Is Likely to Get More Involved in Afghanistan," June 6, 2012, accessed May 4, 2019, https://www.csmonitor.com/World/Asia-Pacific/2012/0606/Why-China-is-likely-to-get-more-involved-in-Afghanistan.

[48] Peter L. Berger and Thomas Luckmann, *The Social Construction of Reality* (London: Penguin Books, 1996).

[49] Peter Moss, "Rhetoric of Defence in the United States: Language, Myth and Ideology," in *Language and the Nuclear Arms Debate: Nukespeak Today*, ed. Paul Chilton (London: Frances Pinter, 1985).

[50] Petr Kratochwil, Petra Cibulkova and Vit Benes,"Foreign Policy, Rhetorical Action and the Idea of Otherness: The Czech Republic and Russia," *Communist and Post-Communist Studies* 39, no. 4 (2006).

[51] Pierre Bourdieu, *The Logic of Practice* (Cambridge: Polity Press, 1990).

[52] Richard M. Perlof, *The Dynamics of Persuasion: Communication and Attitudes in the 21st Century* (New Jersey: Lawrence Erlbaum, 1993).

[53] Robert Bob Cialdini, "Interpersonal Influence," in *Persuasion: Psychological*

[54] *Insights and Perspectives*, eds. Sharon Shavitt and Timothy C. Brock (Boston: Allyn & Bacon, 1994).

[54] Robert Jevis, *Perception and Misperception in International Politics* (Princeton: Princeton University Press, 1970).

[55] Roger Fowler et al, *Language and Control* (London: Routledge & Kegan Paul, 1979).

[56] Samuel Barkin, "Realist Constructivism," *International Studies Review* 5, no. 3 (2003).

[57] Sarah Tanford and Steven Penrod, "Social Influence Model: A Formal Integration of Research on Majority and Minority Influence Processes," *Psychological Bulletin* 95, no. 2 (1984).

[58] Saul Smilansky, *Free Will and Illusion* (Oxford: Oxford University Press, 2000).

[59] Shannon Tiezzi, "China Hosted Afghan Taliban for Talks: Report," January 7, 2015, accessed September 17, 2019, https://thediplomat.com/2015/01/china-hosted-afghan-taliban-for-talks-report/.

[60] Tahir Khan, "China Meet-Up: Afghan Taliban Dispute Aziz's Peace Talks Claim," The Express Tribune, June 25, 2015, accessed September 17, 2019, https://tribune.com.pk/story/909329/china-meet-up-afghan-taliban-dispute-azizs-peace-talks-claimnational-2-3/.

[61] Teun A. van Dijk, "Discourse and the Denial of Racism," in *The Discourse Reader*, eds. Adam Jaworski and Nikolas Coupland (London: Routledge, 1999).

[62] Teun A. Van Dijk, "Principles in Critical Discourse Analysis," *Discourse & Society* 4, no. 2 (1993).

[63] Wolfgang Danspecgruber, *Working toward Peace and Prosperity in Afghanistan* (New York: Lynne Rienner, 2011).

三、普什图文参考文献

[1] 萨迪库拉·里什汀:《普什图人的准则》,白沙瓦:大学书局,1977。

[2] 奥斯曼·罗斯塔尔·塔拉基:《从社会学角度看:阿富汗的权力结构》,喀布尔:文化运动,2008。

[3] 刘劲松:《持久的友谊：刘劲松大使任期内有关中国和阿富汗的文章集》，喀布尔：阿卡苏斯书店，2019。

[4] 穆罕默德·萨鲁·艾哈迈德扎伊:《阿富汗与区域合作的机遇和挑战》，喀布尔：阿卡苏斯书店，2020。

[5] 纳吉布拉·马尔:《阿富汗和中国的外交关系》，喀布尔：知识出版社，2015。

后　记

时光飞逝，行文至此，感慨良多。本书是在我的博士学位论文基础上修改而成的。论文写作过程，对于我而言是一个在学习、工作、生活中不断磨炼、蜕变的过程，其中的一点一滴，必将成为难忘的回忆。在这个有些煎熬的过程中，正是各位师长、朋友以及家人的帮助、支持和鼓励，使得我在无数个挑灯的夜晚乐享其中。为此，我特别想在这里向他们表示真挚的感谢。

首先，感谢我的博士导师钟智翔教授。能成为他的学生，我倍感荣幸。老师学识渊博、思维敏锐，善于成人之美，尤其关心年轻人的成长。在整个博士学习阶段，老师无论是授课还是指导论文都倾尽心力。在授课过程中，老师列出的长长的书单以及课后作业，常常让我备感压力，但极大丰富了我的学术视野；老师富有启发、幽默风趣的授课，让我受益匪浅，提升了我的批判性思维水平。在论文写作过程中，从选题、构思到最后定稿的各个环节，老师都给予细心指引与教导，使我得以最终完成论文。老师严谨治学、兼容并包的学术精神，积极乐观、亲切和善的生活态度，让我终身受益。作为学生，我将继续努力，奋勇前行，不辱师门。

其次，感谢我的老师、领导唐慧教授。作为导师组组长，她对我的论文开题、中期考核、预答辩和答辩工作给予了大量的帮助和支持，同时也为论文的撰写和修改提供了宝贵的参考意见。正是在她的大力支持和帮助下，我获得了很多宝贵的学习和学术交流机会。

再次，感谢我的老师王静副教授、缪敏博士。她们是我的专业启蒙老师，在学业、工作和生活中给予我很多关心和帮助。尤其是在博士论文写作过程中，她们承担了本专业大部分教学工作，使得我能潜心进行论文写作。

感谢上海外国语大学程彤教授、云南大学王宗教授、广西大学祁广谋教授、我的硕士导师张立明教授，以及何朝荣教授、蔡向阳教授、廖波教授、王昕教授、赵小玲副教授，他们为完善本书提供了很多宝贵意见和建议。

最后，要感谢我的家人。感谢父母的养育之恩，他们无条件的包容、理解以及物质上的大力支持，让我能心无旁骛，潜心钻研。感谢我的妻子孙文辉，你不断地激励我、支持我，主动承担大量家务，让我无后顾之忧。感谢我的女儿和儿子，你们是我乘风破浪、勇往直前的动力源泉。

本书获得原战略支援部队信息工程大学洛阳校区出版基金项目立项，本书的出版得到了世界知识出版社的大力支持，编辑刘豫徽、蒋少荣为本书的顺利出版付出了大量劳动，在此一并致以最诚挚的谢意。由于能力和水平有限，本书在写作过程中一定存在诸多疏漏和不当之处，敬请各位专家学者提出批评意见。

何 杰

2024 年 5 月 13 日